一橋大学経済研究叢書 42

尾高煌之助著

企業内教育の時代

岩 波 書 店

経済研究叢書発刊に際して

経済学の対象は私たちの棲んでいる社会である。それは、自然科学の対象である自然界とはちがって、たえず変化する。同じ現象が何回となく繰返されるのではなくて、過去のうえに現在が成立ち、現在のうえに将来が生みだされるという形で、社会の組立てやそれを支配する法則も、時代とともに変ってゆくのが普通である。したがって私たちの学問も時代とともに新しくなってゆかねばならぬ。先人の業績を土台として一つの建造物をつくりあげたと思った瞬間には、私たちは新しい現実のチャレンジを受け、時には全く新しい問題の解決をせまられるのである。

いいかえれば経済学者は、いつも模索し、試作し、作り直すという仕事を、性こりもなく続けなければならない。経済研究所の存在意義も、この点にこそあると思われる。私たちの研究所も、一つの実験の場である。あるいは、所詮完全なものとはなりえない統計を、すこしでも完全なものに近づけることに努力したり、あるいは、その統計を利用して現実の経済の動きの中に発展の法則を発見しようとしたり、あるいは、分析の道具そのものをみがくことに専念したり、あるいは、外国の経済の研究をとおして日本経済分析のための手がかりとしたり、あるいは、先人のきわめようとした原理を追求することによって今日の分析のための参考としたり、私たちの仕事はきわめて多岐にわたる。こうした仕事の成果を、その都度一書にまとめて刊行しようというのが本叢書の趣旨にほかならない。ときには試論の域を出でないものがあるとしても、それは学問の性質上、同学の方々の鞭撻と批判を受けることの重要さを思い、あえて刊行を躊躇しないことにした。ねがわくは、読者はこの点を諒承していただきたい。

本叢書は、一橋大学経済研究所の関係者の筆になるものをもって構成する。必らずしも定期の刊行は予定していないが、一年間に少なくとも三冊は上梓のはこびとなろう。こうした専門の学術書は元来その公刊が容易でないのだが、私たちの身勝手な注文を心よくききいれて出版の仕事を受諾された岩波書店と、研究調査の過程で財政的な援助を与えられた東京商科大学財団とには、研究所一同を代表して、この機会に深く感謝の意を表したい。

一九五三年八月

一橋大学経済研究所所長
都留重人

はしがき

本書は、明治以来の企業内教育の歩みとその特徴とを、第二次大戦前は経営者史に拠り、同大戦後については実態調査にもとづいて明かにしようとしたものである。

職業教育は、日本の教育体系のなかでは、普通教育にくらべて副次的な地位を与えられてきた。だがこれは、職業教育が不活発だったことを意味しない。それどころかその多くは、「働きながらの訓練（ＯＪＴ）」のかたちで、つまり企業内で、実施されてきたのである。

企業内教育には、従業員が企業に長期的に定着する傾向によって促進される一面がある。逆に企業内教育は、企業固有の技能を伝達することによって、被訓練者の企業定着率を高めるだろう。しかし、従業員が歳をとるにつれて、人的投資の効率は物理的に低下するだけでなく投資費用を回収する期間も短縮するから、企業の職業訓練に対する意欲は次第に殺がれてくる。さらに、職業訓練によって付与された技能は、生産物の転換はもちろんのこと、技術革新や職場の変更によって、たちまちのうちに無用化するという危険もある。企業内教育には、このような限界があることも忘れてはなるまい。

著者のこの問題に対する関心は、一九二〇年代から高度成長期初期に至るまで日本の大企業・中小企業間で観察された、顕著な賃金格差に触発されて生まれた。企業規模別賃金格差の背景には、労働サービスの質の差があるかもしれない。とすれば、その淵源には、（広義の）教育投資の違いが潜んでいるに違いないと考えたのである。この問題意識は、幸い、一九六九年に梅村又次教授を座長として組織された職業訓練計画調査研究会に参加することによって深められ、また広げられた。同研究会の推進役であり幹事でもあった泉輝孝教授は、職業教育に関して、文字通り著者の指南役だった。もちろん、その他の同研究会メンバーから受けた学恩もかぎりなく大きかった。

本書は、この研究会の活動を契機として実施されたいくつかの作業結果を、今回改めて洗い直し、くくり直すことによってできあがった。このうち第三章に収録した文献展望の原型は、かつて市村真一教授のおすすめで、未定稿「教育の経済学」の一部として執筆したものである。同章中の金属加工業と機械工業とを扱った部分は、財団法人清明会の一九八八年度研究助成による研究成果報告として、『経済研究』四二巻一号(一九九一年一月)に発表した。第五章は、『日本労働協会雑誌』二七五〜七六号(一九八二年二〜三月)に、第六章は、『経済研究』三三巻一四号(一九八二年一〇月)に、それぞれ発表した独立の論稿の改訂版である。また巻末の付論は、もとをただせば、一九六〇年代末期に当時のいわゆる自由主義圏諸国の大学が学生との抗争に明け暮れていた頃、大学の存在意義を考え直す機会が多かったところから生まれたものだが、その趣旨は今なお生きていると思うのでここに収録した。

このように本書の素材は、長年にわたって著者の手元であたためられてきたものが多く、いまさらこのような形で公刊するのは気恥ずかしさが伴う。しかし、ここに取り上げた問題は、現代社会において職業生活がもつ意義の重さにかんがみ、むしろ一層重要になりつつあるし、現代生活における職業の意味の根源的問い直しにも連なっていると思うので、あえてこれを世に問うことにしたのである。大方の叱正を得られれば幸いである。

なお、本書をともかくもこの形にまとめ得たのは、一九九二年度文部省特定研究経費プロジェクト「政治、社会体制の変貌と世界経済の総合分析」(代表、溝口敏行教授)に連なった賜である。

長期間にわたり何回も繰り返したパソコンへの原稿入力とその改訂作業には、新美素子さんの手をわずらわした。短期間だが、伊藤久美子さんにも力を添えて頂いた部分がある。引用文献・資料との整合性は、井上健君に確認して貰った。最終原稿のとりまとめ、図表の作成および索引の作成には羽生朋子さんの助力をあおいだ。最後に（しかし最小にではなく）、岩波書店編集部は、モノグラフ製作の各段階の手配や、原稿不備の修正、誤りの発見と訂正などで大いに貢献してくださり、理想社は、短期間のうちに本書を美しい印刷で仕上げてくださった。

お世話になった皆さんに深く感謝する。

一九九三年二月一二日

著　者

目　次

第一章　プロローグ

第二次大戦後、経済発展や経済成長が注目されるようになってから、教育の経済効果についても研究がさかんになった。しかし、それ以前においても経済学が教育問題に無関心だったわけではない。アダム・スミス(Adam Smith)の『諸国民の富』(初版一七七六年)を繙けば、教育活動に関する幾多の考察がなされているし、フリードリッヒ・リスト(Friedrich List)は、『経済学の国民的体系』(初版一八四一年)の中で、英国に比べて「経済的後進国」たる大陸の立場から教育を重視した。またアルフレッド・マーシャル(Alfred Marshall)の『経済学原理』(初版一八九〇年)の中には、一九六〇年代の諸研究中に登場する教育の経済学上の主要な論点が、すでに幾つか述べられているのである。けれども、マーシャル以後暫くの間、教育に対する経済学者の関心は一般に高くなかった。それが第二次大戦後再び関心を集めたのは、教育が経済発展に対して大きな貢献をすることが改めて認識されたと同時に、技術進歩との関連で教育の意義が取り上げられるようになったからにほかならない。

とりわけ、ゲアリー・ベッカー(Gary Becker)の『人的資本論』(初版一九六四年)が広く関心を惹いてからは、職業訓練には「一般的訓練(general training)」と「企業特殊的訓練(firm-specific training)」とがあることが注目されるようになった。もっともこの区別は、もともとはマーシャルの一般的能力(general ability)と専門的能力(specialized ability)との区別(Marshall 1920, Bk. IV, Ch. VI)に端を発しているように思われるが、それはともかく、前者による技能は企業のいかんを問わずどこでも通用するのに対して、後者が付与する技能は特定の企業(職場)でだけ役立つ技能を育てる。したがって、一般的訓練に必要とされる教育費用は被訓練者である労働者自身によって負担されるが、特殊的訓練の費用は企業がこれを支払う。なぜならば、一般的訓練が育てる熟練はどこへ行っても通用するのであるから、働く者は同一の雇用主(企業)のもとに永くとどまるとは限らず、したがって、仮に経営側が訓練費を拠出したとしても、企業は後になってその費用を回収出来る保証がない。これとは対照的に、企業特殊的技能を蓄えた従業員は、当該企業にいてこそヨリ高い生産効率を実現しそれに対応する高報酬を期待できるのだから、むやみに転職する誘因がないどころか、転職すればゼロから訓練を受け直さなくてはならない。だから、後者の場合には、従業者の定着率が高く、経営側に教育投資の誘因が存在するのである(Becker 1975, Ch. II)。それだけではなく、企業特殊的訓練は定型化され得ないことが多く、しばしば仕事をやりながらの実地指導(OJT; on-the-job training)や、場合によっては作業者自身の「見よう見まね」で伝達される。

これら二つのタイプの訓練の違いは、産業間もしくは職業間の賃金格差や賃金構造が問題とされたり、就職後の企業内の配置転換や昇進のルートを問題とする「内部労働市場」の理論が浮上するにおよんで、経験的事象としてだけでなく、経済理論的にも重要な役割を果たすに至った。(ベッカー以後、一九八〇年代までの展開を紹介したものとしては、例えば石川(一九九一、三～四章)がある。)

しかし、さかんに論ぜられた割には、企業内教育訓練の実態は意外と知られていない。教育の経済効果の計算に当っては、主として学校教育が対象とされることが多く、産業教育や職業訓練が正面切って問題にされることは比較的少ない。例えば、一九六〇～七〇年代の教育の経済分析のうち最も代表的なデニスンやスベニルソン報告の研究は、学校教育に焦点をあてたものである(Denison 1967, O.E.C.D. 1966)。わが国の経験を経済成長との関連で扱った分析においても、取り上げられたのは主に学校教育である。代表例としては次の六点があげられよう。ドーア(Dore 1976)、堀内(一九七三)、大川(一九六八)、渡部・荏開津(一九六八)、渡部(一九七〇)、および上野ほか(一九七一)。企業内訓練に焦点をあてた例外的事例としてあげられるのは、ミンサー(Mincer 1962)くらいのものである。(日本における初期の事例研究としては、清水(一九六三)による石川島播磨重工業の調査がある。)

早い話、企業内職業訓練にどの程度の費用がかかり、またどのような効果があがるのかはほとんど知られていないし、教育訓練に対する企業自身の関心度や考え方、方針等々の定性的な情報も簡単には入手できない。さらに、いうところの「企業特殊的訓練」が具体的にいかなる内容のものなのか、どの程度の期間を必要とするのか、企業自身によってどの位意識的に実施されてきたのか、等々も必ずしも明らかでない。もっと根源的に、「企業特殊的」訓練が、本当に外部企業ではまったく通用しないのかどうかも問われてよいだろう(尾高 一九九一を参照)。

本書の目的は、上述のような状況にかんがみ、主として明治以降一九八〇年代までの期間を対象に、鉱工業における企業内職業訓練の軌跡を明らかにするところにある。いうまでもなく、職業訓練の実態をつかむためには、定性的・定量的を問わず、素材となるデータを蒐集するところから始めなくてはならない。以下で報告するのは、そのような探索のひとつの試みである。

なお、本書では、「産業訓練」「産業教育」「職業教育」「職業訓練」の語句を同義的に使用する。また、その実態を叙述する際には、一九八〇年代までの諸業績によって扱われたものとなるべく重複しないように心掛けた。したがって、産業訓練に関する正確な認識のためには、これらの業績を合わせて利用する必要がある。(1)

(1) 先行諸業績には、例えば以下のものがある(アルファベット順)。中央職業能力開発協会(一九八〇)、石原(一九六二)、岩内(一九八九)、泉(一九八四、一九八九)、小池(一九八一a、一九八一b、一九八二、一九八六、一九九一)、倉沢(一九八三―八四)、三好(一九七九)、森(一九八二)、日本科学史学会(一九六四―六六)、日本労務管理史料編纂会(一九六二、六四)、日本産業訓練協会(一

九七一)、岡本(一九九〇)、Priyawatanawit(一九八〇)、坂本(一九六四)、職業訓練計画調査研究会(一九七〇)、職業訓練研究センター(一九八三)、隅谷(一九七〇、一九七一)、隅谷・古賀(一九七八)、豊田(一九八二、一九八四)、Umetani(一九八〇)、および横須賀海軍工廠(一九三七)。

第二章　産業教育に関する古典的見解

スミスの『諸国民の富』が教育の経済学に関して指摘した点は二つある。第一に、賃金の高低を決める要因の一つは技術修得費の高低にあること、第二に、科学の振興と市民教育のためには公共支出が必要なこと。

最初の点に関しては、彼はまず「人の生得の才能の差異というものは、われわれが気づいているよりも、実ははるかに小さい」と主張し、見かけ上の能力差は主として分業と、その結果必要となる異なった訓練とに起因する、と説く(Smith 1776/1950, Pt. 1, Ch. 2; 邦訳八四頁)。そして、その訓練の必要度と費用の大小とに応じて、労働者が受け取る賃金にも差を生ずる、という(*op. cit.*, Pt. 1, Ch. 10, Sec. 1)。もっとも、スミスの時代にはもはや「長期の徒弟修業はまったく不必要」になっていた。何となれば、機械器具等の発明には非常に長い年月と多くの労力が要されるのであるが、いったんそれらが出来上り、技術が確立してしまえば、その製作法や取扱方法の教育には「どのような青年に対しても数週間以上の教課を必要とするはずはない」からである(1)(*op. cit.*, Sec. 2; 邦訳二四六―四七頁)。したがって、徒弟修業に関する公定の年限は、きわめて有害なものといわなくてはならない。このように徒弟制度に対する批判が重要な地位を占めるところは、いかにも初期産業資本主義の時代に生きたスミスの面目が躍如としているが、他方、工業化の進展に伴って職業訓練の性格にも変化が生じ、たんに伝統的熟練が解体して単純労働が増大するというだけではすまないことには言及されていない。

他方、分業の進展と関連して、彼が公共教育支出の必要に説きおよんでいるのはきわめて興味深い。スミスによればその理由は三つあって、第一には、直接的な需要に乏しく日常生活上の有用性に欠ける類の科学研究を促進するためであり、第二には、分業の結果、単純作業の繰り返しに縛りつけられて「ばか」になる人々が生まれるのを防ぐためであり、さらに三番目には、相対的に恵まれない経済的境遇にある庶民を援助して、その子弟に基礎教育を受けさせるためである(*op. cit.*, Pt. 5, Ch. 1, Sec. 3)。

以上のように、教育経済論におけるスミスの積極的な主張は、公共の費用をもって基礎ならびに科学教育を行うべしとするところにあった。一方、産業訓練については、企業家や労働者が自らの必要上——次第に短縮される期間ではあるが——これを実施するのだから、特に政策的配慮を加えることはなく、徒弟制度上の諸規制はむしろ廃止すべきだと考えていた。いいかえると、スミスによれば、公的教育の意義は人的投資そのものの側面よりは、むしろ外部経済性を実現する点にこそあるということになろう。それは、市場で評価される教育の私的経済価値と、社会全体にとっての教育の社会的効用とは必ずしも一致しないということにほかならない。

スミス経済学の批判者として、保護関税を正当化しようと試みたリストの「生産諸力の理論」では、上に触れたような分業化の弊害の可能性は全く心配されていない。リストは、国富それ自体よりは「富をつくり出す力」の方がはるかに重要であるとして、「豚を飼育したりバッグパイプや丸薬を製造したりする人々はむろん生産的だが、青年の教師、成人の教師、芸術家、医者、裁判官、行政官はもっとずっと高度に生産的である」と言う(List 1841, Ch. 12; 邦訳二〇七頁)。「精神的作業」と「物質的作業」とのバランスが保たれることはもちろん大切だが、実はそのためにも工業化の促進が必要である。なぜなら、「工業国では工業は科学によって大衆にわかるものとなり、科学と技芸とは大衆の行なう産業によってはぐくまれる」からである(*op. cit.*, Ch. 17; 邦訳二六一頁)。だから、工業化は労働の質の向上に役立つ。ところで「経済的後発国」ドイツの場合には、工業化の成功のためには国内市場を長期的かつ継続的に保護することが要請される。「生産諸力の均衡」のためには、保護貿易が入用なのである。[2]

以上によってみると、リストはスミスに比較して、工業化の将来に関してはるかに楽観的だったように思われる。これは「後発国」側にあった者にとって当然の成り行きだったのかも知れない。「工業の要求するものは、きわめて多様な差異を持つ精神能力、熟練、訓練である」から工業国では適材適所を実現するのが農業国におけるよりも容易だ(*op. cit.*)というのはその通りであるが、技術革新の結果廃棄される技術や労働の単調化が生ずる可能性については述べられていない。しかし、教育や研究開発の生産活動への寄与を認め、また経済発展過程における教育訓練の重要性を強調した点はリストの貢献である。

一八九〇年にアルフレッド・マーシャルが『経済学原理』の初版を書きあげたとき、英国の一人あたり国民所得の成長率は一つの頂きにさしかかっていた。事実、二〇世紀に入ってからの同国では、一人あたり国民所得額は約三〇年間にわたって四五から五四ポンド(一九一三～一四年価格)のあたりを上下するにとどまり、そのグラフを描けばさながら一大平原が広がっているかのごとくである(Deane and Cole 1967, pp. 329-33)。英国における第一次産業革命の種が、すべて実りつつあった時期だともいえよう。

このような時代に生きたマーシャルにとって、産業教育の問題はスミスやリストにおける問題とはおのずから異なっていた。ここでは、生産過程に対する機械の導入が絶え間なく、「特定の操作のために長期の連続した訓練を必要とするといった類の手仕事は……珍しくなりつつある」(Marshall 1920, p. 171)。かくて伝統的な徒弟制度は、もはや時代遅れであった。さらに、普通教育の意義として労働者の精神活動を活発にすることが強調され、技能訓練と共に一般ならびに技術教育(general and technical education)の促進せらるべきことが論ぜられている。マーシャルは、人の才能を「一般的能力(general ability)」と「専門的能力(specialized ability)」とに分け、後者における手先の器用さとか特化された技能とか同時に、前者によって一般的水準を高め、かつ将来の可能性を切り開く重要性を説いたのである。実際、彼によると、前者のように多くの職業に対して応用のきく能力は、その必要性が増大している。また、比較的恵まれない労働者階級の子弟の間に多数発見される優秀な頭脳が、一般的・技術的教育によって、その花を咲かせる道を与えられることが望ましい。そしてこの目的のために使われる費用は、まさに「投資」としてとらえるべきなのであった(*op. cit.*, pp. 172–79)。

ところで、このようにして教育のためになされた投資は、当然貨幣的収益をもたらす。これは、すでにスミスによって指摘されていたが、マーシャルは需要・供給の理論を労働市場にもあてはめて論じた後、労働の対価(賃金)にも、他の財と同じように一定の「正常価格(normal equilibrium)」があると指摘する。労働サービスという財のもつ性質から、その需給調整にはきわめて長い時間を要するけれども、もし均衡が得られた状態にあっては、人の賃金所得(W)は、教育・訓練等の労働供給に必要な「投資」支出(C)と等しくなるであろう。記号的に書けば、rを割引率とするとき、

$$C = \sum_{t=0}^{n-1} W_t(1+r)^{-t}$$

である。ただし、tは期間を表わし、Cは瞬時的に支出されるものと仮定している[3](*op. cit.*, pp. 476–80)。もちろん、現実には、それぞれの職業の将来を見きわめるには困難が伴うし、天賦の才によって獲得される生産者余剰のようなものもあるから、等号は必ずしも成立しない。また、非経済的要因が働くのはいうまでもない。

以上によってみるならば、マーシャルの考えた産業教育とは主として制度化された学校教育のことであって、今日いうところの事業内(ないしは産業内)訓練は彼の考察の直接の対象でなかったように思われる。彼によれば、個々の

職業のための「特化された能力」は時が経てば使用に耐えなくなり、新しい技能にとって代わられる運命にある。いまや産業教育は、むしろ「一般的能力」を訓練の対象とする時代に到達したのであり、それは職業間移動を容易にすると同時に、未来を開拓する人的資源を準備する源ともなるというのである。

以上、三人の古典的経済学者の産業教育論を概観した。改めていうまでもなく、これらの人々は、その本来の狙いは別の所にあって教育の経済学を考察の主たる対象としたのではないから、彼等の叙述を過度に重視することは適当ではない。しかし、三人の見解を整理し、それを現代の状況の下で吟味してみることは出来よう。それによって、マーシャル以後約七〇年を経てシュルツ(Theodore W. Schultz 1961)やベッカー(Becker 1964/1975)に至るまでの間に、職業訓練の問題がどのように展開したかを探る糸口とすることは可能であろう。

古典的三家の見解に則してここで取り上げたい問題は次の三つである。(一)普通教育と実業教育との関係、(二)技術革新と産業教育との関係、そして(三)教育支出の非投資的側面と外部効果。

まず最初の点については、三者ともむしろ一般普通(ないし高等)教育の重要性を指摘し、また徒弟制も含めた「見よう見まね」のインフォーマルな教育よりは、制度化され体系化された教育を重んじたようにみえる。しかしこの議論は、日本の場合と、英、独のように徒弟制の永い伝統を持ち種々の技能教育制度を備えた状況とでは、その意味が異なることに留意したい。明治期(もしくはそれ以前)の日本では、福沢諭吉や渋沢栄一に代表されるように、「実学」の重要性が強調せられた(鳥羽 一九七〇)。また、明治の前半は、わが国の近代史の中でも稀に自由で「能力主義」の時代だったことが知られている。けれども、その後の経験から判断する限り、日本では概して技術・技能教育が相対的に尊重されていない。大学を始めとする高等教育が出世と地位向上との登竜門となったために(学歴主義)、知識教育が偏重され、社会的評価もむしろ学歴とか所属集団(会社、官庁等)を基準とする結果となり、技能者や専門家(professionals) の社会的威信が高いとは言えない。大学卒の技師と現場の熟練労働者とは全く別々の体系の下で訓練を受けるため、彼等の間では意思の疎通を欠くこともあった。一例として、初期における王子製紙苫小牧工場のケースをあげることができよう。

「工場へ入ってみると、技師と職工(工員)とのへだたりというものは、想像よりもずっとひどかった。……／……学校出の技術者はいわば羽織を着た監督者であって、自分ではすこしも手を出さないのだ。理屈は知っていても、じっさいには何ひとつしようとしない。というよりも、できないのである。したがって、じっさいの仕事はすべて職工まかせという実情であった。

職工はじっさいの仕事はできても、理屈のほうは一向にわきまえず、技師たちは、ひととおりの理屈は心得ていても、現実にはなにひとつ自分の手ではできない。しかも、互いにそれを怪しもうとはしなかったのだ」[4](河野一九六二a、一九一、二〇二頁。引用文中の斜線(／)は、パラグラフの異なる箇所からの引用を示す。以下同様)。

これらの事実は、おそらく日本の近代経済成長が比較的短期間中に行なわれたことと、その際技術的基盤を欧米からの「借りた技術」に求めたことで説明されよう[5]。

けれども、一九六〇年代以降では事情が同じでない。いまや日本でも、独自の開発的創造性と実力とが重視されなくてはならない。日本の場合には、古典的三家の見解とはむしろ逆に、技術教育や産業教育の重要性を強調する必要があるのである。のみならず、明治以来の高等教育に対する財政支出については、その額が多過ぎて、経済発展上の必要度からすれば宝の持ちぐされだったのではないかと疑う論者すらある(Oshima 1965)。

第二に、技術革新が職業の内容に与える影響については、古くから多くの議論があった。チャップリンの「モダン・タイムス」で風刺されたように、技術が進むにつれて単調労働が多くを占め、人は単なる歯車になるという考えがこれである。この見解は、スミスの分業論の中にすでにはっきりと姿を表わしているし、手先の器用さ(manual dexterity)などはもはや重要ではないと言っているところから見れば、マーシャルにも全然意識されなかったわけではないだろう。

しかしながら、二〇世紀における労働力の構造変遷の過程を見ると、過去における複雑で労力の要る職種が機械で代替されると同時に、別種の新しい技術を必要とする職種が誕生しており、技術革新と共に直線的に単純労働が多くなるというような簡単なものではないように思われる。この間に古い熟練育成の方法は不要となり、伝統的な職人層は解体してしまうが、それにもかかわらず労働力構成に占める「半熟練工(semi-skilled)」と「熟練工(skilled)」の割合は必ずしも低下していない(例えば、職業訓練計画調査研究会(一九七〇)中の英米両国に関する参考資料(三六—四五頁)を見よ)。他方では、技能労働力と資本主義設備との技術的補完性が高まったと判断され、「技術」と言われるものの多くが、それ自体として独立に定義し得るものではなく、関連設備や生産工程とのかかわりあいにおいてのみ意味を持ち得るものとなった(労働省職業訓練局 一九六九a、および尾高 一九八〇、四一—四二頁を参照)。企業内職業訓練が相対的に重視されるに至った一因はこの点に求められるべきであって、独占度の増大や労務対策だけに起因するとはいえまい。

したがって、現代にあっては、普通教育と職業教育との双方が拡充されなくてはならない。スミスやマーシャルのように、そのうち一方だけを強調するのでは片手落ちである。それだけではなく、完全雇用型でしかも技術進歩率の大きい高度産業社会においては、再訓練とか生涯訓練とかいう名で呼ばれる職業教育上の努力が要請される。

ちなみに、一九五〇年代から六〇年代初頭の米国では、構造的失業(structural unemployment)の議論が活発だった。これは、第二次大戦後の景気循環の谷毎に失業率を測ると、その大いさが趨勢的に増大していたという事実認識から出発し、その原因として、技術革新に伴う技術的失業が増加しつつあるのではないかとの主張をめぐって闘わされた(6)。この論争は、その後ヴェトナム戦争の開始によって失業率が低下したために自然と解消してしまったが、いずれかといえば構造的失業説は少数派で、大勢は有効需要不足説に傾いていた。けれども、技術体系の変遷と共に必要とされる技能労働力の型はかなりの速度で変化するのに対し、訓練には長期間を要するのが通常であるから、いうところの「構造的失業」が発生する可能性は常に存在する。一例としては、一九五〇〜六〇年代におけるエネルギー源の転換に伴う石炭産業の壊滅を考えれば十分である。もし構造的失業者が大量に存在する状態で有効需要拡大政策が採用される時には、他の事情が等しい限り、失業率は低下せず、逆にコスト・インフレーションが生ずる危険がある。この難に対処するには、職業上の再訓練を実施し、労働力の産業間再配分を試みるほかはない。失業ならびに物価対策として、ＯＥＣＤを中心に「積極的労働力政策(active manpower policy)」が推進されたゆえんはここにあった(7)。

さて第三に、教育のための支出には、投資の側面と同時に消費の側面があること、さらに教育には一種の外部経済的効果があること、を想起しよう。

教育支出の消費的側面は、シュルツによっても明確に認識されていたが、経済発展論の枠組の中で教育や訓練が論ぜられる時には、どうしても等閑視される傾向がある。もちろん、教育費のうちどの部分が消費であるかを確言するのは難しい。例えば、労働意欲を創り出し仕事の効率を高める最も根本的な要因は「動機づけ(motivation)」であって、これがないかぎりは、職業訓練をいかに積み重ねても所期の効果を期待できない。ところが「動機づけ」は、一般(教養)教育の中から、例えば哲学や宗教等を通じても得られることがある。このような場合、一般教育に投ぜられた費用が「投資」であるのか「消費」であるのかは一概には決められない。しかし、消費のための教育(すなわち、広い意味での「教養(liberal arts)」のための学習)は、おそらく相対的に高い所得弾力性を有するであろうから、その部分が総教育費中に占める割合は、一人当たり国民所得が上昇するにつれて上昇すると期待されよう(8)。もしそうだとすると、教育の経済的価値は、労働効率の増大や賃金所得の上昇といった範疇で測定した値よりはるかに大きいものと考えなくてはなるまい。いいかえれば、とくに日本では技能・技術教育をもっと重視すべきなのであるが、それと同時に、教育活動が技術教育や産業訓練等の実学的・即物的観点からのみ評価されることがあってはならないのである。この点は、教育の経済分析に当たって、充分留意すべき事柄である。

ところで、スミスが公費による教育の拡充を説いた時、彼は教育支出による社会的相乗効果を重視したのだと考えてよいだろう。例えば、知識の拡大がもたらす判断力の向上やデマの流布の防止は、社会・政治的な安定度を増大させるであろう。ただし注意すべきなのは、この効果は一般普通教育(特に義務教育)において著しく、純粋の教育投資(産業訓練)ではきわめて小さいと考えられることである。が、それはともあれ、外部経済的効果の存在は、教育の私的(限界)効用と社会的(限界)効用とを乖離させる結果を生む。これは、フリードマン(Milton Friedman 1962, Ch. VI)が「隣人効果(neighborhood effects)」と呼んで、教育における公共支出を正当づける数少ない理由の一つとしたものである。

フリードマンが挙げる主たる理由はいま一つある。それは、資本市場の不完全性のために、投資が有効に配分されないという経験的事実である。彼によれば、この問題の解決のためには、公立学校をつくるべきではなく、奨学資金制度を大々的に活用するのがよい。特に職業訓練に関しては外部効果がないのであるから、彼によれば公営の施設を設ける理由は全くない。もし職業訓練が公共の費用で(あるいは補助を受けて)実施されるときには、最低の資格条件を具えており、しかも希望する者にはすべて訓練が施されるから、その結果過度の投資(overinvestment)がなされるであろうという。

以上の背景と留保条件とをふまえた上で、次章以下では、日本鉱工業における職業訓練の歩みを探ってみよう。

(1) スミスのこの言葉は、明治二二年に大日本紡績で交わされたという議論を思い起こさせる。すなわち同社では、創立当時優秀な技師を求め、その結果、菊地恭三を平野紡績から招いたのであったが、その際、技術者というのは工場設立時にのみ入用なのであって、いったん運転が開始してしまえばそれほど必要性がなくなる。だから、高給を払ってまで常用にすることはない、との反対があったという(大日本紡績 一九四一、二三―二八頁)。この挿話には、第二次大戦前における日本の技術者観の一端がよく表われているように思われる。

(2) ただし、保護関税(輸入関税)が国内の熟練労働力を保護育成する結果を生むのは、工業化の初期にのみいい得ることで、一般的命題として受け入れるわけにはいかない。Ohlin (1967), pp. 203–06 を参照。

(3) 上記の表現では、訓練費用等(C)は自己負担であると想定しているが、この議論を企業内訓練に適用した場合には、ベッカー流に書けば、

$$C=\sum_{t=0}^{n-1}(MP_t-W_t)(1+r)^{-t}$$

となる。ただし、MP は労働の限界価値生産物である(Becker 1975, Ch. II)。

(4) 第二次大戦後でも、同じような状況は皆無ではなかったらしい。一九七〇年代半ばにおけるK工務店の話によれば、大学建築科卒業の設計技師が引いた図面を用いて工事に当たるためには、現場の技術者がそれを土台にして具体的な青写真を作ったり、大工に「通訳」してやる必要があって、もとの図面をそのまま現場作業に使うことは出来なかった。

(5) 「近代経済成長(modern economic growth)」はクズネッツ(Kuznets 1966)の概念。「借りた技術(borrowed technology)」はガーシェンクロン(Gerschenkron 1952)の概念。

(6) 代表的な研究として次の三点をあげる。U. S. Congress (1961)、Lipsey (1965)、Bergman and Kaun (1966)。

(7) 一九六〇年代における欧米の職業訓練については、Grégoire (1966)、積極的労働力政策に言及したものとしては、稲毛(一九六八、三〇七―二四頁)がある。

(8) ちなみに、かつて企業内職業訓練施設を(例えば工業高校といった形で)併設した企業においても、その卒業生たちは潜在的には

大学進学を希望していた。例えば、一九六〇〜六二年における石川島工業高校(一九五四年以来石川島播磨重工業社立の定時制高校)では、在校中成績のよかった者ほど大学進学を希望しており、その割合は平均で七七・〇%に及んだという(清水 一九六三、一四八頁)。これは、日本社会の学歴主義のためばかりではなかったろう。

第三章　第二次大戦前鉱工業における職業教育

本章では、主として企業者史に依拠しつつ、第二次大戦前の企業内教育の事例を探る。この作業では、一橋大学産業経営研究所資料室編『本邦企業者史目録』(特殊文献目録3、一九六九年)に掲載されている日本の企業者史(経営者史)全部を渉猟したほか、同所がその後一九九〇年末までの間に新しく蔵書に加えた企業者史をも必要に応じて参照した。

ことさら企業者史をとりあげたのは、ここには、経営者の政策やその思想的背景が、他の資料よりも一層赤裸々に記載されている可能性が多いと期待したからである。もとより経営者史は、その叙述の方法やスタイルはさまざまであり、必ずしも職業教育の全貌を精確に伝えるとはいい難い。そこで、関連社史その他の資料を併用して、出来るだけ多くの情報を活用するよう努めた。にもかかわらず、この試みによって必ずしも網羅的な情報を得たわけではない。

ここで材料とした企業者史や会社史の主な執筆目的は、いうまでもなく産業教育の叙述にあるのではない。したがって、これらの資料が職業訓練に触れていない場合でも、該当企業がそれに無関心だったとすることは出来ない。(ちなみに、調査の対象とした六五〇余点におよぶ企業者史のうち、いくらかでも使用に耐える材料を提供するのは以下で利用する約五〇冊にすぎない。)上記諸資料は、その精度や信頼性において千差万別、しかも史料として第一級のものばかりではない。叙述内容の精度を厳密に考証する手がかりを欠く場合が多いという意味でも、他の経済諸統計——例えば、賃金、物価、生産性など——と較べて、質的に劣るのも争えない。

だが、こうした欠陥にもかかわらず、産業教育に関する資料の絶対量が少ないことを考えるならば、これらの文献から企業内職業訓練の実態に接近する作業は、これを試みる価値が十分にある。少なくとも、第二次大戦前における職業教育の特徴をいくつか摘出することはできよう。

一　時代的概況

明治の初期から、普通教育と並ぶ工業教育や商業教育の必要性は、徐々に認識されていた。一八八一年から八六年まで職工学校で教鞭をとり、「実地色染法」教授の嚆矢とされる平賀義美によると、就業機会さえあれば働く意志のある者は士族や平民の間に沢山発見される。(1) つまり、低賃金労働は、これを多量に求めることが出来てはなはだ好都合である。しかし、職工も学問がなくてはならない。なぜなら、彼らは「其事業ヲ改良スル等ノ工夫ニ至テハ極メテ乏シク且ツ其他ノ事業ニ応ズル力ノアル事ナシ……且ツ夫レ無智ノ職工ハ……会々多額ノ賃金ヲ得レバ忽チ業ヲ息ミテ之ヲ無駄ノ飲食等ニ消費シ去リ、為メニ疾病ヲ惹起スル等ノ定例……」(平賀 一八八七、二三―二七頁)だからである。工業不振の一般的原因は、企業家に研究心が足りないからでもあるが、同時に労使関係を改善し職工教育を導入する必要も大きい。平賀はこのように考えて、次のように説く。

「傭者ト被傭者トノ間ニハ親密ナル情誼無カルベカラズ……本邦ニ於ケル両者ノ関係如何ヲ顧ミレバ其情誼ノ冷淡ナル事実ニ驚クニ堪ヘタリ尤モ京都ニ於ケル西陣織屋ニテハ其職工ヲ代々抱ヘ置キ恰モ封建時代世襲ノ主従ト一般ナル関係有リト雖モ是等ハ固ヨリ例外ノ事柄ニシテ工業社会全体ノ情態ハ之ニ反シ数年傭フ所ノ職工モ一朝ノ怒ニ由リテ忽チ之ヲ放逐スル傭主有リ……我工場ノ秘法ヲ他ニ伝ヘ或ハ賃銀ノ少差ニ由リテ数年来従事セシ工場ヲ去リテ他ニ転移スルノ被傭者有リ、甚シキニ至リテハ渡リ職人ト称シ諸工場ノ間ニ顚転シテ業ヲ為ス者有レバ他ノ一方ニハ又毎ニ之ヲ傭フ者有リ……被傭者即チ職工ト為ル可キ者ハ概ネ貧家ノ子弟ナル上ニ其父兄ハ教育ノ何物タルヲ知ラザル者多ケレバ今後多ク徒弟ヲ預ル所ノ傭者ハ成丈適宜ノ方法ヲ設ケ其レヲシテ普通教育ヨリ進ミテ工業教育ヲ受ケシムルニ尽力セン事ヲ希望スルナリ……」(同上、五〇—五八頁)。

このような工業教育にあっては、理論を伝達するだけでなく、実習も課さなくてはならない。なぜなら、真の製造場といえるものが未だ少ないからである。平賀によると、そのほか各地には適切な実業中学を、また中央には工業師範学校をおくべきだという(同上、五九—一一八頁)。

だが、ここで職工の教育が云々されるとき、それはいわゆる「居付良化」の努力であって、固有の意味の職業訓練ではなかった。雇主の頭にあったのは、何はともあれ、近代的な工場組織の秩序に従ってそのリズムの中で規則正しく能率をあげるような「規律正しい(disciplined)」労働者を育成することだったであろう。これは、技術者や実業家を育成するのとはまた違った努力を必要とする。この事情は明治期を通じて多かれ少なかれ存続したらしく、明治期の終り頃にも、産業界のリーダーを育成するにも与って力あった渋沢栄一が、平賀と全く同じ見解を述べているのである。

「おしなべて東京近傍の工場を見ると、殆ど今日あつて明日ないと云ふ渡り職人が重に使用されて居る。是は決して工業をして完全なる発達をせしむる組織ではないと云はねばならぬ。故に将来に工業をして大に進歩せしめようと考へれば費用も掛りませう。世話も要りませうけれども、それに従事する職工等が、……親子兄弟のやうなる関係を有せしむると云ふ仕組を以て、工場を維持して往くのが将来永続せしむる最も重要なる務ではないか。又それと同時に、此の職工を使用すべき側の下級技術に従事する人も、矢張今申す様な考を以て、相当なる素養のある者を追々に実務に訓練せしめてやると云ふやうな仕組が、是非無ければいけまいと考へまするのです」(講演「本邦工業界の前途」一九〇六年、による。井口 一九一三、九八頁)。

表 3-1　20 世紀初頭大阪府の企業内教育施設*

企　業　名[a]	生徒数(名)[b]	授業時間(時間/月)
中辻万造(坩堝)	‥	90
鐘淵紡績(KK)支店	460（?）	78
大阪撚糸(KK)	40（?）	60
河瀬芳三郎(友仙)	‥	60
金巾製織(KK)	122(122)	52
三好鹿蔵(硝子)	‥	52
古島竹次郎(印刷)	‥	50
大阪人造肥料合資	‥	50
摂津紡績(KK)	338(319)	48
林吉兵衛(鋳物)	‥	48
平野紡績(KK)	181(120)	40
平野紡績(KK)野田分工場	86（?）	39
島田硝子製造所	87　(0)	31
新田長二郎（帯革)	‥	30
鉽力細工商組合	‥	30[c]
日本紡績(KK)	213(213)	30
河瀬芳三郎(友仙《ママ》)	‥	30
日本織糸(KK)	110（88)	29
大阪紡績(KK)	123(123)	20
安田商事合名	130（44)	12
伏田鉄工所	‥	‥

(注)　*　本表の数値は，企業ごとにその意味が異なる可能性がある．経費の統計は，同様の理由から省略した．

(a)　KK は株式会社を表わす．

(b)　カッコ内は女子数(ただし，? は女子数不明)を示す．

(c)　裁縫専修者は 50 時間.

(資料)　大阪府(1902)，16-18 頁.

してみると、工場労働者に関するかぎり、その雇用は短期・非連続的であることが多く、まして後にポピュラーになった「終身雇用制」とは似ても似つかぬものだったことがわかる。

他方、職工教育といってもその内容は固有の意味の職業訓練ではなく、普通教育(いわゆる読み、書き、そろばん)である場合がしばしばあった。その例は、とりわけまだ義務教育が一般的でなかった大正以前に散見されたが、その後も、向学心に燃えた若者を惹き寄せる目的で普通教育のための学校を付設する企業は、第二次大戦後、高度成長期中に高校進学率が急上昇する頃まで跡を絶たなかった。

もっとも、形式・内容・設備等の整備された教育施設をもった企業が多数あったわけではもちろんない。しかし、例えば明治三五年頃の大阪府の場合、現役職工に対して比較的整備された一般教育を施したらしい企業として、表3−1に記載の二一社があった。

ところで、固有の意味における鉱工業の産業教育は、一体どのような形で始められたのだろうか。この点を整理した岡本(一九六〇、一—二七頁)は、一九四五年以前の時期を次のように区分けする。(Ⅰ)明治前期、(Ⅱ)明治後期、(Ⅲ)大正・昭和初期、および(Ⅳ)準戦時期・戦中期。(2)

まず明治前期には、経営内に工員(職工)と職員とを区別する身分制が施かれ、その上で実力主義が実施された。熟練労働者は、社会的地位は低かったが絶対数の不足のゆえに経済的には恵まれ、この事実をテコに独立小経営者となることを望んだ。彼らが激しい社会移動をくり返したのはこのためである。身分差感のためフォアマン(foreman、職長)制度は生まれず、職工学校は「上位者」たる現場監督を育成したが、そこで生徒たちが身につけたのは、現場の技術とは一線を画する内容のものであった。

明治後期になっても男子熟練工の供給は不足し続け、彼らに関するかぎり、労働市場は「売手市場」であった。労務管理組織は未発達だったから、現場の作業はしばしば「定雇」である請負親方職工の責任のもとに遂行され、労務管理の原理は懲罰主義と金銭的刺激誘因方式とだった。出来高賃金が多用されたのはこのためでもある。経営者が唱導するイデオロギーは「主従の情誼」だったが、熟練労働者は独立親方をめざして激しい移動を続けたので、これに対抗するため企業は賞与や扶助制度を設け、熟練工の内部養成を企てる動きも芽生えた。(ただし、政府所轄工場における内部訓練はもっと早い時期から実施されていた。呉や横須賀の海軍工廠の例がそれである。)

これに続く第Ⅲ期は、熟練労働力の中味においても労務管理の手法においても明治期と著しい対照をなす。一九一一年以降、テイラーの科学的管理法が紹介されたり、鈴木常三郎によるその日本版(直傭+奨励金制)が登場したが、その一方では早くも「合理的手法」の限界が口にされ、生活賃金の思想が顔をのぞかせるという具合で、大企業では企業中心の熟練形成が普及した。ちなみに、大正期の工場における科学的管理法の採用例としては、新潟鉄工所蒲田工場、ライオン歯磨、中山太陽堂、福助足袋、三菱電機神戸工場、芝浦製作所などがあった。（テイラー・システムの導入を論じたものには、奥田（一九八五、二―四章）がある。）

この動きとならんで、懲罰方式による労務管理の欠点が認識され、一方では精神主義（鐘紡など）が唱導されるとともに、第一次大戦から昭和の初めにかけては、年功型賃金体系の原型が形成された。労働市場における「二重構造」の発生は、このような構造上の変化に対応していたのである。労働市場が買手市場に転じたせいもあって、「渡り職人」は製造業からは次第に姿を消し、大企業では組織の官僚制化（bureaucratization）が進行して職員対工員の比率が上昇し、「企業内労働市場」（内部労働市場）的な仕組みが形成された。（もっとも、伝統的熟練労働者（「職人」）の世界は、直ちにすべてが崩壊したわけではなく、いくつかの産業では、中小企業を中心に、少なくとも高度成長初期まではその影響を残していたと考えられる（尾高 一九九三を参照）。）

すでに第I期にも経営家族主義を唱えた企業家があったが、大正になってからは、それが賃金管理と明確に結びついて説かれた点を注目すべきであろう。著名な例としては、伍堂卓雄をあげることが出来る。彼は、呉海軍工廠でリミット・ゲージ・システム（limit-gauge system）を初めて導入し（一九一九年）、その結果、工費三〇%・労働時間四八%の節減に成功しただけでなく、出来上り期限の大幅短縮を実現させた人である。

「余は日本の国情は欧米と大いに異なる故、賃金支払法も余程変つた方法に依らなければならぬと思つてゐる。欧米に於ける如く個人の腕一つで決定するのは考へもので、どうしても家族の扶養といふものを標準としなければならぬ。即ち職工には家族を扶養し得べき最少限の生活費を与へなければならぬ。それには先づ各年齢に就き標準家族を決める。さうしてこの人数を食はして行くに足る丈の賃金を与へるやうにする。そして一方技倆による賃金の差等と云ふことも勿論必要であるから、これは前の賃金とは別に差率を決めるのである」（伍堂　一九四一、二一―二二頁）。

このように、伍堂は科学的管理法の実施者であると同時に、生活賃金思想の提唱者でもあった。

一九一〇年代に熟練工不足が叫ばれたのはこの時期の投資ブームに対応していたが、その後再び労働不足の声が高くなるのは、「重工業化」の進行した準戦時期（第Ⅳ期）まで待たなくてはならなかった。この時期には、中小企業から大企業への労働移動も激しかったらしい。例えば工業教育者、清家正によると、「一番不足デ且ツ速成困難ナノハ機械工デ、ソノウチ下記ノ順デアロウ。1図工、2仕上工、3旋盤工、4フライス工、5鍛工」だという（清家　一九三七、五五八頁）。

同様に、大阪府工業懇話会は、一九三七年に「最近数年来、我ガ重工業ノ繁忙ニ伴イ、技能ヲ有スル職工ハ著シク欠乏シ、其ノ趨勢ハ日ヲ逐ウテ愈々甚シキニ到ツタ」として意見書をとりまとめた。これによると、とりわけ急速に養成されるべきなのは図工（〇・三）、鋳工（〇・二）、鍛工（〇・一）、旋盤工（一・〇）、フライス工（〇・二）、仕上工（一・

表 3-2　工場徒弟数統計*

年	収容工場数	徒弟数（人）
1917	10	1,409
18	15	1,296
19	18	3,255 (P)
1920	19	3,118
21	20	3,310
22	19	2,743
23	23	1,960
24	18	1,481
25	15	1,229
1926	15	975
27	16	809
28	13	641
29	12	680
30	12	610
1931	14	498 (T)
32	10	516
33	9	596
34	17	911
35	10	927
1936	13	1,211
37	41	1,744
38	70	2,189 (P)

（注）　＊ここにいう「徒弟」とは，工場法施工令第4章の規定によって地方長官に届出，認可を受けたもののことである．カッコ内のＰとＴとは各々長期波動の山と谷とを示す．

（資料）　社会局労働部『工場監督年報』，ＰとＴとについては，Ohkawa and Rosovsky, (1968), pp. 9-12 を見よ．

〇)、熔接工(〇・一)、それに調質工(〇・〇五)の八種類であるとしている。(カッコ内の数値は、旋盤工と仕上工とを標準(一・〇)とした時の必要度である。)さらにこれら熟練工の養成は、公・私立を問わぬ「熟練工養成所」がこれを行うべきもので、中級(「二級」)の標準養成期間は実技を含めて九〇日(ただし熔接工のみは一八〇日、調質工は二級なし)、「一級」の場合は同じく一八〇日とされた。ちなみに、「今日急ニ実施スベキ職工養成ノ方策ハ、最モ困難少ク、且ッ最モ迅速ニ、我国工業ノ総作業力ヲ拡大スルヲ目標トシナケレバナラナイノデアッテ、其レニハ大ニ中級工ヲ養成スル外ハナイト言フコトニナル」のである(大阪府工業懇話会 一九三七、緒言一頁、本文三頁)。

準戦時期にもなると、名目賃金は法令によって凍結されたので、インフレーションによる賃金の不足分は、もろもろの諸手当で補償する方式が採られた。他方、基本賃金が年齢ごとに決められる日本式昇給システムが、「制度」として登場した。皇国勤労観にのっとって、日給制は廃止し月給制とせよと説かれたのもこの頃のことである。産業報国運動が推進されたため、経営組織は、フォアマン制から上下ライン方式(軍隊式)に変った。政府による青年学校令その他の働きかけを通じて、経営内訓練制度は大中企業に広く普及した。だが、産業教育の内容は、第Ⅳ期が進むにつれて次第に簡略化し、間に合わせのものになって行く運命にあった。

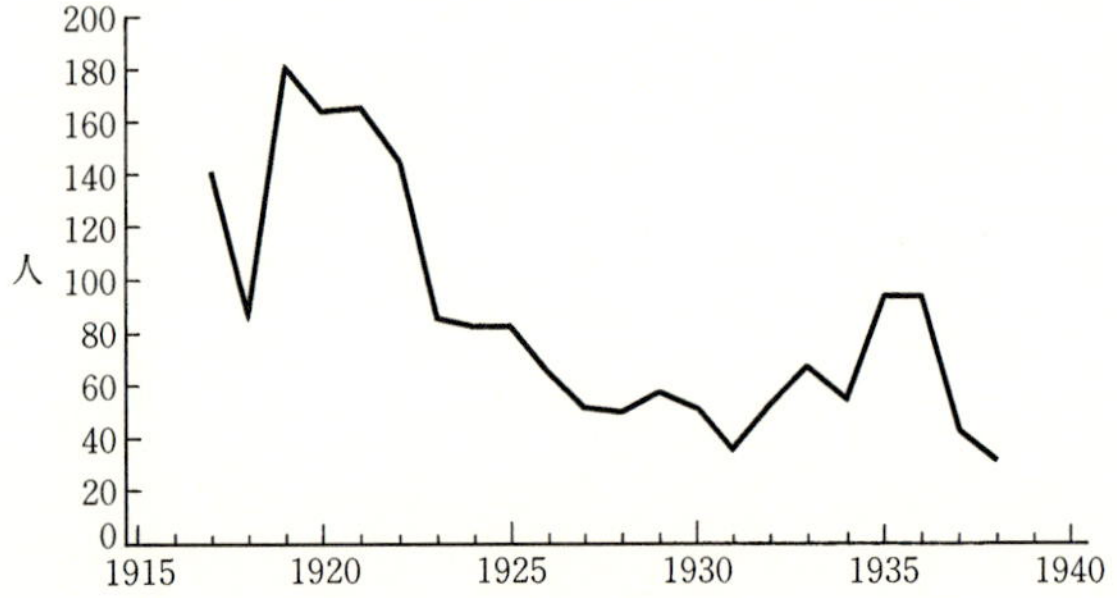

資料：社会局労働部『工場監督年報』各年.

図 3-1　一工場あたり徒弟数

ここで概観した第Ⅲ期からⅣ期への労働市場の変貌は、表3－2と図3－1とに示された徒弟数の動きにも、間接的にその跡をとどめているように思われる。調査の対象となった工場の数が多くないので確定的なことは言い難いが、旧式な熟練形成の方法は一九二〇年を境として——少なくとも工場法の適用対象となった事業所からは——姿を消す方向に向かったこと、一工場あたり徒弟数の動きは長期にわたる経済動向の上下にかなり敏感だったこと、は確かであろう。

以上の整理を背景として、次に、鉱工業における職業訓練の実態を探ってみよう。資料の配列にはいくつかの方法が考えられるが、ここではさしあたり産業中分類によることにした。したがって以下の叙述では、上に触れたⅠ～Ⅳ期の事情が交互に織り重なって現われることに注意せねばならない。

二　鉱　業

鉱工業生産の最も早い一例として、金属鉱山の諸活動をあげることが許されよう。非鉄金属の採掘は古くから行われていたし、鉄についてはタタラの例がある。これらの生産活動では、固有の労務管理方法や技術の伝統などは、かなりの程度確立していたに違いない。とくに精錬業は、明治期の統計資料では鉱業の中に分類されているのが常で、産業分類の上からも金属鉱山と製造工業との関連は深いといわなくてはならない。

それにもかかわらず、明治維新後、需要の拡大に伴って鉱業が発展期を迎えた際には、技術上ならびに組織上の改革が必要とされた。何にも増して困難だったのは、坑夫の頭数を揃えることであった。足尾銅山でも、一八八三年には一一二六人、その翌年には三一七九人の坑夫を集めており、ここに勤めた木村長兵衛（一八五四―八八）の伝記によ

れば、

「明治十七年横間歩大直利以後に於ても坑内作業を進展せしめ焼鉱製煉をこれに平衡せしむるのは唯稼働人員の増加に俟つの外なかつた。

従つて職員は固より工手、坑夫、支柱夫、製礦夫、熔鉱夫、焼鉱夫、炭焼夫、運搬夫、大工、左官、土工、雑夫等、あらゆる部門に亘つて百方増員募集の手を延ばし宇都宮監獄署よりも時に囚人の貸役を乞ふて薪炭の運搬に従はしめる策を講じたのであつた」(茂野 一九三七、七九頁)。

足尾銅山では、一八八五年に東京大角力を催し、勝負の終る毎に、観客に向って当時珍しかった一円銀貨を散いたが、この興業は坑夫募集難を軽減するにあずかって力があったという。

しかも、鉱山従業員には一定の技術が必要とされる。例えば、一般に当時の鑿岩夫は二年から五年間の訓練を必要とした。すなわち、

「鑿岩夫ワ相当頭脳ノ優レタモノデナケレバ長期ノ訓練ヲ経ルトモ物ニナラヌノデ採用ニ当ツテワ特ニ注意ガ払ワレル／

……臨時夫トシテ採用セラレテカラ先手間ヲ短縮シテモ最低一年九ケ月最大二年九ケ月デ満足ナ結果ヲ得ルニワ五年ヲ必要トスル。之等ノ養成、訓練ニワ技術優レタ鉱夫中ヨリ養成指導ト称スル係員ガ任命セラレテ万事之ニ当ル……［また支柱夫は］監督指導セラルゝコト約三ケ年合計約四ケ年ニシテ始メテ完成サレル」(中野 一九三八、八〇五―〇九頁)

のである。いわんや、鉱山技術の総括的責任を負う技師に訓練が必要だったのはいうまでもない。

鉱山技師についていては、別子銅山の創業期にもすでにその必要が痛感された。財政的余裕はなかったが、一八七四年

頃、広瀬宰平(一八二八—一九一四)は無理をして外人技師(ルイ・ラロック)を採用した。ラロックの任務は、(イ)別子銅山の地質学的・鉱物学的調査を行い、それにもとづいて経営改革を実施すべき点を検討すること、(ロ)新施設を設計するとともに洋式諸機械を選定し、かつそれら全ての予算を立案すること、さらに、(ハ)以上を総合して銅山経営の計画を練ること、にあった。ラロックは、精励勤勉で従業員一般に良い影響をおよぼしただけではなく、彼の手になる『別子銅山目論見書』(前後)はきわめてすぐれた出来栄えで、後年における同山経営の大羅針盤となったのである。だが、その俸給もまた非常に高く、広瀬自身が一〇〇円(月額、以下同じ)、技師兼通訳の塩野が二五円であるのに、ラロックは前者の六倍(洋銀六〇〇ドル)であった。外国人技術者のおかげで別子銅山は近代鉱山に生まれ代わったわけだが、その契約が切れた時(一八七五年一一月)、広瀬は、本人の意志に反してこれを更新しなかった。その理由は、高給外人技師を長く雇うのは、巨額の費用を要するため不利益だと看破したためという(神山 一九六九、四七—五二頁)。

金属鉱業の関係会社には、訓練施設を設置した例がある。例えば、古河鉱業の日光電気精銅所では、一九一二年から一八年までの短い間ではあったが、徒弟学校を開設した。もともと同校は、一九〇九年以来の不況と粗製乱造の気味とに対処するため、所員・職工の思想・精神を改善し、勤続を奨励しようとする所長(鈴木恒三郎)の案に端を発したものである。修業年限は二カ年で、満一七歳以下の高等小学校卒業者を入学させ、朝(八～一二時)は実習、夜(一八～二一時)は学科というように時間の割当がきまっていた。

「徒弟の待遇法は、先づ第一に、其部属、即ち分銅とか、原板とか、……徒弟の体格と希望とに依って、従事する職業を決定し、それが決定せるものは、三人位宛其部属々々の職長、同所で助手と称する、技手と組長との中間の、準社員待遇上の上席職工に依托するのである。／

徒弟を托された助手は、其者を自分の住宅に宿泊せしめて、家族的の待遇を与へ、朝工場へ出勤する時には、連れて行つて、自分の仕事場で定めの時間丈け、手伝をさせて仕事を見習はせるのである」(井坂 一九四〇、六〇五—〇七頁)。

採用する生徒数は一学年約二五名であって、食事だけは工場経営の食堂で用意し、その他は助手の家庭に一任し、後者には世話料を支給するという仕組みであった。しかしこの学校は、一九一八年四月には「会社の都合により」一応閉鎖された。

ここで、石炭鉱業における訓練の一例についても触れておこう。比較的大規模の集団作業を伴う工業エネルギー供給源としての石炭鉱山は、金属鉱山に較べてその歴史が新しい(産業革命以後)から後者と同一には論じられないが、同業でもグループ・リーダー格の技手には不足があったものとみえる。例えば、(男爵)団琢磨(一八五八—一九三二)の伝記によれば、北海道炭礦汽船が創立三〇年を迎えた年(一九二〇年)、重役慰労金を出す代りにその金で「何か記念事業を興さんと、其当時鉱山に於て最も困つて居た低い小頭級の技手を養成することになり、二十万円を基金として夕張工業学校を興した。夕張工業学校は大正十一年に開校し、十年間に二百人の卒業生を出した」(高島 一九三八、上巻、三二八—二九頁)。この学校は甲種工業学校令にもとづくもので、三年間の給貸費制をとり、毎年の卒業者は約三〇名で、坑内社員の技能養成を目的とする採炭係員養成所が一九三五年に出来るまで続けられた。また同社は、これより先(一九一六年)、夕張炭鉱に労務者養成所を設けて、手当を支給しつつ鉱員の短期育成をめざしていたが、一九三三年からはこれを各礦山に設置し、また一九三九年には「従業員養成所第一部」と改称した。この他に、すでに一九一三年からは従業員女子の裁縫・手芸の教習のため裁縫教習所が設けられていたが、これは一九二七年からは夕張礦家政塾と呼ばれることになった(北海道炭礦汽船 一九五八、四一五—一八頁)。

そのほか九州地方にも三井工業学校があった。これは、

「三池炭鉱及其諸工場を利用して生徒の実習場とし適良なる工場手を養成する目的を以って三井家の出資により大牟田より三池町に至る県道に沿ふ小高き台地に明治四十一年四月より開校し、高等小学校卒業生を収容して三年の課程を以って卒業せしむるもので……」(高島　一九三八、上巻、三三〇頁)、

採鉱、機械(いずれも一九〇七年から)、電気(一九一三年から)、および応用化学(一九一七年から)の各科があった。同校は、一九一一年の第一回期生四二人を出してから一九三二年に至るまでに、合計一二九六名(うち採鉱四三七、機械四〇四、電気二七五、応用化学一八〇)の卒業生を出した(同上、三三一―三三二頁)。

以上のような例はあるものの、概して鉱(ないし礦)山では、従業員訓練もさることながら、地域社会形成の一環として、むしろ従業員家族に対する教育・福利施設に費用を投ずる特徴があるといってよい(後掲表3－8参照)。

三　紡　績　業

次に伝統的産業である絹糸についてみると、蚕糸教育に対する政府の関心は薄く、私設の訓練所も、高山社(群馬)と競進社(埼玉)とを除けば本格的ではなかった。一八九六年、蚕業講習所は二年制に改められたが、製糸を主目的とする教育機関は未だなかった。このような状況は、主として製糸業の経営方法によるところが大きかったであろう。この産業では大経営が必ずしも適当でないとされたからである。事実、小規模製糸業の運営は、費用は低廉で機械操作も比較的簡単だったから誰にでも扱えた(丹羽　一九六〇、一七一―一七五頁)。

とはいうものの、一九〇〇年には、御法川直三郎(一八五六―一九三〇)の工場の一部に、修業年限一年の製糸専修学校が設けられた。ここでの教育目標は、製糸工員と製糸教婦との養成で、学科は本科と別科に分かれ、同年の入学生

数は各々一三名と二三名であったという。この学校は、一九〇二年に東京蚕業講習所(小石川)内に製糸科が新設されるまで続いた(同上、七八―八三頁)。

上に掲げた例よりも大々的な教育事業としては、片倉製絲紡績と郡是製絲両社のものをあげることが出来る。片倉は後に富岡製絲所を吸収した会社で、一八七八年の(片倉組としての)創業当時から「婦徳涵養的教育」を標榜していたが、これは各地から集められた女工の基礎訓練のためであったと考えられる。

「女工の募集も製絲業者にとつては常に苦心することであつた。それは一年間を通じて使用するのでなく、操業季節において特に多数の熟練者を必要とする為めであつた。……諏訪地方の業者は、長野県内は勿論遠く新潟・山梨・富山・岐阜等の諸県に募集の手を弘め、毎年二回の製絲季節に当つては、特に鉄道当局に交渉して一季節毎に二万余人の臨時大輸送を為し……」(二代片倉兼太郎翁伝記編纂委員　一九五一、七九頁)

ていたのである。

一九〇二年頃からは、幹部の人物教育の目的で見習生制度が作られたが、これは片倉組時代の唯一の社員養成機関だった。見習生の期間は、一五歳未満の者一〇年、二〇歳未満の者九年、二〇歳以上の者八年と定められ、成績によって報酬が支給される仕組みで、実業・専門教育の普及に伴って一九三〇年に停止となるまで続行した。他方、従業者中に義務教育未修了者が多かったところから、一九一七年に私立片倉尋常小学校を設けたが、一九二二年工場法改正の結果、義務教育未了者は雇傭出来なくなったので、同社川岸製絲所の補習教育機関としてこれを転用した。同校は、一九二六年の青年訓練所令に伴い私立片倉青年訓練所と変更され、一九三五年私立片倉青年学校になったものである。この他、片倉製絲では一九一七年から各工場で従業者補習教育を実施しており、その数は一九四〇年には六二校(いずれも「青年学校」と呼ばれた)を数えた。

以上はいずれも従業員訓練のためのものであるが、これらの他に技術者教育のため、一九一五年から一九三〇年まで松本で広く蚕業指導員養成を目的とする高等蚕業講習(一年)を実施し(片倉蚕業講習所)、また一九二四年からは現業技術者の育成(二カ月)のため片倉製糸講習所を開設した(於松本、一九二七年からは於大宮)。後者は、各工場から選抜された講習生五〇名を入所させ、給料支給のうえ訓練したものだが、修了者はその後三年間片倉に勤務する義務があった。さらに、養成工の技術指導に携わる教婦を育成するため、一九二六年より松本に教婦養成所を設け、各製糸所から選抜した優秀な教婦と業手六〇名とを入所させ、「科学的知識の涵養、専門的訓練」を目的として一月から四月までの三カ月間の実地指導を施したが、修了者はその後二年間の勤務義務を生じたという。このように、片倉製糸における教育訓練の努力には、かなり行き届いたものがあったといってよい(片倉製絲紡績 一九四一、三八八―四一五頁)。

なお、片倉蚕業講習所の入所者の資格は、初め小学校卒としたが、のち高等蚕業講習修了者と改め、甲種農蚕学校卒(一八〜二五歳)で各製絲所長の推薦する者とした。同所の卒業生はその後五カ月は勤務の義務があり、少ない年(一九二〇―二一年)で六名、多い時(一九二九―三〇年)では三七名だった。(なお同所は、その後、一九三五年に松本市の片倉蚕業試験所に移管された。)

キリスト教主義に則った精神主義的温情主義を基盤とする女工教育で有名なのは、郡是製絲会社(京都府綾部町)である。この会社では、「善い絲は善い工女が作る」をモットーに、一九二三年から教育部を創設し、職工の世話と教育とに心をくだいた。家族主義的な労務管理では、鐘紡(後述)にも比せられる特色をもつ(大塚 一九三一、一七八―七九頁)。けれども、それは単なる精神主義だったわけではもちろんなく、「修道好学の風」を盛り立てて組織の運営を改善し、技術の安定を狙ったものであったことは明らかである。事実、「郡内の諸製絲から譲り受けた工女は、技術の統一に骨が折れ、工程進まず、生産費が高くついた。……烏合の工女を駆つて国松教婦などが、血みどろになつて「技術の一定」に邁進した……」(村島　一九四〇、一四三頁)という時期もあったのである。そこで、創始者たる波多野鶴吉(一八五八―一九一八)は、家庭的雰囲気による教化活動に力を入れた。その伝記によれば、

「翁は幹部の人たちに「一度会社に入れた以上は、それは自分の娘として貰つたわけなのだから、どんなことがあつても退社をさせず、よく面倒を見て立派な人に仕立てねばならん」といつて居た。……

各部の主任は終業後、二三十分間は必ず修身講話をして居た。……

学科教授は創立第二年目から二三社員によつて行はれ、三年目からは嘱託教師によつて、修身、読書、算術の夜学を始めた」(同上、一五二―五三頁)。

その後、教育制度を整備し、郡是女学校を開設した際に作られた規定(一九一七年)によれば、普通女工の場合、見習工として学校に籍をおくのは入社後六カ月間、授業時間数は毎月二九七時間(そのうち現場実習が四五%)、定員は三〇〇人であった。他方、リーダー(教婦)を育てる場合には、学習期間は二年間、授業時間数は毎月八二時間、定員三〇人だった(郡是製絲　一九七〇、二七一―七二頁)。片倉が技能・技術に力を入れたのとは対照的に、郡是では教養育成に力点をおいて宣伝した傾向があるが、実際には実習に多くの時間をさいていた点を見逃してはなるまい。

次に綿紡績であるが、この産業の創成期にまず必要とされたのは、技術の指導にあたる首脳者の養成だった。英国人技師を招聘していたところもあるが、その場合でも多方面に通じた技術者は少なく、彼等について学んだ邦人技師も自分の力で新しいものを創り出すまでには至っていなかった。東洋紡績の創業に当り、渋沢栄一が山辺丈夫に白羽の矢を立て、ロンドンに留学中の山辺に研究費として一五〇〇円(一五〇ポンド)送金した話は有名である。また、山辺を補佐する者を養成するため、一八八一年に「紡績生徒」四名を採用し、愛知・広島の両官立工場へ派遣して実技

を修得せしめる等の努力が払われた(東洋紡績 一九五三、二一―三一頁)。

同種の苦労は、多かれ少なかれ他の工場にも共通であって、三重紡績会社の伊藤伝七(一八五二―一九二四)も、創設時代(一八八六―九一年頃)に専門技師がいないため苦労した末、斎藤恒三を東京工商から紹介して貰ったし(絹川一九三六、一四六―四九頁)、大日本紡績が菊地恭三(平野紡績)を工務支配人兼技師の地位に据えた際(一八九一年)には、「氏には英国留学の為め金がかゝって居るそれを分担して呉れ且つ兼務でも好いと云ふ事ならばとの事であったので、之に応じ金弐千円を平野紡績に支払」っただけでなく、その月給は飛びぬけて高く、定款に定める社長俸給範囲の最高限度と匹敵していた程である。すなわち、同社の一八九一年下期の月給表によると、社長一五円、取締役一〇円(三人)、商務支配人三〇円(一人)、工務支配人兼技師六〇円(一人)、社員七ないし三五円(一一人)だった。また、同年の男工の日給相場は約一五銭であった(大日本紡績 一九四一、二三―二八頁、また第二章注1を参照)。

一方、普通職工に対しても教育訓練が施された。ちなみに、大阪地方の紡績会社間における職工争奪戦(一八九六年前後)には壮烈なものがあったが、それだけに募集費も嵩み、女工を確保するためには配慮が要った。例えば、富士紡績では、一八九九年までに男女計二五六六人を募集したが、

「……かうして尠なかならぬ経費をかけて、折角募集した工員が、開業前後からはやくも多数の逃亡者と退社者を出し、つひにその三割近くの七百三十一名を失つてゐる。

尤も賃銀も廉かつた。……そこで会社は止むなく、高い塀を繞らした構内に、工女を押しこめ、……それでも逃亡者は跡をたゝなかつた」云々(沢田・萩本 一九四七、七四―七五頁)。

もっとも同社は、創設当時(一八九七年頃)何かと問題が多かったので、とくに工員を確保し難かったという事情はあったろう(なお、奥山・新井 一九一六、九四―九五頁をも参照)。教育活動も、職工獲得の工夫の一端だった可能性がある。

初期の紡績工場では、技術習練のために職工を伝習生として他の会社へ派遣した例もある。例えば、明治二〇年代の三重紡績所(川嶋)では、大平紡績へ男女工員(社員の妻女三名、女工四名、および男工四五名)を研修に赴かせた。期間は男二年、女六カ月程度であって、

「……帰来此等の伝習生は皆他の男女工を教練しつゝ操業に従事するのであつた。……職工には養成主義又た家族主義を採つた。養成工をば生徒と呼び大平見習の社員及職工等皆之が教練をなした。男女工とも独身者は寄宿に入れ結婚するに及び舎宅に入れた。……要するに職工をば手厚き教育に依て之を養成し、堅実な熟練工のみを以て工場を充さんと心懸けた形跡が明か」(絹川 一九三六、八一—八九頁)

であった。他方、三重紡績は、一八九四年に織布兼営を決意していたのであるが、

「そのころ同社には織布技術の経験者がなかった。そこでかねてから友好関係にあった大阪紡績に依頼して、同社の松島織布工場に伝習生を派遣することにし、男子五人、女子七人を選んで一定の期間実地を見学、練習せしめた。

松島工場では、これらの伝習生をして自由に研究し練習せしめたが、たゞ一ケ所糊場だけは立入ることを許さなかった」(東洋紡績 一九五三、一〇八—〇九頁)。

もっと組織的な教育訓練活動ももちろんあった。上述の東洋紡績では、創業当初には義務教育未修了者をも採用したので(片倉製絲も同様)、明治から大正の中頃までは補修教育を実施していたが、後には女子の実科女学校を、また一九二二年からは男工のために職工教育所を設けた。後者は、優秀工を選んで一年間紡績についての学理と技術とを習得させるもので、中堅工の育成機関である。初め四貫島工場内に設けられたが、一九二六年山田工場へ移設、一九四三年に一時閉鎖するまで続行したが、第二次大戦後には、綿紡織技術教習所として今治工場内に再開設した。これ

らの他、一九二二年から始まった看護婦養成所もあった(同上、四九一―九八頁)。

青年学校令にもとづき、準戦時中から第二次大戦中にかけて青年学校(男女)が設けられたのは各会社とも同様である。例えば大日本紡績においては、男子の場合普通科二年、本科五年、研究科二年、女子の場合は同じく二年、三年、二年の教程が課せられ、工場に勤務しつつ中等学校課程を終えられる仕組みだった。この他同社には、女工を多用する企業にしばしば見られるように、福利施設の一環として、女子のための裁縫、茶道、生花等の専修科もあった(大日本紡績 一九四一、一一七―二五頁)。女工に対する生花や茶道等の教育は、決して単なる温情主義的労務対策ではなく、工員としての落ち着きや繊細な感覚の発達を促した点で、立派な職業訓練課程の一部とみなして差し支えあるまい。(3)

戦前の綿紡績業は、工業化の先端を担う産業として、その経済効率の改善に絶えず意を注いでいたのであるから、教育訓練活動についても、必要にかられてこれを実施したものと解すべきである。この点に関して、武藤山治の以下の発言はまことに興味深いといわなくてはならない。

「余が鐘紡の為に多少貢献したと信ずる事蹟を云へば、職工に対する設備及び待遇である。自分の事を自分の口から云ふのは、実に烏滸がましいことではあるが、今日の鐘紡は職工待遇の設備に就ては、世間から模範的だと云ふ溢美の評を受けて居る。……併し最初余が天下に卒先して職工の待遇を改良したのは、其動機は決して人道上からでも何でもなかつた。矢張り算盤珠からである。如何に外観の美のみ具備つたにしろ、職工に誠意がなければ会社は予期の発展が出来ぬ。而して此の誠意を買ふには誠意でなければ不可ぬ」(武藤 一九六三、第一巻、五一〇頁)。

これが大原則であるが、教育訓練についても同じことがいえる。鐘紡が職工争奪をめぐって中央同盟会(大阪)との紛争事件の渦中にあった頃(一八九五年頃)、武藤は、「中央同盟会加入の各社との紛争を避くるため、兵庫工場に使用する職工養成のため多額の費用を費し、一部は遙かに東京工場にまで見習に送りました。当時の帳簿を調べて見ますと私が募集した職工の数、千三百五人に達し、其養成のために費した金額は実に五万千二百三円九十銭に及んで居ります」(同上、八六—八八頁)。この費用は、一人当りにして約三九円であるから、当時の綿力織女工の日給を一三銭とすればその三〇〇日分であった。「大勢の従業員を上手に使ふのには、従業員の補習教育が必要である。この点に於ても、私は鐘淵紡績会社にこれを試み、それがため尠なからず費用を使つて居るが、その結果は相互のため有利であると認めて居る。……従業員に教へるにも、成るべく工場の主任者又は主なる当局者がこれに当」たる(同上、第三巻、五八—五九頁)。

鐘紡における教育養成の強調は、すでに中上川において見られた。

「中上川先生は、東京に第二工場を増築し、兵庫に分工場(兵庫第一工場)を新設する頃から、職工は製造工業の骨子であつて、これが待遇を改善することと、これを適当に教導養成することとは、事業の成敗の岐るるところであると信じ、世に率先して大にその待遇を改善し、東西歩調を一にして斯界旧来の弊風を打破することに努めた」(白柳 一九三九、二六七頁)。

他方、鐘紡の所属女学校は、その教科目も教育の方針も普通女学校と同一であるとして、実業教育中心たるべきだと批判した論者もあった。「……鐘紡は工場であつて学校ではない。故にあくまでも工場本位に進むべきであつて、学校本位に進むべきでないことは余りに明白である」云々(野中 一九三〇、二一八—二一五頁)。

ともあれ、教育の努力をも含めて、鐘紡の経営管理を貫ぬいていたのは、温情主義ないしは家族主義の思想であった。

次に毛織物を見よう。この部門にあっては、技術的に解決すべき問題も多く、官立千住製絨所（陸軍省所管）が出来た時にも所内に技術者養成の施設が意図されたが、果たされなかった。初代所長（一八七九―八六年）だった井上省三の草稿によれば「該処ハ今ヤ毛織物工場ノ亀鑑ナリ、人民ニ誘導シ、之ニ製造ノ組織機械法方《(ママ)》ヲ示シ、外国ニ吏員ヲ派遣シ又該処ニ生徒ヲ置ク等ノ方法ヲ画シ、宜ク該業ヲ本邦ニ興起スルハ、以テ当初ノ目的ヲ続キ、亦タ世ノ風濤ニ応変スルノ挙ト謂フ可キカ」（木代 一九三八、一一二頁）。そこで井上には、所内に技術者養成の施設をおく意図があったのである。しかし、彼は早逝し、この案は実らなかった。

栗原母子が東京の下町で綿織物業を興し、ついで一九〇三年から毛織物に転向して後の大同毛織の礎を築いた時、栗原幸八は東京高等工業学校附属工業補習学校へ通学し（一九〇一―〇三年）、染色・機織・整理仕上について研究した。語学も必要なので、教師を招いて工場で英語その他を学習したという。ちなみに、明治四〇年代の東京高工は、仕上げ陣にその実習工場に英国製の毛織物整理機械をもち、また内外の良い技術者を揃えていた。

毛織物における技術的な困難は、染色・製織・仕上のうち、製織以外は、材料、設備、方法すべてにわたって、在来技術の転用がきかなかったことである。したがって、創業者の苦心は、欧米の技術の吸収に努めると同時にいかにして輸入品と競争するかにあった（大同毛織 一九六〇、上巻、一二〇―三八、一四五―五四頁）。もちろん当時は、毛織物関税による保護があった。

この観点からすると、幸八が一九一六年に訪米した際の感想は面白い。彼は、まず米国では老人職工が多く、また皆男工であるのを羨んでいる。彼地では、老齢に伴い「能率減少すれば、夫れだけ賃金を下げると云ふことであるが、日本では総て年数が重なれば給金を上げざるべからざるもの丶様に思惟せられて居る」のでうまくいかない。栗原工場でも男工を養成しようとしたこともあったが、紡績は男のするものではないとの通念があるため失敗した。彼によると、もし男ならば、職工数を減らすことが出来ようという。

ただし、米国の工場は予想外に汚く、労働規律も正しくなかった。他方、紡績機械には日米差がほとんど無いのに反し、織機では米国の方が遙かに優秀であった。幸八によれば、これは米国の高賃金のためである。彼は、日本でもやがては職工募集難が到来し、高賃金に苦しむ時があろうと予想している(同上、二三九—四〇頁)。

栗原工場では、一九〇七年に機械製織を始めるに当って、英国製力織機とともに日本式力織機を導入し、さらに東京モスリンから経験工を招いた。第一次大戦後は職工移動が激しかったが、同工場では高賃金と家族的待遇のためあまり困らなかった由である。ただ、大正の中頃までは「熟練工」といっても名ばかりで、数人の能力をあわせてようやく機械を据付けるようなこともあった。それというのも、日本の羊毛工業が草創期にあり、種々の機械が使用された上に各社とも秘密主義を奉じたことにもよるのであろう。

栗原工場では、一九〇九年をもって男工の徒弟制度を廃止したが、これは機械作業への進展や職場・作業分野の拡大等により、徒弟奉公の値打ちが下がったためである。その代りに、大工場で経験をつんだ熟練男工を多数雇用する必要が生じ、また旧来の徒弟で独立しなかった者(五名)には、新しい機械技術を習得させるため、東京高等工業、上毛モスリン、千住製絨所へ実習に通わせた。ただし、大正時代の機械製工場における「熟練」とは、手機時代の職人のそれのように高度なものではなく、「この時期には、熟練工の名は彼らの技能によってよりは、むしろその稀少価値によって与えられていたのである」(同上、三五三頁)。そこで、少数の年期男工、前借り少年工、縁故のある者等は、工場主の家内に住み込み、子飼いの中堅工として養成されることになった。

けれども、上に述べたのは少数の男子熟練工の場合である。一般には、出来高制のもとにある女工の方が待遇もよかった。とりわけ「組長級・一等工級の女子は、一般の男子が足もとへも寄りつけぬような高賃金をとった」ので、男女のつき合いでは、いつも女性がたかられる側にあった(同上、三八二―八四、四〇三頁)。織部の熟練工ともなると、一九二一年当時、一カ月一〇〇円以上の収入があったという。これは男子役付工中最下位者の収入の二倍半にも達しただけでなく、主任の給料を越えていた。大正期の賃金体系を一見すれば、

「専門的技能が最も重視されて……とくに技術面における、より近代的な、または特殊な技能経験の所有者が優遇されている。また経験者として中途入社したものは、前会社でその技能に対して支払われていた額以上のところで、当社の賃金支給が開始された。これはたいていの場合、当社内にそのとき必要とした新しい技能、あるいは熟練工が欠けていたせいである。

……どこの工場でも昇給率はわずかなものであり、ことに大工場ともなると、昇給が機械的におこなわれることが多いから、経験のある者は、ひとつ工場に落ち着いているより、新しい働き場があればそこへ移ったほうが、賃金の点では有利であったのである」(同上、三二四―二五頁)。

羊毛工業の機械設備は大部分輸入品で占められ、国内の技術進歩は相対的に遅れていたので、女子作業員の熟練に依存するところはきわめて大きく、その結果綿紡の場合は低賃金の女工を一年から一年半で交替させるのが好ましかったのに対し、毛紡績では三年勤続が(とくに機織の場合は)望ましいとされた(実働一一時間/日、二休日/月)(同上、三四六―五二頁、および下巻、九七五―七六頁)。工場生活に慣れさせて仕事を仕込むのには、たっぷり一年以上を費したといわれ、東洋モスリンの当事者によれば、「職工養成費のことを考えれば、熟練工にすこしぐらい給料をはずんだところで、そのほうがよほどらくでもあり、得でもあった」のである(同上、上巻、三四八頁)。これら女子熟練工たちは実力もあり、売手市場を背景に鼻息も荒かったので、工場主も彼等には一目おかざるを得なかったという。ただ、女工達は教育といえばせいぜい尋常小学校卒であったから、栗原工場では工場法実施以前から工場内に夜学を開

き、義務教育の補習とともに裁縫の先生を頼んでけいこを行った。また一九一六年以降は「工場法の規定に従い、義務教育未修了で就学年齢にある工女は、義務的に勉学につかせることとなった」(同上、三九一頁)。しかし、女工の技能訓練に関しては、一貫して、見習工各人に熟練工が一人ずつついて作業過程中にこれを行う「仕事に就きながらの訓練」(OJT; on-the-job training)以上には出なかったのである。もっとも一九二五年には女工の教育に集団訓練方式を採り入れ、マン・トゥ・マン(man-to-man)方式からの脱皮をはかったことがあるが、成功しなかったという(同上、六五九頁)。

昭和の初期に、栗原ではモスリンに見切りをつけ、再度転向を決意した。この時選ばれたのがラシャであって、もと千住製絨所主任技師であった石井立郎(当時、満蒙毛織常務取締役)を技師長に招き、毛糸紡績業へ転換するための跳躍台たらんとしたのである(同上、五〇二—〇八、五四三—四七頁)。震災後の工場では、子飼いの役付工や主任を中心として、作業指導面での進歩があった(同上、六五九—六四頁)。

さらに、キャップ紡績の開始のおかげで、合理化は一段と進んだ。まず作業者の選抜登用を実施するとともに、専門教育を受けた技師を採用した。キャップ紡績の女工には、「機織科から比較的優秀な者を選んで編成した。男子保全工には、職場や作業上の旧習を排するため、主として新入工員を養成して用いた」という(同上、六六八頁)。作業管理には、産業能率と品質とを勘案して作業実験を行い、必要人員を求めるほか、作業指導の分析にもとづいて女工の訓練を計画的かつ集団的に実施した。男子工員についても、数字と青写真とを利用して計画的に指導をした(同上、六七〇—七二頁)。当時はやりの産業合理化運動を背景に、経験的伝達法を超える訓練方式がはじめて試みられたわけである。さらに、毛糸紡績専業化に伴って、作業技能が安定した一九二九年からは、それまでの請負給(または受持ち機械台数による台給)を改め、日給プラス請負給(または日給+台給)を採用することになった(同上、六七七—八二頁)。

次いで、昭和初期から同一〇(一九三五)年に至る合理化の努力が始まる。栗原の場合、合理化は、現場指導者に学校出をふやし、定年制を設け、女工を教育し、さらに平均賃金を引下げるといった具体策となって現われた。男女工員の定年制は、毛糸紡績に転換して熟練工の価値が低下したことの一つの帰結である。

「従来の機織熟練工に求められていたものが、一般に経験年数に比例するところのカンや技能的熟練であったのに対し、この場合に求められたものは、主として機械操作の体力と複雑な生産を遂行するにあたっての知的能力であった(なお手先の器用さと忍耐力は、いずれの時代にも紡績・織布両工程に求められるものである)。こうしたことから、台持ちの熟練工への依存度は、以前ほどではなくなっていた」(同上、下巻、九七〇—七一頁)。

こうして職工の平均年齢を引下げ、女子を相対的に多数採用することによって賃金コストを低くするように努めたのである。さらに下って一九三三年からは、日給制一本やりとし、初日給を引下げるとともに、優良な女工を集めるために、入社時における学力試験(尋常小学校卒業程度)の実施と、工場付属教育施設の充実とがはかられた(同上、九七二—八五頁)。

震災後、栗原紡績では、従業員の知的向上にとりわけ心をくだき、一九二五年から裁縫その他を女工の有志に教えさせたり、同年、就業時間の一時間短縮(一一時間)を機会に、男子の夜学通学(専門・実業学校)を奨励したりした(同上、上巻、七五四—五七、八三二—四四頁)。しかし、本格的に企業内で学校教育を開始したのは、深夜業廃止(一九二九年)に伴って就業時間が二時間短縮されてからである。これを栗原実業補習学校と称した。その成績は必ずしも良好ではなかったので、一九三二年に満一六歳以下の者は義務教育として栗原勤愛学校へと改組したが、その経験と優良女工獲得という事業上の必要とから、その翌年には、入社と同時に入校(五年制)を義務づけることにし、その名を栗原勤愛女学校と改めて採用時期も毎年四月に統一した。この結果、会社はたしかに素質のよい新卒女工を集めることに成功したが、他面、女工がむしろ学業本位に考えるところから、「工場か学校か」という意識の対立を生み、企業にとって全く問題がなかったわけではない。それでも学校経営の努力は、栗原紡績の閉鎖(一九四一年)に至るまで続行された(同上、下巻、九七七—八五、一〇八〇—一一〇六頁)。

以上のように、繊維・織物産業では、比較的早くから女工集めに苦心を重ね、また家族主義や教養主義を標榜して従業員教育を実施した例が少なくない。上記以外でも、例えば福井精練(一八八四年設立)では二〇〇人を超える撚糸作業者のほとんどが未婚の女性であったが、「若い女性労務者を集めることに、なかなかの苦労を伴った。単に集めただけでは駄目で、技術の指導のほかに、年頃の娘にふさわしい教養も身につけてやり、品位と矜持(ほこり)を涵養しつゝ、より高い技術的操作を育成し、優秀な製品を生み出すことが肝要である」(沢村 一九六八、一〇七頁)。そこでこの会社では、一九一六年頃、寄宿舎の設備、教養講義、生花、茶道などを実施して「人間尊重の管理」を行い、また口入れ屋を通さず直接雇用するように努めたという(同上、一〇八頁。なお、福井精錬 一九六一を参照)。

同様に日本絹撚でも、「皇室中心の大家族主義」を唱え、「撚絲技術の進歩向上を図る」とともに芸能・情操教育をとり入れ、さらに雇用契約満期後の勤続者には半期に嫁入道具一品ずつを給与し、三年で道具一式が揃うようにしたとのことである。同社では、後には日本絹撚工業補習学校を設立している(一九三九年からは私立日本絹撚青年学校)(日本絹撚 一九四四、三七—五五頁)。この他にも、大阪合同紡績で「養成訓練・技術及び人格上の修練」を強張したケースがある(坂田 一九三二、一二八頁参照)。同様の例は、他にも多いことと思われる。

やや変った製品を扱った関係では、一九一六年頃、社内に小学校(福助尋常小学校)を設けた福助足袋の例があげられよう。ここでは、社長を校長として「夜間二、三時間宛授業を行ったり、……修養講話を聴かせたりした。つゞいて女子のために女子実業補習学校を設け、生花、茶、裁縫、作法などを教へたこともある。」また一九一七年頃からは夜学の社員養成所を設置し、「堺商人を仕上るため」乙種程度の商業教育によって中学卒の資格を与えることとし、五期にわたって一〇〇名程度を養成したのだった（福助足袋 一九四二、一九八―九九頁）。

四 金属工業

金属工業プロパーの中で、産業訓練に古くから関心を寄せた著名な例は八幡製鉄所である。けれども、同所についてはすでに多く紹介されているから、ここでは二、三の資料を吟味するにとどめたい。（例えば、同所における技術発展過程を記述したものとして、三枝・飯田（一九五七）がある。）

材料とするのは、「労働統計実地調査」の一環としてまとめられた『製鉄所工場労働統計』である。表３―３は、この資料にもとづき、製鉄所職工の教育程度の変遷を明らかにしようと試みたもので、同表の一部を比率にして図示したのが図３―２である。統計中に職員は含まれない。同図によれば、年がたつにつれて、高学歴の職工（職工養成所卒こみ）の割合が大きくなったことが明らかである。しかしその変化の速度は、一九三〇年以降はやや低下したかにみえる。工場法の施行と普通教育との普及により、若い層は次第に高学歴化し、その傾向が全工場に行きわたるに従い、学歴構成の変化の余地は少なくなったのである。

試みに、職工を役付と普通とに大別し、これら二階級間における学歴の高さの差を検討したのが表３―４である。この計算によると、一九三〇年代の初頭には学歴の高い者はむしろ普通工に多かった。ところが、高齢者が引退して若年層が昇格するにつれて、上の傾向は逆転した。この変化が統計的に有意と判定されるのは、一九三四年からである。以上のような学歴構成の変化は、戦前における労働力の質的向上が、戦後に比べてはるかに大きかったという発

表 3-3　八幡製鉄における職工教育程度(1922-35 年)

暦年	義務教育未了(人)	義務教育程度(人)	普通教育程度(人)	工業教育程度(人)	中等教育程度(人)	合計(人)
1922	1,765	7,712	6,007	585	422	16,491
1924	1,376	7,591	7,054	547	455	17,023
1927	1,031	7,849	7,756	723	456	17,815
1930	859	7,199	8,789	1,035	880	18,762
1931	684	6,818	8,458	1,079	806	17,845
1932	498	6,346	7,908	1,153	759	16,664
1933	525	6,323	8,114	1,219	606	16,787
1934	509	6,163	8,320	1,250	635	16,877
1935	481	6,181	9,433	1,227	814	18,136

(注)　男女こみ，役付きと普通職工との合計.

(資料)　『(八幡) 製鉄所工場労働統計職工之部』各年(10 月現在).

表 3-4　八幡製鉄における技能教育の普及度(1930-35 年)

暦年	職工中に占める工業・中等教育経験者の割合 役付職工		普通職工	役付職工・普通職工間の教育経験者比率の有意差 χ^2	判　定[a]
1930	9.02	<	10.53	4.58	有意(5%)
1931	8.62	<	11.00	11.94	有意(0.1%)
1932	11.03	<	11.67	0.78	非有意
1933	11.29	>	10.97	0.30	非有意
1934	13.15	>	10.29	10.06	有意(1%)
1935	15.46	>	10.68	48.58	有意(0.1%)

(注)　(a)　工業ないし中等教育を受けた者の比率によって，役付および普通職工を 2×2 の分割表に分類し，両者の分割比が統計的に独立か否かを検定したものである(自由度 1 のカイ自乗検定)．(1930 年以前は，資料不足のため同様の計算は出来ない．)

(資料)　『(八幡)製鉄所工場労働統計職工之部』各年(10 月現在)により計算.

見(渡部・荏開津 一九六八)と照らし合わせるとき興味深い。

ところで、学歴の高低は職工賃金にいかに反映しているのだろうか。残念なことに、この疑問に答えるには充分な資料がない。しかし、いま上述の統計の一九三五(昭和一〇)年版(第六回)から学歴別平均日給を求め、学歴グループ毎の平均勤続年数と対応させるならば図3-3のごとくである。ただしここにいう日給とは、実収日額賃金ではなく、

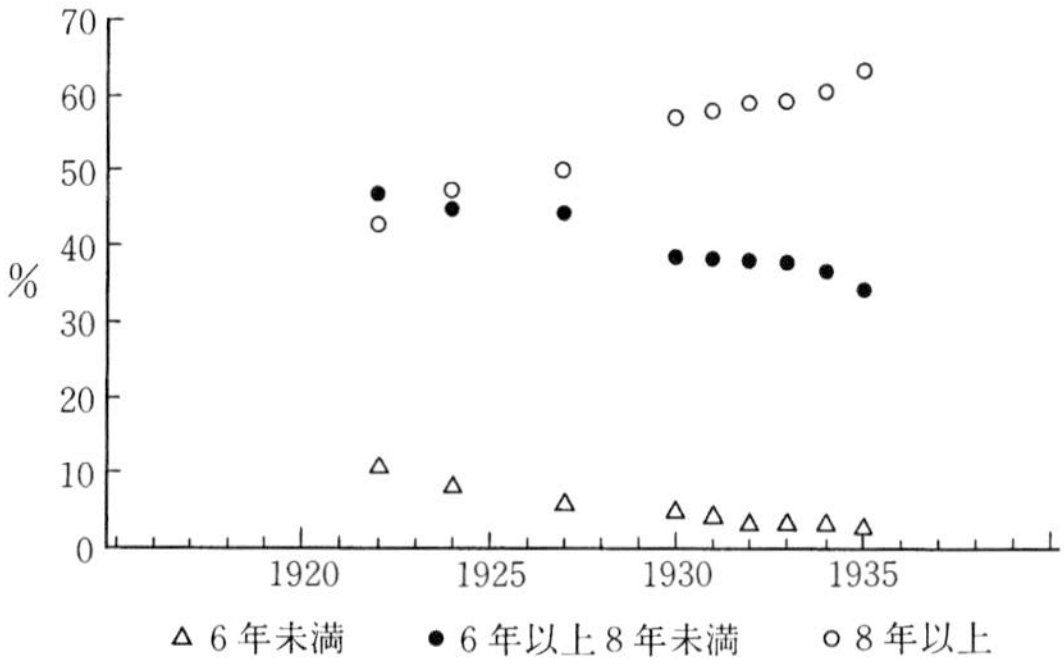

図3-2 八幡製鉄所における職工教育程度の推移

「賃格」(＝基本給)に対応する。賃格を利用したのは、超過勤務等の影響を含む実収賃金よりは、ここで利用した「理論値」の方が、学歴等に対する企業の評価を見るためには好都合だからである。この図によれば、学歴の低い者(番号の若い者)程むしろ高賃金だということになっており、一見奇妙なようだが、学歴そのものよりは勤続年数(もしくは年齢)の影響がはるかに大きいために他ならない。

いま仮に、賃格が勤続年数(ないし年功)だけの函数であるとする。この単純な仮定のもとで、勤続年数別に整理した同年の賃金データ(図3-4)を使い、平均日給のプロファイルYを平均勤続年数Xで回帰させると

$$Y = 1.2573 + \underset{(0.00015)}{0.0545}X \qquad (\bar{R}^2 = 0.92)$$

が得られる(ただし、Xが三五年以上の者は除外して計算)。この結果は、図3-3、3-4に書き込んである(図3-3の場合には、プロファイルが、普通職工の平均勤続年数と平均賃格とを表わす点を通過するように作図して

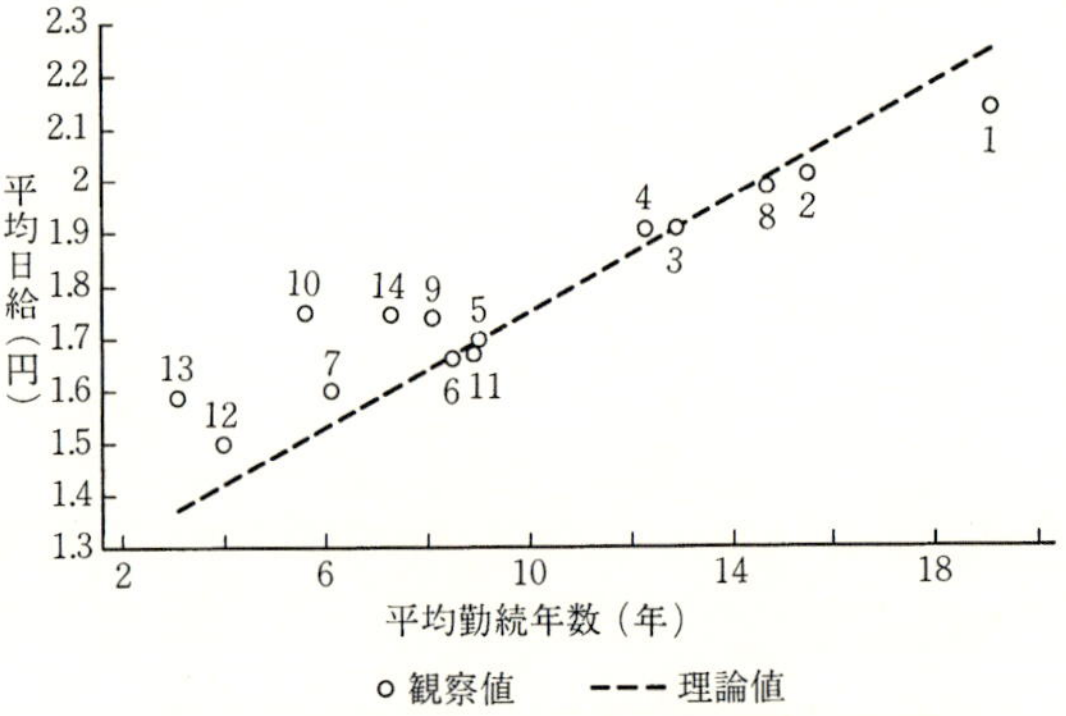

(記号説明) 1:不就学　2:尋常小学校中退　3:尋常小学校卒業　4:高等小学校中退　5:高等小学校卒業　6:実業補習学校中退　7:実業補習学校卒業　8:職工養成所(教習所)卒業　9:工業学校中退　10:工業学校卒業　11:中等学校中退　12:中等学校卒業　13:専門学校中退　14:専門学校卒業

図3-3　学歴・勤続年数と日給(八幡製鉄所, 1935年)

ある)。

さて、図3-3によって、図中に描かれた(普通職工の)賃金回帰線を基準に、八幡製鉄職工の学歴別・勤続年数別賃金を改めて観察する。すなわち、勤続年数を唯一の説明変数としたときに得られる理論的賃金額を、学歴別平均賃金の実際値と比べてみようというのである。同図によれば、当然のことながら、比較的高学歴の持ち主ほど直線の上方に位置する傾向が認められる。そこで、仮に両者間の垂直距離が専門的訓練の相対的価値の大きさに対応するとすれば、[4]工場にとってもっとも貴重だったのは工業学校卒業生、次いで専門学校中退生ならびに卒業生であった。

なお、参考のため、一九二四年の時点で八幡製鉄所と横須賀海軍工廠の職工学歴を比べると、高等小学校卒業以上の者の比率はそれぞれ四七・三%と五七・三%、中等学校中退以上の者の比率は同じく五・九%と二九・四%であった(工廠の数値は、横須賀海軍工廠『労働統計』、一九二四年一月調による)。同じ官営でも、海軍工廠の方が比較的高学歴の職工を擁していたことがわかる。

釜石製鉄所は八幡製鉄所をしのぐ歴史をもっていたが、その社史を繙くと、従業員と一部地方住民との子弟のため、一九〇六年に小学校を設立していたことがわかる。しかし、意識的に職業訓練の制度を導入した試みは、一九二〇年の工業補修学校に始まるもののようである。これは、従業員とその子弟のために、技術習得、知識向上、品性陶冶を目的として設けたものである。また、一九二七年には青年訓練所、一九三九年からは技能養成所が設置された（釜石製鉄所 一九五五、四三〇—三二頁）。

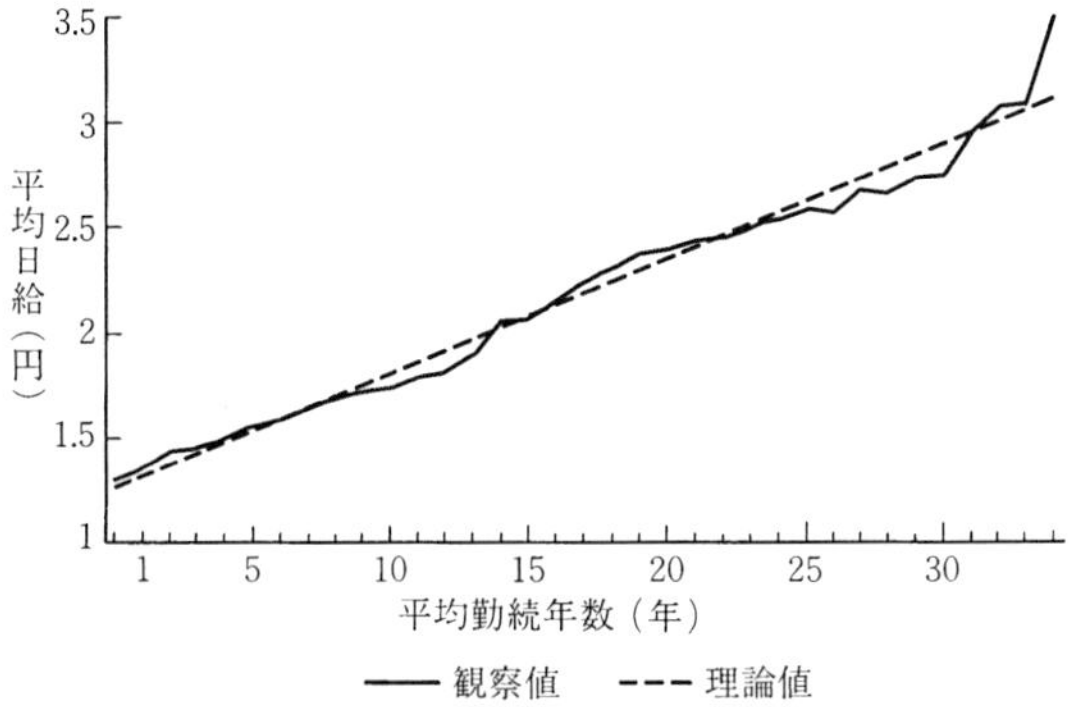

図 3-4 勤続年数と日給（八幡製鉄所男子職工，1935 年）

もっと新しく、一九〇五年に設立された神戸製鋼の場合、大正の初期には、見習徒弟を組長級の者に配属して、三年から四年（お礼奉公を合わせれば六年）をかけて技術伝習を実施していた。この制度にやや変化が生じたのが一九一九年で、「中堅工員の養成に着目して見習工規則を制定し、選抜採用した見習工を各工場に配属して三年間実習させ、夜間は社費をもって神戸市立実業補習学校に通学させ」るようになったのである。その後、一九二七年には社内見習職工教習所を設け、三年間にわたり、終業後に学科を教授したという。さらに一九三三年からは年限を五年間に改め、また一九三五年からは、青年学校令により私立神鋼青年学校に改組して本科四年、研究科一年とした（神戸製鋼所 一九五四、三三三—三四頁）。

一方、一九一六年創立の神戸鋳鉄所の場合は、設立当初から徒弟制度（見習工制度）を設け、義務教育修了者を対象として技能養成プログラムを実施していたが、ようやく第二次大戦直前（一九三九年五月）に、工場事業場技能者養成令に従って私立神戸鋳鉄所青年学校を開校した（神戸鋳鉄所

一九五六、一四一—四二頁)。

日本鋼管では、創業当初から四人のドイツ人技師を雇い(ただし、そのうち三人は三年で解雇)、邦人技師とともに職工の訓練にあたらせたほか、昭和初頭にいたるまでさかんだった頻繁な職工移動を防ぐためもあって、なるべく陸海軍諸工廠や官営製鉄所に在職した者や旧軍人を多く採用する等の努力を払ったという。熟練社員をなるべく長く勤続させることに重きをおき、一面新任者の養成も大いに努力しなければならなかったのである(今泉 一九三三、二六一—七一頁)。にもかかわらず、同所における制度的な技能者養成の教育は、第二次大戦中期から戦後に至るまでは比較的乏しかったようである(日本鋼管 一九六二、四七六—八〇頁)。

似たような事情は、他にも散見される。例えば、石井鉄工所は一九一九年の創業であるが、訓練活動としては一九三九年三月、国家総動員法第二二条にもとづき定員四〇名の技能者養成施設をおいた程度にすぎなかった(石井鉄工所 一九五六、一〇六—一〇頁)。室蘭製鉄所も、一九三八年に私立輪西製鉄所青年学校を設置したものの、その後「拡張と生産増大に伴い、中堅技術員の外部からの採用が困難になり、自家養成の必要から、昭和一五年四月に技術員養成部を設置し、中等学校出身の事務職員に対する技術教育を開始した」(室蘭製鉄所 一九五八、七三五—三七頁)程度であった。

おそらくこの産業では、装置が巨大なせいもあって、比較的少数の技師と熟練工とを中心に、職場内で働きながらの訓練(OJT)を実施する程度で充分だったのではあるまいか。八幡製鉄での経験によって、技術的な難関はすでに克服されていたのであろう。

以上の諸例からみてやや例外的なのは、住友金属工業の場合である。この会社は、一九三五年に住友伸銅鋼管(住友伸銅所)と住友製鋼所(住友鋳鋼所)とが合併して出来た。後者の鋳鋼所では、日露戦争以後の好況期に、伸銅場や他の重工業工場と同じく激しい職工移動を経験した。この悩みの深刻さは、「科学的研究が進まず、老練職工の勘によることの多かった当時としてはなおさらであった」(住友金属 一九五七、七九頁)。そこで、一九〇四年には見習雇職工制度を設け、寄宿舎を設営する等の努力が払われたのである。しかしながら、約一〇年後、第一次大戦が勃発するや工員争奪戦は再び激しくなり、労働移動率も急上昇した。一九一六年に同所で初めての労働争議が生じたのは、実質賃金が低下したのに加えて、当時新規に採用された熟練工の賃金が高かったことにも原因があったという(同上、八八頁)。

他方、住友伸銅所では、一九〇九年に引抜真鍮管の製作に成功していたが、コンデンサー・チューブの国内受注を海軍から要望され、それに応ずるに当たって、海軍の有能な技術者を譲り受けることになった(一九一〇年)。呉海軍工廠から迎えた佐藤雄太郎と、横須賀海軍工廠出身の藤本磐雄とがそれである。さらに、英人技師を顧問としたほか、さらに二人の英国人職長を雇い入れるなど、技術的基盤の確立に努力を重ねた[5](神山 一九六七、四五―四六頁)。

有能な技術者の獲得や技能者の養成にどの程度力を注ぐかは、ひとつには経営者の方針にもよるのであろう。例えば小倉正恒の談によれば、

「技術に関し日本人の欠点と見える点は、……技術を工業化する際に逢着する無力さであらう。……その所以として声を大にして申し度いのは……、技術を金儲けの手段としか考へず、技術者を軽視し、技術を事業経営の第二次的要素としか評価しないことである」(小倉 一九五五、六四―六五頁)。

いうまでもなく、このような傾向は改められなくてはならない。そこで住友伸銅所では、一九一六年からは、尾形作吉を初代校長として住友私立職工養成所を開設した。この学校は、住友が五五〇万円と一六〇〇坪の土地とを提供して大阪市港区に開校されたもので、「救貧より防貧へ」との住友思想により、無月謝で実際的工業技術を授けるた

めに、財団法人として発足した(同上、一二五頁。神山 一九六〇、一八二頁)。これが後の住友工業高校であるが、「立派な腕の職工を一般世間へ送り出すのが目的で、住友関係工場に採用することは成る可く遠慮した」という。事実、同所は発足以来約三〇年間で二一〇〇余人の卒業生を出したが、その中で住友へ就職した者は一割にすぎなかったとのことである(川田 一九五一、九〇頁)。なお、鈴木馬左也(住友本店理事、一八六一—一九二二)によれば、

「職工学校の建設も、矢張り家長公が常に貧民の為めにせんとの御考ありて、私も親しくこれを伺ひて……御主意を体して起したことであります。夫の社会問題が仲々面倒になつて来た折柄、其解決にもなれかしと考へるのであります。或は利害の問題も多少含まれて居るやも知れませんが、決して陋劣なる主義は毛頭籠つて居りませぬ」(鈴木馬左也翁伝記編纂会 一九六一、四〇七頁)。

下って一九二一年頃、住友伸銅所では、フォードのフォアマン(職長)養成訓練にヒントを得て、職工講習会を開設した。「これは特に重要な地位に立つ役付工員の再教育及びその育成を目的としたもので、のちの青年学校の母胎となった」ものである(住友金属 一九五七、四二頁)。

はるか後、伸銅所と鋳鋼所とが合併して住友金属工業となった後には、青年学校令(一九三六年)にもとづき、伸銅所に私立住友篤信青年学校、製鋼所に私立住友島屋青年学校、鋼管製造所に私立住友尼崎青年学校が設けられ、中堅工員の育成に当った。開校当初は三校合わせて二二五名だった生徒は、一九四一年には三三八一名にまで増加したという(同上、一二五頁)。

五　機械器具工業

機械工業の発達は、工業化の過程の中で最も重要な環の一つである。とくに工作機械の進歩は、他産業の発展と有

機的な関係をもつ。

日本の場合、産業機械の分野で最初に発展したのは、船舶、車輌、発電機等だったが、これらは、本質的に量産型ではなかった代りに熟練度の要求が高い製品だった。職工個々人の「腕」の良さが求められたのは、第二次大戦前における機械工業の典型的な特色である。逆にいえば、曲りなりにも生産体制を整えられたのは、伝統的熟練の蓄積があったこととともに、これらの部門の製造技術が未だ非量産型だったことに負うと考えられる。ここに、機械器具工業の経営思想がしばしば温情主義的色彩をもつ原因もひそむといってよい。とまれ、

「予は従来職員職工を使役するにつき温情主義を以てしたものである。……特殊機械を而かも優良に生産する工場に於ては、直接その仕事に従事する人々の熟練、技術、誠意に俟つもの頗る多きが為、勢ひ斯くならざるを得ず」(中谷 一九五〇、八八—八九頁)。

ちなみに、工作機械工(図面により機械製作に携わる者)の熟練は、職工自身に体化(embodied)している面が比較的多い。これに反し、例えば量産型工程に関する技術は、オペレーターよりもむしろ設備に体化しているのである。

「機械工ハ他ノ職トチガッテ、自分ノ下ニ働ク手下ヲ持タヌノガ普通デ特ニ素人デモ差支ヘノナイ手下ガ居ナイノヲ原則トシ而モ各人各個皆熟練シタ技ノ持主デ、自分自身ガ独立シタ一個ノ仕事ニ従事スル一方一般学問常識コトニ機械学ニ対スル相当ノ素養ガ必要デアッテ、一介ノ所謂職工トハ甚シク趣ヲコトニスル。……[ただし]機械工ハアマリニ器用スギルノ要ハナイ。……機械工教育ハ名匠化スル事ヲ必要トシナイ。一個ノ平凡級ノキチントシタモノデアル事丈デ充分デアロウ」(清家 一九三七、五五九、六一頁)。

もっとも、このような状況も不変ではなく、技術の変化とともに変り得るものである。

しかも、戦前の機械工業は、何といっても軍需に頼るところが大きく、民間での発展は遅れをとっていた。工作機

械工業に例をとると、その重要性が漸く認められたのは日露戦争を契機としてであったが、第一次大戦後の軍縮とともに沈滞に陥り、再び活況を呈するのは満州事変(一九三一年)以後ということになる。フォードの成功以来量産型生産の花形となった自動車工業が未熟で、その本格的な開花には第二次大戦後を待たねばならなかったのは、工作機械工業の未成熟さのゆえんであると同時にまたその原因でもあった。第二次大戦当時豊田喜一郎の語ったところを引用すれば、

「重工業の基礎は材料工業と工作機械製造工業とにあると思ふ。……

……他工業に比してこの二大基礎が充分確立してゐなかつたことが我国重工業の最大難関であるやうに思ふ。この中工作機械工業は技術を主体として成立つて居る。この工業が一朝一夕に完成するものではなく、技術的人物の養成と相俟って進捗するもので、技術工業中最もむづかしいもの丶様に考へる」(早坂 一九四三、五八頁)。

このような訳で、日本における機械工業の本格的な発達は第二次大戦後のことだとされるのであるが、だからといって技能やノウハウ(know-how)の面では、すべての点で欧米諸国に遅れをとっていたのではない。例えば、一九一八年来日し、その後鮎川義介の知遇を得て、一九四九年永眠するまで在日した米国人技師兼企業家ゴーハム(William R. Gorham)が一九二〇年当時鮎川に語ったところによると、川崎市内の彼の工場で働いている従業員たちは(鮎川による引用)、

「只いい加減に手近い處の人を雇ったに過ぎないのだが、実にみんな優秀なもので、米国ならば日給十ドル以上も払わねばならぬような職工ばかりで、自分は実に驚いていると言う。そして、……鍛冶工が鑢《やすり》をかけた製品や、鏨《たがね》で造ったものを私に見せて、この通り実に立派なものができる。日本の職工にやらして見ると、アメリカで高給を払わねばならぬ職工に少しも劣らないと言うて、大いにアドマイヤ(礼讃)していた」(ウィリアム・アール・ゴ

ーハム氏記念事業委員会 一九五一、六四―六五頁)。

また、一九一九年に渡米視察をした際の池貝喜四郎(池貝鉄工の創始者池貝庄太郎の実弟、一八七七―一九三三)の感想は、実力者としての彼の自信のほどを伝えるものがある。(6) 彼によれば、米国では、日本でなら熟練力に頼るところを十分な賃金を払いつつ機械力で補っているのは羨ましかったが、考案、思いつき、頭脳レベルでは大差がない。実際のところ、喜四郎は、発明に当って外国の先例を参考にすることは稀であった。

「私は最初から外国の学問もせず、裸一貫四十年の長き間も機械製作に従事して来たが、今迄余り外国の厄介にはなって居ないと思ふ。……亦その後必要上外国の機械も買ったが、それは内地品がなかった為で、内地で出来て居れば何も外国品を買ふ必要はなかった。……その後一寸米国の機械工業、主として同業者の工場を見学したが大して得るところはなかった。……

外国品に囚はれると何処までも追ひ掛けて行くことゝとなる。追ひ越すことは不可能となるから自分で創り、別途に進むに限る」(早坂 一九四三、三五―三九頁による)。

日本の工作機械が米国にはっきりと遅れをとったのは一九二〇年以降のことで、その原因にはむしろ産業構造の未整備(例えば下請工場の未組織)によるところが大きかった、ともいう(星野 一九六六、第Ⅰ編第一章)。いずれにしても、機械器具工業が熟練男子工の需要度においても随一だったことは確かである。一九〇一年調査による『鉄工事情』も、徒弟制度や見習制度のことを詳しく述べたあと、熟練工の労働移動が激しいのは問題だとしているが(農商務省 一九〇三/四八、一二一―三八頁)、特に景気の上昇面では、熟練工が不足する現象が繰り返して現われた。ところが、熟練の養成は、多く単なる「見よう見まね」によっており、職工の教育程度も低いものが多かった。当時の三菱長崎造船所でも、職工中、教育歴がゼロに近い者が五〇・八%もあったのである(同上、八頁)。

創業期における技術者達が、いかにしてその「腕」を磨いたかを知るのは、技能伝習法の筋道を見る上で参考になる。その一つは、いうまでもなく外国人技師について習うことであった。既述の八幡製鉄ではドイツ人が、横須賀海軍工廠ではフランス人が、三菱長崎造船所ではオランダ人がそれぞれ雇われていたし、池貝鉄工でも一九〇六年から約一年半の間、米人W・C・A・フランシスを入社せしめ、機械精度の向上で得る処が大きかった(池貝鉄工所　一九四一、一七頁)。

しかしその一方では、日本人技術者自身の研鑽も忘れることは出来ない。そのような人たちは多かったが、例えば小林作太郎(一八六九―一九三七)、塩田泰介(一八六七?―一九三八)の二人をあげることが出来よう。小林は、長崎生まれ(一八六九年)で無学歴であるが、一七歳の時三菱長崎造船に入社して外国人技師から学理を学んだ。二二歳の時病を得て退社した後、二五歳で上京、田中製造所(後の芝浦製作所)に入所した。その後の同所の発展の上で、小林が果たした役割はきわめて大きい。彼は三菱時代から電気関係の発明に秀でていたが、一九〇一年には独力で二〇〇キロワットの三相交流発電機を作成した(岡田　一九四二、六五―七六頁)。

他方塩田は、一八七八年、一二歳で松田金次郎宅の書生となった。松田は横須賀の准判任海軍御用係だったが、一八八〇年末、汽船偕行社(大阪)へ転職したので、塩田はその機会に府立大阪商船学校変則係へ入学し、これを修了した。松田は次いで兵庫造船局へ入ったので、塩田も一八八三年から造船学見習となり、同局へ入所した(日給五銭)。松田はその翌年死去したが、同局では一八八五年頃には「純日本人が造った」初めての鉄船吉野川丸を造船し、塩田も作図を受持ったという。

一八八六年、造船局が川崎造船へ貸下げになった時、有力者は皆転職したが、塩田もそれを機会に上京し、横須賀海軍船廠に入所して造船製図工場に配された。兵庫での日給はこの時までに四〇銭になっていたが、横須賀での賃金も同額だった。しかし彼は、「講舎」とよばれる工廠の養成所を不満に思い、一八八七年横須賀を辞して工科大学撰科に入った。三カ年の在学中には、以前書生として松田から出資して貰った学費九一円三〇銭を全額返済したが、その他に預金が八〇円あったという。

彼は卒業後、一八九〇年(二四歳)に三菱造船所傭使となり、長崎へ赴いた。「当時長崎には外国人が十人も居たのを、段々日本人に換へると云ふ時代であった」のである。ちなみに、同期に東京職工学校卒で入職した者は月給二五円だったが、塩田は、製図係主任兼造船係として月給四〇円を貰った。稀に見る努力家であったことは明らかであるが、一人前になるまでにかれこれ一〇年の修業を積んだことになる。

入所して一五年後(一九〇五年)、彼は神戸造船所の開所に当って副所長となり、長崎造船所の職工一五〇人程を伴って赴任した。これらの職工たちは、「選抜したものなる故に、始めから仕事の評判が宣かつた」という。一九〇七年には同所長の職についたが、その翌年、長崎造船所で職工統率上の欠陥から大欠損が出た時には、望まれて再び長崎へ赴くことになった(塩田 一九三八、四─二二〇頁。引用は八三頁と一九六頁)。

その後、下って一九三〇年頃になると大学工学部卒の技師たちが供給される態勢になったので、実習生になってから「一人前」になるまで六年程度ですむようになったらしい。ちなみにその頃、技師早坂力は、新卒の機械設計技師に対して、「四年間辞めちゃいかんぞ」と言ったという。

「……なぜ四年間辞めちゃいかんかというと、「二年間は給料ほどの仕事ができない。二年間はお前の給料の方が仕事より多いのだ。あとの二年間はそのお返しをしろ」というわけです。……四年くらいたつと自分で仕事がなんでもできるようになると思う。実際はいろいろ上の人から指導されてやっているんで実力ではない。それからもう二年くらいたつと、上の人が教えてくれないで一人だちしなくちゃいけない……」(早坂 一九六四、付録六頁)。

ところで、独立自尊の技師達がこのようにして生まれた一方で、その手足となって動く工員の訓練はどうなっていたろうか。

いま、著名な一例として三菱長崎造船所をとってみよう。ここでは、創業以来、一種の徒弟制度によっていたのを、一八九〇年に職工見習規則を制定し、一三歳以上で寺子屋教育七〜八年を経た者を入所させ、五ヵ年間給料支給の上見習わせることにしたが、一八九九年にはこれを「職工修業生」制度とし、改めて幼少者のために見習職工制を設けた。技師・技工の養成のためには、同年三菱工業予備学校を設置し、尋常小学校卒業の者を採用して五ヵ年間(一九〇六年からは四ヵ年間)訓練している。一九〇四年、同校の第一回卒業生(三二名)が出るとともに、職工修業生はこの卒業者のうちより選ぶことにして二〇名が入所した(長崎造船所　一九三〇、第一編九―一九頁、第二編四〇―五七頁)。

この工業予備学校設立については、技士塩田と所長荘田平五郎(一八七四―一九二二)との間に次のような会話が交わされていたものである。

「研究の為に外遊を命ぜられた技士の塩田氏が使命を了して帰朝した時、第一に荘田氏の質問したのは、「我國の造船業には発達の見込みがあるだらうか」と云ふことであつた。勿論、塩田氏も「可能です」と答へた。職工等も筋肉労働に堪へると思惟し、技術の点も競争し得ると確信するが、職工に惜しむべきは教育の足らぬことであると率直に述べた。塩田氏の掛念を荘田氏は慰撫するものゝやうに、「それぢゃ学校を建てゝ教育することにしよう」と語つた」(宿利　一九三二、五二四頁)。

ちなみに、荘田の筆になる「三菱造船所概要」中には、次の文句が見える。

「斯業ノ発達ニ付企画スベキモノ一ニシテ足ラズト雖モ、就中其最モ急要ナルハ熟練ノ手腕ヲ有シ、学術ノ素養ニ富メル技士、技工ノ養成ニ在リ……此ニ於テ我造船所ハ三菱工業予備学校ヲ飽浦ニ設ケ、職員従業者ノ子弟及一般少年ノ就学ヲ許シ、［明治］三十二年十月ヲ以テ之ヲ開校セリ。此学校ノ目的タル、要スルニ工学応用ノ智識ヲ開発シ、将来斯業修熟ノ根柢ヲ培養セントスルニアリ」（同上、五二九―三〇頁）。

三菱工業予備学校は、一九一八年に三菱工業学校と改称、さらに一九二三年には、長崎三菱職工学校（修業年限三年、入学資格尋常小卒程度）へ継承され、また一九二七年には私立長崎三菱青年訓練所を併置して、一九三五年長崎

表 3-5　総労働費用中の徒弟賃金（三菱重工）*

暦年	(A) 徒弟賃金総額（円）	(B) (A)＋徒弟手当総額（円）	(C) (B)＋定傭工賃金＋日傭賃金＋定傭賞与・手当・扶助金総額（円）[a]	(D) (B)/(C)（%）
1925	204,714	353,796	11,581,448	3.05
1926	152,937	302,783	11,081,216	2.73
1927	156,298	195,548	11,037,438	1.77
1928	153,702	187,669	12,823,673	1.46
1929	165,985	197,535	13,366,551	1.48
1930	153,552	192,735	11,512,683	1.67
1931	92,929	127,923	7,653,653	1.67
1932	34,212	55,510	7,875,036	0.70
1933	25,364	49,697	9,518,082	0.52
1934	45,526	74,619	12,622,954	0.59
1935	40,926	80,805	13,902,991	0.58
1936	90,715	122,226	15,621,560	0.78
1937	171,407	204,422	19,758,204	1.03
1938	231,414	289,554	24,166,026	1.20
1939	653,440	730,864	27,375,557	2.67

（注）＊　この表にいう「徒弟」は，三菱重工で徒弟，養成工，速成工と呼ばれた人々をさす．徒弟という名称は，1933 年 11 月から養成工にとって代わられた．1939 年 11 月からは，速成工という名称が養成工と並んで登場した．

ここで集計の対象としたのは，長崎造船所，神戸造船所，彦島造船所，および長崎兵器の 4 事業所であるから，これらを総称して「三菱重工」と呼ぶのは正確ではないが，簡単のためこのように呼称しておく．

(a)　手当とは次の 5 種類よりなる：負傷扶助疾病手当，身体傷害扶助料，傷病手当，伝染病に基づく停職手当および病気見舞金．

（資料）　三菱重工業株式会社「職工統計」より算出．

三菱青年学校設立とともに廃止となるまで、約三五年間存続した(西日本重工 一九五一、三九頁)。

これらの訓練設備は、明らかに基幹工の養成を目的とするものであった。いうまでもなく、同様のシステムは、三菱の他の事業所にも見られた。例えば、下関造船所でも一九一五年に三年制の職工見習制度を設置している(三菱重工 一九六七a、三一五—一七頁)。

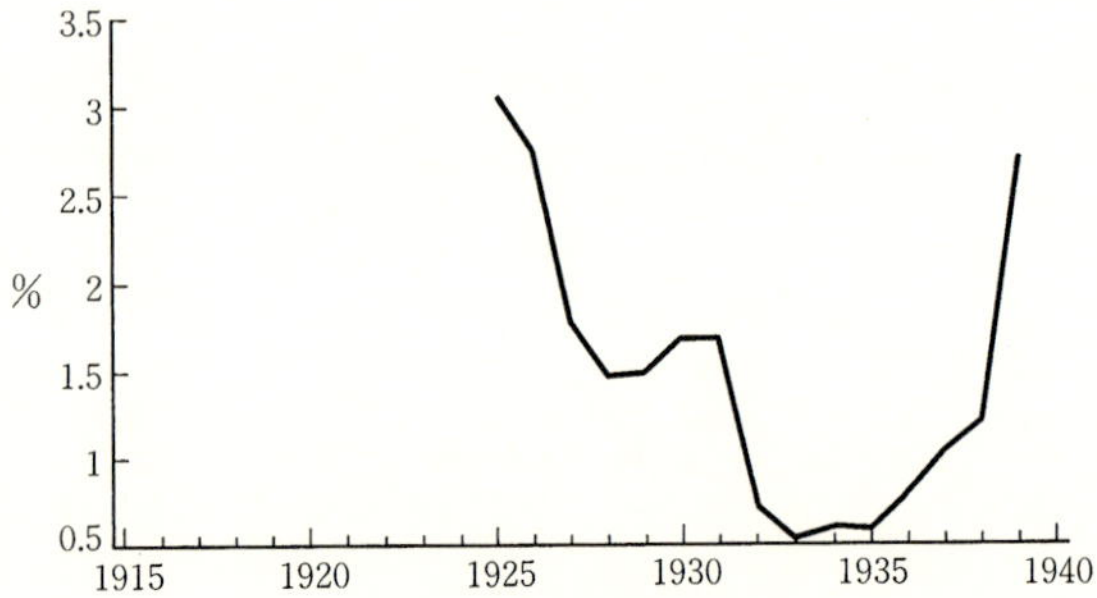

三菱重工『職工統計』より算出.

図3-5 総賃金に占める徒弟賃金の割合(三菱重工)

このような努力を通して戦前の企業が職工訓練のためにどの程度の費用を割いたかは推測の域を出ないが、三菱重工のうち、長崎造船、神戸造船、彦島造船および長崎兵器の四事業所が、徒弟、養成工等と呼ばれた見習工水準の人々にどの程度の賃金を支払ったかを計算してみたのが前頁に掲げた表3-5である。もとより、見習工といえども多少の作業はするのだから、彼等の賃金すべてが訓練費というわけではない。また、コストの面からすれば、これ以外に、学校運営費(人件費その他)、現場指導員の作業損失時間、材料損耗代金等を加えなくてはならない。だから、ここに掲上した計数は、せいぜいのところ職工養成費用の最低見積額を示すにすぎないのである。

けれどもこの欠点を承知で、一九二五年から始まる一四年の間に、上記の意味での養成費が総労働費用の中でどの程度の比率を占めたかを計算し(表3-5、D列)、これを図示したのが図3-5である。他に適当な資料がない以上、このような統計数字の変動パターンを試算するのにも多少の意義があると考えたからである。

図3－5を観察すると、訓練費比率の動きは建設循環を二年程度の遅れをもって追いかけているらしいこと、また一九三六年以降を除けば、そのパターンが図3－1で見た一工場当り徒弟数統計のそれと――多少の遅れはあるが――よく似ていること、がわかる。さらに、企業が技能工を求めてその育成に熱をいれるのは、当然のことながら好況期に集中すること、しかしその成果が現われるには数年の遅れを伴うこと、等がこれらのグラフから読みとれるように思われる。

ところでいま、全く仮定の話として、表3－5にいうところの養成工や徒弟の個々人が、一日に普通職工の労働一五分間ないし二時間に相当する実地指導を受けるものとしよう。一九二五年の四事業所における見習工数は年間平均で七六六人、一九三三年のそれは一〇七人、そして一九三八年のそれは六〇一人である。また、これら三年の長崎造船の時間当り平均職工賃金(各々〇・二六円、〇・二四円、および〇・二五円)は、四事業所に共通だったものと仮定する(長崎造船の賃金データは、尾高 一九七八、三三、八八頁による)。

以上の想定のもとで、これらの事業所が訓練のために、作業時間の損失という形で一年間(三〇〇日と仮定)に支出した金額を求めると、表3－6の上段のとおりである。これらの数字を、表3－5の第(A)列の数値に加算し、改めて比率(D)を計算すると、総労働費用中に占める訓練費の割合は表3－6の五段以下のようになる。(ただし、長崎造船の賃金は神戸造船のそれと比べてかなり低めであった点に留意しなくてはならぬ。なおこの計算では、一九三九年の数字は準戦時のものと見做して使用をさし控えた。)してみると、いま問題とする期間に関するかぎり、見習工の教育訓練という形で企業が支出した費用は、少ない時で人件費の〇・五から〇・七％程度、多い時でも三ないし四％ということになる。ここで考慮に入れた以外の出費を考えるにしても、その大きさが五％を越えることはおそらくなかったのではあるまいか。もちろん、平均的な企業では、この値はもっと小さかったことと考えられる。

表 3-6　OJT 費用込みの徒弟訓練費(三菱重工)

徒弟1人当り1日指導時間(時間)			暦年 1925	1933	1938
0.25	徒弟訓練費用	絶対額(円)	14,937	1,926	11,269
0.50			29,874	3,852	22,538
1.00			59,748	7,704	45,075
2.00			119,496	15,408	90,150
0.25		対・人件費総額(%)	3.2	0.5	2.2
0.50			3.3	0.6	2.2
1.00			3.6	0.6	2.4
2.00			4.1	0.7	2.7

(資料)　本文で引用した資料と表 3-5 とから算出.

さて、日露戦争後は、機械器具工業ではさまざまの方式で産業教育を試みる企業が多くなった。例えば川崎重工では、一九〇七年頃から技術者を欧米へ派遣するかたわら、一九一二年以後希望する従業員には、社費で市内の実業補習学校(後の商工実修学校)もしくは工業学校へ夜間通学する道を開いた。また一九二〇年には見習工制度を設け、一九三六年には私立川崎東山学校を開設した。同校は四部からなり、第一部は高小卒対象(四カ年修業、定員一二〇〇名)、第二部は工業学校卒対象(三カ年、一八〇名)、第三部は中学卒対象(三カ年、一五〇名)、そして第四部は専門学校もしくは大学卒対象(一カ年、五〇名)という仕組みになっていた。同校の初年度(一九三六年)における教習生は九三〇名であったが、それが一九三八年には一六四四名にふくれ上り、その翌年には三八三六名を擁したのである(川崎重工 一九五九、七七三―七八頁)。

一風変わった試みとしては、一九〇五年から東京府立職工学校長に就任した今景彦によって試みられた「適材教育」があった。今校長は、英国等における職工指導法を参考にして、職工教育に要する時間と費用とを事業主が負担する方式の採用を唱えたのである。工場主は「適材」を選んで通学せしめ、通学中の賃金と学費とを支給する。訓練は一回三時間、週二回とし、一カ年で修了するというものである。教科の内容は、原動機取扱法、製作用材料、製図、工具用法、製作法、各種表類実用法、算術および倫理から成った。東京芝浦製作所の小林作太郎もこの企画に参加し、同府立職工学校に適材教育部が開設されるや、ただちに東芝の職工二〇名を選んで通学させたが、一九一五年からはその規模が三〇名になった。

東芝ではこの他に、職員のための教育機関として教習所(震災後は教育部)を設けたという。適材教育は、昭和一〇年代に入ってからも同社教育部内で継続して行われた(木村 一九三九、八六―九〇頁)。

企業と提携して産業訓練を実施したいま一つの例として、私立宇部徒弟学校(後の長門工業学校)がある。同校は、渡辺祐策(一八六四―一九三四)の創設にかかり、一九一四年に宇部新川鉄工所(一九一七年からは宇部鉄工所)と呼応して設置されたものである。

「惟ふに、何等の経験もない、腕白盛りの少年を、徒弟として、工場内に入らしむる事は、熟練工の精神統一を紊す事多く、且つ不経済極まるものであるが、翁は技術者養成の遠大なる目的と、地方産業界、延いては国家の産業界の為め、人物大成に着眼して、敢て此の事を断行した。……

当時校舎建築費、経常費等は、一切校主たる翁が支弁し、生徒は学習に必要なる書籍及び器具を貸与され、且つ授業料は鉄工所より支出を受くる許りでなく、第一学年は日給拾銭、第二学年は日給拾五銭を受くる上に、特に成績優秀なものは、賞与せらるゝ制度であつて、年度は二ケ年、程度は尋常科卒業者のみとし、高等科卒業以上は入学を許さず、専ら昼間の授業のみとした」[7](渡辺 一九三六、三七五―八二頁)。

宇部新川鉄工所の主製品は、機械と船舶とであった。経営主は、同校生徒中の志願者を鉄工所徒弟として扱い、すぐれた職工を獲得することを目的としたのである。けれども、開校後約二年の間、同校の経営は容易ではなかった。その理由は、一つには銑鉄が騰貴したこと、二つには都会地に多くの職工を吸収されたことである。結局徒弟学校は、一九一七年以来鉄工所へ寄附されることになった。なお、開設以来一九三三年までの卒業生累計は三五三人であるから、在校生数累計の一三〇一人のうち平均約二割七分が無事修了したに過ぎない(同上、三八一―八二頁)。

以上に見たような委託訓練方式は、いずれも永くは続かなかったようである。一九一〇年代の終りから二〇年代へかけての大企業では、それまではとりたてて制度的な教育訓練を行っていなかったところでも、企業内養成を実施するようになったと思われる。例えば播磨造船では、一九一八年開設の徒弟教習所を一九三九年に播磨造船所技術員養成所と改称し、二ないし三年制の養成を実施した(播磨造船 一九六〇、二三一—二三二頁)。また石川島重工業でも、一九二八年に徒弟式訓練方法の不十分さを痛感、労務対策上の意味もあって、見習工教育制度を導入し、続いて一九三二年にはこれを石川島工業補習学校とした。同校は修業年限を四年、一学年の定員(尋常小卒を対象)を約四〇名とし、生徒には「職工見習」として毎週学科四時間、実習四四時間を課した。入学者には従業員子弟と縁故者とを優先したが、同校の伝統は第二次大戦後における石川島工業高校(学校法人)に引継がれた(石川島重工 一九六一、四四三—四四四、四七四—七五、五六六—六八頁)。

次に、電気機器関係を見ておこう。この方面で独特なのは、日立製作所である。同所は、外国資本と提携せずに独自の技術を生み出す努力を重ねてきたが(星野 一九六六、一〇六—〇七頁)、それと同時に、小平《おだいら》浪平が工員教育・養成にことのほか熱心だった。これは、「工場を明るくし純心な気風と研究心を旺盛にして、生産をたかめようとした考えからであろう」といわれる(井沢 一九六七、二四九—五〇頁)。こうして一九一〇年に徒弟養成所が生まれ、見習工三六人(翌年は五三人)を徒弟に編入し、主として鋳物、仕上、旋盤、電工等を実習させた。一九一四年に第一回生を卒業(一二名)させたが、その数が少なかったのは、二〇歳にならないと卒業させなかったからである。生徒は、宿舎、衣食費、小遣つきであった。「この生徒に浪平は非常に期待して、日立の将来を担う中堅幹部として目をかけていた」(同上)。

大正期からは普通教育も行うこととし、一九一七年には徒弟三〇〇余名を数えたが、一九一九年に年期を三年に短縮し、入学資格を高小二年卒(一四～一七歳)とすることにした。卒業生は普通工員よりは優遇されたが、卒業後三年間は勤務の義務があった。明けて一九二一年には、養成所の上に、同所または中学卒業者を対象とする日立工手学校を設け、工場技術者が教師として出講したのであったが、さらに一九二八年には実業補修学校令による日立工業専修学校(三年制)を開き、工手学校はここの研究科(一年制)という位置づけにして、後者中には機械科、電気科、公民科、応用化学科を設けた。専修学校は、「幹部工員の養成が目的で、成績優秀の生徒を選抜し」少数の生徒を訓練したものである(日立製作所 一九六〇、一六七—七〇頁、河野 一九六二b、二九一頁を参照)。上記のうち、養成所と工手学校の生徒は、工場で実習を受けた。(これら日立の学校は、詳しくは隅谷(一九七一)、八三—九二、一六三—六七頁に紹介されている。)

「教育方針は机上の学問でなく、実技を以て直ちに役立つ教育であり、工場と直結した工業人の養成であった。……生徒は従業員の子弟をできるだけ採用し、二代三代とわたたって仕事を引継いで完成してゆく長期的な計画のもとに行なわれた。……しかし、だからといって日立的産業人というせまい枠に陥ることなく、日本の産業人を、一般学校とは別な企業内教育で育成するという方針は決して忘れなかった」(井沢 一九六七、二五二頁)。

養成所卒業後、勤務年限の三年以前にも転職する者が多く出て工場が苦情を述べた時も、小平は「日本の工業に役立つなら大いに結構なことではないか」と言ったという(同上)。日立における企業内訓練は、第二次大戦後も日立工業専門学校その他として続行された。

もっと古くから、徒弟制度を工場システムに採り入れた例としては、沖工業がある。その第一期生は一八八四年から一八九一年まで訓練を受けたが、その第一年は作業場掃除、旋盤足踏み等に費し、第二～三年めには軽易な機械作業の手伝いから次第に複雑な組立作業を習わせ、最後の年は機械の分解・組立を会得させたという。徒弟のためには寄宿舎制を採用し、夜間は英語・数学の初歩を習わせたが、後には優秀な者を選んで工手学校へ通学させた。生徒は一八九五年頃には技生と呼ばれ、二八名を数えたということである(久住 一九三一、一二二―一二五頁)。

他方、戦前の訓練史の中では比較的遅くに始まったが、第二次大戦後に至るまで独特な存在として注目されるのは、松下電器の場合であろう。松下幸之助(一八九四―一九八九)は、一九二九年から店員に中学以上の学卒採用を開始してその後の一大飛躍に具えたが、さらに一九三四年には店員養成所を開設、これが後の社員養成所へと発展した。同養成所は商業学校と工業学校との混合であって、そのうち店員養成所は修業年限三年とし、尋常小学校卒業(もしくは同等学力、満一二～一五歳)の者を入所させた。工員養成所は修業一年、高小卒業(もしくは同等学力、満一四～一六歳)の者を対象とした(野田 一九六八、二〇五―〇八頁)。

「まず中堅店員の養成を眼目として、全国から、小学校卒業生のうち優秀な者のみを選抜入所せしめ、これに三年間、中等程度の電気工学と商業学校課目より店員として最も重要適切な項目を抜粋し、毎日勉学四時間、実習四時間、合計八時間、日曜日以外には休暇なしということにして教育を施せば、大体において三年間に中等学校五カ年間に修業する課程を学習せしめる事ができて、しかも普通の中等学校卒業生より二カ年早く実地につかせることができるということであった」(松下 一九五四、三六〇頁)。

この試みで松下は、「物の生産と教育」とを同時に行うことを目指したのである(同上、三五四頁)。

以上の諸例の他にも、準戦時期にかけて訓練機関を設けた機械工場はたくさんあるとみられる。国の政策もさることながら、熟練工の不足が強く感じられたからである(本章第一節、内山 一九三八、二九九―三〇三頁などを参照)。

例えば、日本光学(一九一七年創設)では、一九三〇年に私立青年訓練所を設け、年少見習工員を徒弟的環境より救って中堅工員に育成しようとして、二年間にわたり約八〇名(一九三〇年当時)を養成した。同所は、一九三五年には実業補習学校と統合し、五年制の第一部（見習工）と二部（臨時見習工）合わせて二八九名（一九三五年当時）を擁する私立日本光学青年学校となった。また一九四〇年には、技術員教習所を設けている（日本光学 一九四二、三七八―八六頁）。他方、石井鉄工所でも、国家総動員法にもとづき、一九三九年に技能者養成施設（定員四〇名／年）を設け、中堅工員の技術涵養に努めた（石井鉄工所 一九五六、一〇六―一〇頁）。このように、準戦時期にかけて、訓練活動は少なくとも制度的にはますますさかんであった。

六 化学工業

化学工業のうち、比較的早い時期から活躍したのは紙・パルプ産業である。けれども、ごく初期の頃を除けば、この産業で職業訓練がとくに手広く行われたという資料は見当らない。一八七八年から明治政府紙幣局抄紙部（一八七六年建設）に勤務した国谷誠之助（一八六二―一九二九）によれば、同部では和紙の製法を実施し、「手漉術に堪能なる職工男女十数名を越前國今立郡岡本村（五箇庄）より招聘し、その技術の伝習を受けた」（片倉 一九三四、一二頁）という。この時、紙料の調整法は旧来の叩打法だったが、漂白と調合工程だけはビーターを使って洋式であった。

洋式抄紙法の研究は、同所ではともかく、一般に知られていなかったから、一八七三年に王子製紙が開業した際には、抄紙に苦心を重ねた。輸入機械に随行してきた英米技師はほとんど役に立たなかったので、少壮一六歳の大川平三郎が苦心惨憺の末、抄紙機の運転に熟達するというような始末であった（竹越 一九三六、六九―七四頁）。ちなみに初期の苫小牧工場では、初任給がニシンの漁場賃金より低かったため、季節になると職工が不足したというが、技師と職工とのへだたりが大きかった。「学校出の技術者はいわば羽織を着た監督者であって、自分ではすこしも手を出さないのだ。理屈は知っていても、じっさいには何ひとつしようとしない。というよりも、できないのである。したがって、じっさいの仕事はすべて職工まかせという実情であった」(河野 一九六二a、二〇〇―〇四頁)。

木材パルプを原料とするようになったのは一八八三年以降のことであるが、一九一〇年に王子製紙苫小牧工場が竣工した翌年、紙幅一四二インチの抄紙機二台の取扱いに困り、経理は窮迫していたが、米国から青年技師ワーズワース(H. B. Wordsworth)を雇い入れた。ロールの長さが三間近くにもなり、万一事故が起きたときのことを考えて作業に不慣れな職工は恐れをなして尻込みしたからである。ところが、米人技師の作業をみると操作は至って簡単で、そのコツは機械の取扱いよりも機械の整備・原料の配合・挟雑物の混入の有無にあると分かったという(鈴木 一九四三、三一二―一六頁)。他方、優秀な邦人技師を一〜二年ずつ欧米に留学させ、各自の専門技術を習得させたのである。熟練工を欧米の工場へ派遣して見学させたこともあった(桑原 一九六一、七二―七四頁)。

一般工員に関しては、一九一八年に小倉製紙所で、工場内に職工養成所を創設したことがある。

「這は技師長[國谷誠之助]が印刷局在勤時代に、同局に於ける学術教習所の成績優良なるを認識されてゐた結果であらう。

此養成所では、中等学校程度の教育を施すと同時に、人格の教養を行ひ、併せて実際的製紙術の一班を修めさせるのを目的としたもので、勿論、工場従業員の中より好学の少中年者を選び、入学試問の上で採用し、修業年限を二ケ年とした」(片倉 一九三四、三七―三八頁)。

けれども、この試みは所期の効果があがらず、合計八名の希望者中六名を卒業させただけで、相当の経費を費したにかかわらず、一九二二年には中止するに至った。その理由の一つは、好況下で従業員不足のため、希望者が集まりにくかった点にあるという。事実、当時(一九一九年頃)は製紙工場でも職工移動の激しさに手をやいた。熟練工が不足して能率が低下しがちなので、北九州地方の六〇余工場では「工親会」なるものを組織し、雇入・解雇の際には互いに通告しあい、解雇者は六カ月間は再雇用しないとの協定を作ったり、さらには不良職工のブラック・リストを作成していたほどだったのである。ちなみに、小倉製紙は、一九二四年以後、王子製紙と合弁になった(同上、三七―四八頁)。

化学工業のうち、製紙業の他に企業者史から資料を得られるのは小野田セメントの例くらいのものである。同社は、笠井順八の創業にかかり、次男真三によって完成された。真三は、ドイツ留学から帰朝後同社の技師となり、一八九七年から三年間の工場拡張に際しては、ドイツ製機械を基本とし、独自の知識と経験とによってこれに工夫を加え、最新式に機械化された作業場を作った。また一九一三年には回転窯を据付け、その余熱利用に成功、さらには原料再粉砕機を据付け品質向上に資したのである。

真三は、「事業経営の根本的要素」としての職工の教育に熱心であった。社長順八は、一九〇〇年に真三の意見を採択して、小野田学会を設立した。この会は、修身、国語、漢文、英語、セメント学、機械製図等を教習させるもので、一九二九年頃小野田実践学校夜間部に引継がれるまで継続した。この間の就学人員は、一二〇〇名にも達したという。同会を修業した成績優秀者は、毎年社費をもって工手学校(東京)または関西商工学校(大阪)へ入学させたのである。技術者に対しても、真三はその知識向上のため、学会・講習会に参加させたり、有名工場を見学させるなど、絶えず注意を怠らなかった(笠井真三伝編纂委員会 一九五四、四一―六九頁)。

七 印刷工業

印刷業は、業務の性質上、一定の知識を要し、またその発達を促す刺激に富んでいる。古くから、労働運動史の上でも印刷工の意識が進んでいたのは当然である。明治の初期から進歩的な経営者、佐久間貞一が職工養成に励んだだけれども、他面、そのような先覚者の努力を受け入れる土壌があったことを忘れるべきでない。

とはいうものの、維新当時の印刷業界は、技術的には東も西もよく分らない所から出発したといってもよいだろう。そのなかで、東京の銅版師、梅村翠山が一八七三年に大蔵省印刷事務を担当した。梅村は、それに先立つ二年程前から銅版印刷所慶岸堂を開き、民間の注文をとっていた人である。その頃既に門弟一〇〇人を超えていたが、「当時の門弟には工員という意味も多分に含まれて」いた(増尾 一九五六、七一頁)。門弟は年季つきで、小遣い以外は無給であった。その弟子の一人小室誠一は、サンフランシスコでチェコ人スモリック(Otomar Smolik)その他を雇い、材料や設備を多量に仕込んで一八七四年帰京したが、翠山はこれを基礎に、彫刻会社と称する石版印刷所を創立した。スモリックは優秀な技術者で、多くの優れた弟子を養成したといわれる。他方、紙幣寮においても、同年石版術研究を開始しており、その際米人ポーラード(C. G. Pollard)を計六カ月間雇い(その手当総額一五二五円)、印刷部員をしてこれに師事させていた(同上、七二―七五頁)。

ところで、一八七四年に東京製紙分社が紙幣寮から注文を受けて美濃半紙に印刷をした時には、

「当時は未だ、印刷機械も一、二台在るに過ぎず、専門の職工とても居らぬに等しい時代であったから、俄に多数の素人を雇入れて、新たに之を養成せねばならぬといふ有様にて、その苦心は一方ならず、〔星野錫(一八六四―一九三四)〕翁は昼となく夜となく、終日工場に入って仕事に精励した」(星野錫翁感謝会 一九三五、四三―四四頁)

のであった。さらに五年後、同社が大蔵省の注文を受けて簿記帳を製造した時には、「紙幣寮に請ふて職工二名、技師二名を雇ひ入れ、又、印刷局より職工を多数雇ひ入れ」たという(同上、五七頁)。印刷技術においても、政府直営工場の果たした啓蒙的役割の小さくなかったことが推察できる。

さて、一八九七年に『東京経済雑誌』上に掲載された佐久間の議論によれば、

「工業社会の改良進歩を図らんとせば、職工の改良を図るより最も必要にして且つ急務なるはなし、而して職工の改良は職工の周囲に於ける種々の改良と相俟て併進せざる可らず、職工の周囲に於ける種々の改良を図る方案は職工教育を盛んならしむる事、即職工学校徒弟学校の類を盛んに設立する事是なり、……工業の進歩なるものは職工技術の進歩と相俟て伴ふべきものにして職工技術の進歩なくして独り工業の進歩なるものを見ざればなり……職工の教育は直接実業家に利益を与ふるものなるを以て、実業家が協力して其教育法を講ぜざる可からざること是なり」[8]（豊原 一九〇四、四〇〇―〇四頁）。

資本家が労働能率を増進しようと欲するならば、まず職工の教育と健康管理とを拡充し、優れた熟練職工を確保しなくてはならぬ。この点を佐久間は、社会政策的見地をも含めて強調したのであった。

佐久間の計算によると、職工が一三歳から二六歳までの間に得る所得は、一日平均一九銭として九五七・六円、同じく生活費は、一日平均一二銭として六〇四・八円、差し引き純収入三五二・八円である。ところがこれは、一歳から一二歳までの衣食経費にほぼ見合っている。そこで彼は、東京砲兵工廠と大阪造兵所《マヽ》の両所において職工の平均寿命が三四年四カ月にすぎなかったという調査例をあげて、次のように言う。「［職工］が一生涯を通じて以て其得る所は、唯僅かに其失ふ所を償ふに過ぎざるものなり」。これをもってみれば職工の生活環境改善は正に急務である、と彼は論じた（一八九八年一月『社会雑誌』掲載「工業条例制定の必要」による。豊原 一九〇四、四一三―二〇頁所収）。

佐久間の経営になる秀英舎（後の大日本印刷）は一八七六年の創業だが、一八七八年には早くも徒弟制度を設け、「……徒弟ヲ募集シ寄宿舎ニ収容シテ斯業ニ必要ナル学科及実技ヲ伝習教授シテ職工ノ養成ニ務」めた（秀英舎 一九〇七、一頁）。一八八七年、市ケ谷分工場が出来てからは、広く近県から従業員を集め、寄宿舎に収容して習業生とした。一八九六年、本店工場の建築が成ったのを機会に、その翌年には習業生を広島、山口、岐阜の三県で募集し、応募者二一五名を得たほどである。

同舎の工場規則一、二条によれば、職工は、舎工、雇工および見習工の三分類から成った(舎工、雇工の制を定めたのは一八七八年にさかのぼる)。このうち舎工は、習業生満期卒業の者と雇工で多年勤続して技術抜群な者とのなかから選抜された。彼等は基幹工であって、社員並みの扱いを受けたものと考えられる。ちなみに、舎工に編入されて五年以上の者は、年金を受けることが出来た。

習業生についてはその取扱規則が定められており、満一三歳ないし一七歳以下で字の読める健康な者から、「一週間ノ試験ヲ経タル上採用」した。ただし、尋常小学校または高等科二年以上を修めた者は無試験のこともあった。習業生の期間は年齢によって異なり、満一三〜一四歳は六年、満一四〜一六歳は五年、満一六〜一七歳は四年であるが、とくに石版部の彫刻習業生は七年、また活版部の欧文習業生の場合は上記に各一年が追加された。月手当は五〇銭ないし四円とされ、夜業料も、月手当に応じてきまっていた(手当一円以上の者は一時間当り二銭、手当五〇銭以上の者は同じく一銭五厘)。この他に三食がつき、被服(夏・冬)と足袋(冬季のみ)および草履(毎月)が支給される仕組みであった(同上、二四、付録一六、二六—二八、三三頁)。「氏の徒弟教育の方法を立つるや、之を聞知せるもの続々として、之を志望し最も多数なりし時は其数三百有余名を超ゆるの盛況を極め、専らその撫育に力めたり。……故に当時市中の活版印刷業に従事せる職工の多数は、皆一たび氏の訓育を受けたるものに非ざるはなしといふも過言に非ずといふ」(豊原 一九〇四、三三—三四頁)。

秀英舎の習業生制度は、一九一六年九月に工場法が実施されるにおよんで廃止された。その後も、少年従業者で前途有望と思われる者は、これを選んで東京府立工芸学校または印刷局内の印刷学校へ入学させることにしたのであるが、資料で見るかぎりでは、一九二〇年度に工芸学校(石版速成科)を修了した者は僅か三名にすぎない(秀英舎 一九

二七、一九、四二頁)。第一次大戦中から職工移動が激しく、「とりわけ下級工員の著しい不足には、印刷業界一般に想像以上の苦痛を嘗めた」とのことであるから(大日本印刷 一九五二、一一三頁)、無理もなかったのかもしれない。

大正・昭和期に入ってからは、教育活動を熱心に行ったケースが再び見られた。例えば精美堂(一九二五年に、博文堂と合併して共同印刷となる)では、一九二三年に精美堂印刷学校を創設し、その後名前は変わったものの、一九五七年までに卒業生累積四九六名を数えた(浜田 一九五八、八八―八九頁)。また職工が礼儀正しいことでその名が知られた精興社では、一九三二年青梅に分工場が出来た時から、職工はすべて近辺の農村の小学校卒から求めることとし、昼間は文選、植字、解版等の仕事を教え、夜は「精華学舎」において教科を学習させていたのである。実務訓練のリーダーには神田工場の職工の中から適任者を選び、夜間の学習指導には小学校教師を依頼して英語・数学・国語等を教授して貰い、三カ年の間、学科と厳格な技術訓練とが行われていた(小林 一九六六、三三―三六頁)。ちなみに、一九六〇年代以降は、全般的な労働力不足と東京工場圏の拡大により、青梅でも以前ほど優秀な新卒者を見いだせなくなったらしい。高度成長期以降は、精興社の職業訓練も一つの転換期にさしかかっていたといえよう。

八　実業学校の設立と経営

以上で、企業者史から得られる第二次大戦前の産業訓練に関する記録は、目ぼしいものをほぼ尽くした。これ以外にも、輸送、商業サービスについて教育訓練を実施した例があるし、特に重要なものでは農林水産業における訓練をあげなくてはならない。しかし、われわれはさしあたって鉱工業に焦点をあわせたのであるから、それ以外の分野についてはここでは触れないことにしよう(9)。

他方、経営内における教育訓練ではなくして、学校設立・援助という形で教育に参画したケースも少なくない。一般普通教育は除き、実業教育についてだけ見るならば、早い例では一八七六年の三菱商船学校(後の東京商船学校)や一八七八年の三菱商業学校がある。後者は予備科三年本科二年とし、別に専門科一年(実習)とし、英語・漢文・習字・算術・作文等を教えた。ちなみに、岩崎弥太郎は、「自分の必要とする人物は、自分で作るのだ」と語ったという(岩崎弥太郎・岩崎弥之助伝記編纂会 一九六七、四二八―二九頁)。弥太郎は、三菱商業を慶応義塾に劣らぬ大学校に育てたかったらしいが、政治的な理由もあって早くも一八八四年には閉鎖してしまった。しかしその間の経費はすべて三菱から支出し、七年間の総支出額は二万二九六八円に及んだ。延生徒数は六九八名(年間平均約一〇〇名)だったから、生徒一人につき年間三三円ほどを負担したことになる(同上、四二八―五一頁)。

工業関係では、一八八七年に出来た足利織物講習所をあげることが許されよう。これはその二年前からあった色染講習所を改組し、実技の他にも語学、筆算、文典、理学、化学等の学科を毎日四時間伝習するというもので、修学二年間、入学金一円、月謝は二〇銭であった。「当時足利の織物が染色の改良を要すること頗る急務であつて、是非共染色試験所といつたやうな機関を欲してゐた結果」設立の運びとなったものだが、「当時我国として此種の学校はこが嚆矢である。……其入学者も全国から先を争つて来た」といわれる(荻野 一九三六、二七―三四頁)。同校は、一八九四年には県立工業学校へ吸収され、足利工業学校となった。

ところで、これ以降、実業家が学校設立またはその援助にあたったものとしては、上記の二例のうちの岩崎の例を継承して、文科系(商業科)を内容とするものがほとんどだったようである。平賀等の主張にもかかわらず、一八八三年の藤島常興による製器学校(東京京橋)などは、むしろ少数例にすぎない。商業学校の方が、はるかに経費が少なくてすむことにその一つの理由があったかもしれない。(10)

九　昭和一〇年代製造工業の実業教育

ここで、われわれの資料探索作業を補うために、職業紹介事業協会(のちの職業協会)による職務解説書『日本職業大系 工業編』(一九三六—四二年)を引用しておこう。この書は八巻まで刊行され、そのうち一巻から三巻までは商業を扱う。九巻以降は戦争のために中絶した。したがってこの書で取扱われた産業は、製造業の一部分(窯業、金属、機械器具、および化学)にすぎず、その上調査対象とした企業内容や調査方法についても必ずしも統一されていない。だから、この資料から定量的な結論を引出すのは当を得ていない。けれども、ここには職工の養成方法や訓練年限について、包括的な叙述がある。そこでわれわれは、戦前期最後の約六〜七年間における職業訓練状況を知る一材料として、この書を利用することにした。同書に盛られた内容は、巻末の付表にまとめてある。(11)

『職業大系』を一見してまず気がつくのは、徒弟制、年期制、見習制という名称の多いことである。いうまでもなく、昔ながらの徒弟制度が、そのままの形で昭和一〇年代にも存続していたとは到底考えられない。生産技術や製造品目は大幅に変り、伝統的商品の総生産物に占める割合は少なくなっていたはずである。が、それにもかかわらず、新しい技術の伝習は、昔ながらの名のもとで、多くは企業内訓練という方式をとりつつ実施されていたのであろう。いいかえれば、「見よう見まね」が一般的だったのである。それのみではなく、徒弟制等のタイトルは小規模工場に多く見られる傾向がある。これに対して、大規模企業では、一九二〇年代以降は企業内訓練制度を確立し、さらに「年功序列的」賃金管理を実施するものが多かった。政府による青年学校の奨励がこの勢いを助長したことも当然考えられる。だから、巻末付表の右端に「大規模」とあるケースでは、見習制が置かれることはあっても徒弟制のあるものは比較的少ない。もっとも、『職業体系』で「大規模」という時には一〇〇人内外の従業員規模のものが考えられているようであるから、たとえば五〇〇人とか一〇〇〇人以上を「大規模」と呼ぶことにすれば、そこでは徒弟制や年季の定めはもはや見られなかったはずである。

いま一つ顕著な事実は、化学産業では上記のような訓練体制が欠如しているかに見えることである。これに反して、金属・機械には多年の養成を要求するものが多い。もし資料の中に繊維や食料品が含まれていたならば、おそらくこれらは化学と同様の傾向を示したであろう。一方窯業は、『職業体系』にデータを欠く木製品や「その他」の雑工業と並んで、いずれかといえば伝統的な技術を要するものを多く含み、その点、もっと近代的なよそおいの濃い機械器具工業とはいささか異なる性格をもつ。

養成の年限は、きわめて短期のものから長年月のものまでさまざまであるが、多くは二、三年から四、五年というところである。この期限は、いわゆる徒弟制度における年期よりははるかに短いが、第二次大戦後の状況に比べれば相対的に長い。ただし、これらの数字の各々がどの程度の熟練水準に対応するものかは判然としないから、その意味についてはこれ以上探ることができない。

以上の書誌的情報をまとめるため、表3－7に、『日本職業大系』が伝える産業小分類別データを、(一)在来技術か否か、(二)最長の訓練年数、および(三)徒弟制度の有無、の三つの視点から仕分けした結果を示した。ここで「在来」とは、その発祥が明治維新前という意味である。「徒弟制」と「年季制」とは、資料のなかでそのまま使われている言葉であるから、当時一般に理解された語句の通俗的意味を出るものではない。ここでは、徒弟制(ないし年季制)「あり」のケースには1の値を、同じく「なし」には0の値を与えて、グループ全体の算術平均を求めた。徒弟制・年季制のうち、どちらかといえばヨリ制約的な前者は、在来的産業で比較的多く残存しているのが分かる。これに対して、最長養成期間に関しては、輸送機械以外は在来でも舶来でも大差はない。

表 3-7　職工養成年数および徒弟制の有無(昭和 10 年代前半)

産　業	発祥	平均最大養成年数(年)	徒弟制の有無 「徒弟制」あり	徒弟制の有無 同左,「年季制」こみ	対象業種数
窯　業	舶来	4.87	0.06	0.35	17
	在来	4.25	0.38	0.63	8
	小計	4.67	0.16	0.44	25
金　属	舶来	5.50	0.24	0.66	38
	在来	6.75	0.75	0.78	8
	小計	5.72	0.33	0.68	46
機械器具	舶来	5.88	0.32	0.61	57
	在来	6.50	0.50	0.75	4
	小計	5.92	0.33	0.62	61
精密機械	舶来	6.11	0.33	0.78	9
	在来	6.67	0.33	0.67	3
	小計	6.25	0.33	0.75	12
電気機械	舶来	4.46	0.12	0.12	17
	在来	—	—	—	0
	小計	4.46	0.12	0.12	17
輸送機械	舶来	5.83	0.00	0.67	12
	在来	10.33	0.33	0.67	3
	小計	6.73	0.07	0.67	15
(機械合計)	舶来	(5.56)	(0.19)	(0.54)	(95)
	在来	(5.87)	(0.29)	(0.52)	(10)
	小計	(5.72)	(0.24)	(0.53)	(105)
化　学	舶来	4.06	0.07	0.07	28
	在来	6.30	0.10	0.10	10
	小計	4.65	0.08	0.08	38
合　計	舶来	5.24	0.16	0.47	178
	在来	5.83	0.34	0.51	36
	小計	5.54	0.25	0.49	224

(資料)　巻末付表より集計.

このように、表3―7(ならびに巻末の付表)によれば、金属・機械部門の小規模工場では、一九三〇年代の後半から一九四〇年代の初頭にいたるまでの間、年季制にのっとった産業訓練が企業毎に(つまり、ばらばらに)実施されていたものと推察される。この事実は、戦前において、工作機械製造部門内における生産体系の垂直的統合(例えば下請制の確立)が不十分に終ったとされることや、第二次大戦終結当時、日本の機械部品や工具がきわめて粗末だったと評価されたことと斉合的である(星野 一九六六、一〇七―三〇頁を参照)。なお、『職業大系』の叙述によれば、そこに報告された諸産業のうち、労働者が独立自営化する可能性があるものは多くないとのことである。

この節を閉じるにあたって、鉱工業全体に関する職業訓練の状況を、表3―8によって総括しておきたい。この表は、一九三二年における内務省調査から作成したもので、表3―7が中小規模工場に偏る傾向があったとするなら、むしろ中規模以上程度の事業所を対象としている点で対照的である。しかるに、調査された約二四〇〇工場に設置された何らかの「組織的・継続的」な施設は、延数でも八六九カ所を数えるにすぎない。このうち、技術教育施設は鉱業で二六、工業で二八八であったから、延数でみたとしても全工場の約一二%がこれを有したにすぎないのである。さらに、従業員に対する教育訓練事業の内容を補修教育と技術教育とに二分した場合、支出割合はその双方でほぼ等しいことに気がつく。鉱業では、子弟教育に重点がおかれていることが大きな特色をなす。

費用の点では、平均して職工一人当り一カ月一・二円(工業)ないし一・五円(鉱業)が支出されたわけだが、一九三二年の一日当り賃金(実収)は、工業(男)で二・一円、鉱山(男)で一・五円程度であったから(労働運動史料委員会『日本労働運動史料』第一〇巻、一九五九年、二九二―九五頁)、仮に一カ月の就業日数を二八日とすれば、労務費(賃金コスト+教育費)に占める教育訓練費の割合は二%(工業)ないし三・五%(鉱業)ということになる。もちろん、実際の労務費には賃金以外のコストが加算されるから、これらの値は過大評価になっていよう。さきに計算した三菱重工の訓練費比率

（表3－5）を、表3－8のデータ（一人当り一カ月一・三円）をもとに改めて計算し直すと、一九三三年（職工数六三四五人）に教育訓練費が労務費中に占めた割合は、養成工一人一日当り作業損失時間〇・二五時間とすれば一・六％、同じく二時間として一・七％となる。いずれにせよ、戦前における教育訓練活動は「見よう見まね」が大半以上を占め、その経費的負担も大きいものではなかったと考えられる。

表3－8を補う資料として、大阪市における一九二六年の教育施設調査を参考までに掲げた（表3－9）。この表に

表3-8　鉱工業における教育・修養施設調査*（1932年8月現在）

区　分	施設種別		工業	鉱山	計[1]
(1)　職工1人当り平均費用（円）	補習教育	工場内	1.242	0.454	1.094
		工場外	0.664	0.321	0.459
		計	1.198	0.408	1.044
	技術教育	工場内	1.279	—	1.279
		工場外	0.409	1.015	0.830
		計	1.235	1.015	1.213
	子弟（家族）教育	工場内	—	—	—
		工場外	1.820	7.114	5.541
		計	1.820	7.114	5.541
	合計	工場内	1.260	0.454	1.094
		工場外	0.814	2.263	0.459
		計	1.226	1.516	1.044
(2)　施設1箇所当り平均費用（円）	補習教育	工場内	920	775	907
		工場外	494	851	599
		計	888	794	878
	技術教育	工場内	1,667	—	1,667
		工場外	271	1,588	917
		計	1,537	1,588	1,541
	子弟（家族）教育	工場内	—	—	—
		工場外	4,060	13,411	10,951
		計	4,060	13,411	10,951
	合計	工場内	1,198	775	1,173
		工場外	667	4,397	2,542
		計	1,151	2,787	1,337
(3)　教育施設費中の割合（%）	補習教育	工場内	45.8	12.4	37.8
		工場外	2.0	4.6	2.6
		計	47.8	17.0	40.5
	技術教育	工場内	49.1	—	37.5
		工場外	0.8	15.0	4.2
		計	49.9	15.0	41.6
	子弟（家族）教育	工場内	—	—	—
		工場外	2.3	68.1	17.9
		計	2.3	68.1	17.9
	合計	工場内	94.9	12.4	75.3
		工場外	5.1	87.7	24.7
		計	100.0	100.1	100.0

（注）　*　職工100人以上を使用する工場（2,267箇所）と，鉱夫300人以上を使用する鉱山（117箇所）とを対象に調査したもの．集計した教育施設は「組織的継続的」なものに限り，工業において延べ770箇所，鉱山において99箇所である．

1)　工場によって設置された施設が異なるので，行を合算しても合計欄と等しくならない．

（資料）　内務省社会局労働部（1933）により算出．

表 3-9　大阪市の工場教育施設(等)調べ*(1926 年)

産　業	(a) 調査工場数	(b) (a)のうち経費がわかるもの	(c) (b)/(a) (%)	(d) (a)のうち経費がわかるもの	(e) (d)の一工場当り経費(円)
繊　維	47	36	76.6	31	1,975
機械器具	48	19	39.6	16	2,376
化　学	37	13	35.1	10	782
食料品	6	3	50.0	3	1,231
雑　種	28	8	28.6	7	262
特　殊	7	3	42.9	3	504
合　計	173	82	47.4	70	1,630

(注)　*　100 名以上の職工を雇用する工場について大阪市が調査したもの．施設中には各種の学校，講習(演)会，青年団軍人会，新聞発行，裁縫生花教授等が含まれる．
(資料)　大阪市役所(1933)，1021-22 頁による．

よれば、各種施設の設置比率という点では繊維産業が群を抜き、一工場当り経費という点では機械器具が一番である。平均経費(約一六三〇円)は、表3－8におけるそれ(約一一五一円)より高いかのごとくであるが、一九三二年の物価水準は一九二六年のそれに比べてはるかに低い(卸売物価基準で約七割)ことを考慮すれば、両者はほぼ等しくなる。

もっとも、表3－8、3－9を土台とする判断には、一つの留保条件をつけておかねばならぬ。すでに図3－1と図3－5との関連で指摘したように、企業の訓練需要は経済の一般的動向と正の相関をもつと考えられる。ところが、これら両年、特に一九三二年は正しく不況期にあった。だから、表3－8の資料は、訓練状況の平均水準を下まわるケースに該当するといわなくてはならない。さらに、地方毎に訓練活動の差も見られたに違いないのである。

一〇　総　括

本章でわれわれが使った材料から一般化出来ることは少ない。すでに注意したように、ここで用いた資料は二次的なものであるし、われわれの関心は企業内訓練に向けられていた。だから、これから多くのものを引出そうとすべきではない。けれども、それにもかかわらず、いくつかの特徴を指摘することは許されると思う。

まず第一に、第二次大戦前の産業訓練は、資料の存在分布から考えて、紡績、金属および機械の三産業で相対的にさかんであったと考えられる。組織的な企業内訓練活動も、明治期の中頃からまず繊維業で始まっていたようである。金属機械では、その努力はやや遅れて出発し、投資ブームのあった一九〇五年以降に強い必要を感ずるに至り、ようやく大正期の中頃から本格的になったといえるのではあるまいか。これらの時期的な違いは、産業自体の発展速度とともに、労働市場の構造によって影響を受けていることはもちろんである。紡績女工の集団訓練は、無から始めるに等しかった。他方、男子熟練工については、徳川期からの蓄積も多少はあり、伝統的な市場があった。男子職工の労働市場に根本的な変化が生じたと思われるのは明治末期のことである。

しかし、第二には、企業によって訓練の必要が認識され、制度的に何らかの実業教育が行われた場合でも、「居付良策」としての集団規律(group discipline)を教育する以外のケースでは、主として大企業の基幹工が対象になったのにすぎない。第二次大戦前においては、それと並行して、年期奉公的で「見よう見まね」に頼る、すこぶる原始的なOJTが広く行われていた。(次章でみるように、第二次大戦後はこの点いささか異なり、基幹工の育成とともに、ヨリ一般的で体系的な訓練が幅広く実施されるようになったといえよう。)

ところで第三に、企業内教育訓練施設は、一面では熟練工の育成のためであると同時に、他面、法制的な強制力によって導入されたという側面もある。工場法によって義務教育未了の者に初等教育を与える必要が生じたのはその一例だし、青年学校令による施設設置の例はきわめて一般的だった。また、夜業廃止の影響もあるといわれる。(明治・大正期については、例えば大阪市役所(一九三三)、八二九―九八〇、九九七―一〇九六(とくに一〇一九―一二)頁参照。夜業禁止の影響については、例えば楫西(一九六四)、四四九—五〇頁に言及されている。)

第四に、戦前期日本の技能教育は、独立した公私の教育機関(つまり学校)で重視されることが比較的少なかった。明治以来、工手学校とか職工学校とかで成功したものは数多いとはいえない。ちなみに、第二次大戦後においては普通教育が一層主流を占めているのである(後述)。経済史家ランデス(Landes 1965, pp. 97–119)は、日本の工業化をドイツの経験と比較して、同じ後発国(follower country)でありながら、日本では科学・技術教育が不十分だったのは不思議である、日本では伝統的商品に重点をおいたためだろうか、と疑問を述べている。

この結果、「学校出はすぐには役に立たない」という批判が生じたが、学校教育に基礎能力と応用力(視野の広さ)の育成を求め、専門的職業教育の詳細はＯＪＴにまかせるのは、教育体系の一類型として必ずしも間違いだったとは思われない。経済開発の初期段階から専門化の度を過ごすと人的配分の柔軟性が低下するし、社会一般や産業界自体の需要とも一致しないであろう。もちろん、専門技能(profession)に対する社会的評価が低いのは次第に改められなくてはならないし、学校教育において適切な職業指導が行えるように豊富な情報が与えられる必要はある。

さて第五番目には、企業内職業訓練の著しい特性として、それが経済計算の制約下にあることを注目しておきたい。経営体にとっては、訓練は労務管理の一部であるから、そこで行われる教育訓練活動には自ずと限界がある。既述のように、戦前の企業者史を見ると、技能訓練に熱を入れたり言及したりする例は金属・機械に多い。技術的要求と市場の要請とがここに反映している。これに対して繊維業や鉱山で苦労したのは、技能訓練よりはむしろ人集めと労働規律とであったろう。

本章で紹介した推定計算によれば、訓練費の総労務費に占める比率は、教育に熱心な企業でもたかだか三%程度のものであり、平均すれば一〜二%位だったようである。さらに、訓練需要には上下の波があり、他の事情にして等しければ、有効需要の上昇(下降)期には大きく(小さく)なる傾向があった。

最後に、企業の訓練に対する積極性の度合は、経済性以外の要因にももちろん左右された。例えば、経営者のタイプも影響をもつ。もし第二次大戦前の企業者史等に登場する経営者たちを、(イ)金融・商業界中心の「実業家」、(ロ)産業資本家、(ハ)専門的経営管理者の三類型に分けるとすれば、教育訓練の必要性をとくに痛感したのは、(ハ)のタイプで、実地の作業に関与した経験のある者に多かったように思われる。

(1) 平賀義美(一八五七—一九三三)は、職工学校の他に大阪府立商品陳列所長(一八九四—一九〇四)、京都市立染織学校顧問(一八九八年以降)、大阪工業学校(後の大阪高等工業学校)商議委員(一八九八年以降)、私立関西商工学校長(一九〇二年以降)などを歴任。「先生は日本に於ける洋式染色の開祖と言ふべく、従って各種織物の開発改良に尽瘁せられ、席暖まる暇なく屢々地方に出張せられしは皆これが為である。」染色の他、化学工業、窯業、製鋼業等にも識見があった(秋山 一九三四、第一三章による)。

(2) 引用文献リスト中の[岡本](一九九〇)所載の同氏の著作目録によって確認される。[岡本](一九六〇)は、テキストとして書かれたため著者名が記載されていない。しかし、同書が岡本秀昭教授の筆になることは、[岡本](一九九〇)所載の同氏の著作目録によって確認される。

なお、同様の区分づけを給与体系の推移と結びつけ、日清戦争以前を「伝習的能力給」、明治三〇年代を「請負的技能給」、明治末期から大正初半を「精勤奨励的職能給」、大正後半から昭和初期を「年功的能力給」、そして事変・戦時期を「年齢的階序給」と呼んだ論者もある。この論者によれば、「俸」は職(家)禄、「給」は扶持(出勤手当)、「賃」は手間・工作の報酬であるから、賃から給への変化は賃金の企業内体制化であり、出稼労働から勤務労働への転化と対応するという。明治末期から大正半ば頃における出来高払制中の標準賃金保障、定期昇給、各種手当の設置等は、扶持制生活保障給への推移であり、養成教育と帰属性・技倆の高度化に対応するものだというのである(佐合 一九六四、一七—二一頁)。

(3) 故岡本秀昭教授のご指摘に負う。

(4) もちろん、この関係は厳密ではない。勤続年数のほぼ等しい者同士の関係を見た場合、学歴の高い方が賃金も高いとは必ずしもいえない場合がある(図3-3中の5と11、2と8)。職種、作業環境その他の要因が複雑に影響したためであろう。

(5) ちなみに、陸軍工廠には制度的欠陥(軍人万能主義)のため有能な人材が集まり難かったのに反し、海軍では中堅技術者には技手養成所出身の判任官(文官)を据え、軍人の命令系統とは一応独立にしたので人材も多く集まり、技術水準も格段と高かったといわれる(山田 一九六三、五七―五八頁)。

(6) 池貝庄太郎は一八六九年に勝山藩家臣池貝重右衛門の長男として生まれ、一三歳で横浜の西村鉄工場の徒弟となり、一八八五年懇望されて田中久重工場へ通勤した(初任給一五銭/日。優秀であったため、翌年には三八銭/日)。その後四年間でメリケン盤を扱う屈指の旋盤師となった(池貝鉄工所 一九四一、一三七―四四頁)。

(7) 渡辺は、一九一二年の総選挙には実業教育の発展を標榜して立候補している。

(8) 徒弟教育の必要を論じた佐久間の文章としては、これ以前にも、例えば「工業上徒弟教育の必要を論ず」(毎日新聞 一八九二年所載、豊原 一九〇四、三七九―八二頁所収)がある。

(9) 例えば、運輸では、伊豫鉄道電気株式会社(一九三六)、六七九―九六頁、商業では、倉満(一九三六)、五九―六二頁、藤井商店(一九五九)、一三九―四一、一五三―五四頁、第一次産業では、麻生(一九三二)、一二一―二六頁、桑田(一九三九)、六九―七四、四七一―七八頁、大日本水産会(一九三九)、株木政一氏追懐録編纂刊行会(一九五九)、四七―五八頁などがある。

(10) ここでは、いくつかの例をあげるにとどめる。実業教育を論じたものとしては、株式会社三十四銀行(一九三〇)、三八三―九九頁がある。学校を設立または援助したものとしては、一八八一年の私立大阪商業講習所(後の大阪高等学校だが、同校はさらに発展して大阪商業高等学校から大阪商科大学へ、さらには大阪市立大学になった。田中 一九二一、五五七―七一頁を参照)、一八九八年の大倉喜八郎による大倉商業学校(大倉高等商業学校 一九四〇、四五―四八頁)、一九一七年の神戸高等商船学校(岩崎・岡部 一九二一、一〇八―一一頁)、等々。なお、学校には、初め私立として発足しても、その後公機関に寄付された例が沢山ある。

(11) 付表の作成は、かなり根気のいる、時間のかかる作業であった。作成のために力を貸して下さった常川静子さんに感謝する。

第四章　高度成長末期の企業内教育

一　企業内教育の隆盛

第二次大戦後には、職業訓練の面でも幾多のめざましい変化があった。われわれは少なくとも次の四点を指摘することが出来る。まず第一に、アメリカ経営学の広範な導入とともに、事業内教育・訓練活動が全般的にさかんになった。制度の上でも、企業の労務部や勤労部に教育課とか教育担当班が置かれるようになったし、所によっては教育部を据えた場合もある。新規採用の大部分は四月に集中し、体系的な導入教育が実施される例がほとんどであるが、その他一般的に安全訓練、監督者訓練（TWI; training within industry）、管理職者訓練（MTP; management training program）等のコースが組織された。この動向に対応して、技能（術）養成のための施設を設けた例も少なくない。

第二の点は、学制改革と進学率の上昇との結果、新規若年労働力は新制中学卒業者以上に限られることになっただけではなく、一九六〇年代の半ば以降は、中卒者を採用することが困難になったことである。その結果、中卒労働力の質は相対的に低下したから、経営者は高等学校卒業者からブルーカラー（生産工程従事者）を採用するに至り、それとともに、高校課程の補習に携わっていた事業内教育組織は続々と廃止された。

第三の変化としては、新しい技術が矢つぎ早に導入され、その結果、労働過程にも変貌が生じた点をあげねばならない。日本の工業技術水準は欧米諸国のそれを急速に追いかけ、機械工業のなかには、後者と肩を並べたり追い抜いたりするものも出てきた。このような技術革新と合理化の過程は、比較的円滑に進行した。これは、工業従事者が適応力に富み、新しい製品や製法に対する順応性が高かったこと、いったん経済成長が始まった後は、労働増大的技術進歩にもかかわらず雇用機会が着実に拡大し、その結果、労働運動が要求した雇用の安定性が事実上保障され(いわゆる終身雇用制)、合理化による職場喪失の危機感が少なかったこと、等のためであろう。さらに、戦後における技術革新の進行を助けた要因として、下請網の拡充や技術格差の減少等にみられる産業構造上の調整をもあげておく必要があるだろう。

けれども、合理化の速度の大きいことは、それだけ旧式技術(能)の廃棄率が高いことを意味するし、それに伴って労働の疎外も進行するかもしれない。さらに、完全雇用型経済のもとで賃金一般が高くなり、同時に労働能率に力点が置かれるようになると、技術革新のフロンティアーから取り残されたり放り出されたりした人びとの存在が社会的緊張を高めるかもしれない。徹底した能力主義の採用は、合理主義のよさとともに競争に伴う緊張感をもたらすであろう。職業の選択は長期にわたる意思決定であり、職業構造に変化をもたらす技術革新の方向は予測し難いから、誤った選択や転職のタイミングの悪さ等によって生ずる人的資源の効率の低下には、何らかの救済手段が存在して然るべきであろう。それ故、技術変革に伴う職業構造や技術(技能)の変貌を観察し、その問題点を把握しておくことは、政策的見地からしてもきわめて重要だった。

第四番目の点は、公共体による職業訓練が広範かつ組織的に実施されるようになったことである。学校基本法による職業教育(文部省管轄)の他に、職業安定政策として初め職業補導が実施されたが、その後一九五八年の職業訓練法施行とともに、公共の職業訓練体系が制度的に発足した(一九六九年新法施行、一九八五年職業能力開発促進法に改正)。公共職業訓練は、いまや単なる「失業対策」ではなくなったのである。

ともあれ、第二次大戦前と比較する時、戦後における訓練活動はきわめてさかんである。表4-1のパネルA、B

表 4-1　事業内職業訓練の実施状況(1969 年)　　(単位：%)

A. 新規採用者の訓練

学歴別(等)	訓練実施率	訓練を実施する事業の訓練期間別構成[1)]				
		1 週間未満	1 週間〜 1 カ月未満	1 カ月〜 6 カ月未満	6 カ月〜 2 年未満	2 年以上
中学卒	82.1	19.7	41.6	24.6	6.8	7.4
高校卒	85.0	16.4	41.1	32.1	9.7	0.7
中途採用	35.7	51.3	31.4	12.5	3.5	1.3

B. 在籍労働者の訓練

技能程度	訓練実施率	訓練を実施する事業の訓練時間別構成[2)]			
		10 時間〜 30 時間未満	30 時間〜 50 時間未満	50 時間〜 100 時間未満	100 時間〜
半熟練工	13.2	65.6	19.9	6.1	8.4
熟練工	8.2	72.0	17.4	6.4	4.2
指導工	16.4	64.9	20.7	7.9	6.5

C. 産業および規模別訓練実施事業所の割合[2)]

	規模計	5,000 人〜	1,000 人〜 4,999 人	500 人〜 999 人	100 人〜 499 人	30 人〜 99 人
建設業	65.7	95.3	94.4	91.2	74.8	51.7
製造業	65.5	98.1	93.4	88.8	80.9	51.6

D. 教育訓練の実施方法[3)]

	全従業員	新規入職者	在籍現業職
建設業			
仕事をしながら	18.8	27.0	30.5
仕事から離れて	62.4	61.4	65.8
双方	18.8	11.6	3.7
製造業			
仕事をしながら	21.7	33.4	32.7
仕事から離れて	44.1	43.7	55.2
双方	34.2	22.9	12.1

(注)　1)　訓練実施企業の構成比を示したもので，合計 100(%)になるように集計したものである．
2)　「訓練の対象となる者がいなかった」とするものは，非実施事業所として計上した．これを除いても結果に大差はない．
3)　訓練実施事業所数を 100 とした時の割合である．

(資料)　A, B は労働省職業訓練局『技能労働力需給状況調査付帯調査』(1969 年 6 月)；C, D は労働省労働統計調査部『昭和 44 年雇用管理調査』(雇用動向調査の付帯調査)．

表 4-2　三菱日本重工における養成工数の推移（1950-1964 年）

	横浜造船			東京車輛製作・川崎自動車製作		
	(A)	(B)	(C)	(A)	(B)	(C)
	養成工数（4 月現在，人）	上半期末工員数（人）	(A)/(B)	養成工数（4 月現在，人）	上半期末工員数（人）	(A)/(B)
			%			%
1950	226	6,795	3.3	—	—	—
51	239	7,236	3.3	—	—	—
52	229	6,124	3.7	—	—	—
53	168	5,905	2.8	—	—	—
54	95	5,660	1.7	—	—	—
1955	92	5,536	1.7	—	—	—
56	73	5,767	1.3	—	—	—
57	119	5,765	2.1	—	—	—
58	167	5,664	2.9	132	3,099	4.3
59	176	5,580	3.2	156	3,100	5.0
1960	150	5,570	2.7	152	3,160	4.8
61	143	5,690	2.5	158	3,258	4.8
62	142	5,807	2.4	166	3,539	4.7
63	116	5,649	2.1	130	3,664	3.5
64	93	5,349	1.7	127	3,697	3.4

（資料）　三菱重工業（1967 a），451-56 頁による．

によれば、一九六九年において新規学卒採用者に対して何らかの体系的訓練を施している事業所は八割強であった。ただその内容は、訓練期間が一カ月未満のケースが半数以上であるところを見ると、必ずしも十分なものばかりとはいえまい。同表中、中卒者に対する訓練で二年以上にわたるものが多いのは、高校課程の補習教育を実施する事業所があったからである。さらに、在籍労働者に対する再訓練や向上訓練を施すケースは全体の一割から一割六分位であり、その時間数も一週間程度以下のものがほとんどだったから、教育訓練の活況は見かけほどのものではないとの評価も成り立つであろう。概して、戦前に比べて導入教育が組織的かつ幅広く行われるようになったかわりに、訓練期間は短縮化する傾向にあったかもしれない。さらに、訓練は新規採用者と管理者層とに比較的厚く、中堅層に対してはせいぜいのところ「自己啓発」が唱えられるにとどまっている。同表で「熟練工」に対する訓練実施率が相対的に低いのは、このためでもあろう。

企業内訓練の実施状況を、異なった資料によって概観することもできる(表4－1パネルC、D)。この資料によれば、大規模企業ほど訓練を実施する事業所が多かった。また、「仕事から離れて」(off-the-job)実施された教育訓練がかなりの数にのぼっていた。

養成訓練の時系列的な歩みを示す一例を、表4－2に掲げよう。このうち横浜造船の場合は、一九四八年以来、横浜造船工業専門学校を設置して技能養成工育成に当ってきたが(一九六〇年に、三菱日本重工業横浜造船技能訓練所に改組)、一九六三年以降は、横浜造船、東京車輌ともに神奈川県立平沼高校普通科通信制と提携することになった(三菱重工業株式会社 一九六七a、二一七—一八頁)。同表によれば、工員中に占める養成工の割合(C欄)は時とともに上下のゆれを繰り返している。一九五六年に谷、一九五九年に山が認められるが、おそらくこの現象は、営業成績(例えば売上高利益率)の谷が一九五六年、同じく山が一九五八年にあった(同上、四四〇—四一頁)のと無関係ではあるまい。

以上に述べたことを予備知識として、第二次大戦後における職業訓練が企業体によっていかに実施されてきたかを探るために、一九七〇年に訪問調査の対象とした幾つかの事例をとりあげよう。企業内訓練の方法は、経営の求めるところに応じて精粗さまざまであるが、ここでは何らかの特徴を有するケースを取り上げる。したがって、これらの事例が企業による職業訓練の典型だとはいえないし、網羅的なものでないことももちろんである。

二 T 工 業(自動車・鑿《さく》岩機・工作機等の製造販売)

まず、企業内訓練体系の完備した一例として、T工業(一九七〇年現在、従業員約二万六〇〇〇名、資本金二七億円)の場合を見よう。図4－1はこの体系(一九七〇年一月現在)を図示したものであるが、この企業では教育訓練の基本方針として、「自己啓発」「全社的観点からの教育」「最小費用」の三点を掲げ、訓練の責任の所在はすべて当事者の上位者にあることを明らかにするとともに、目的達成のためには組織上の配慮も重要であることを認識している。

導入訓練の後に各職場に配属された新入社員は、職場毎に企画・運営される基礎技能教育を受ける。この間、入社当初の三カ月間にわたり、三年程度先任の社員が「コーチ」になって一対一で手ほどきする。コーチには手引書を与え、あらかじめ指導しておく。これが終ると、その後は国家技能検定二級レベルを五年間で、同じく一級レベルを一〇年間で、それぞれ達成することを標準目標とし、職場教育と自己啓発とを通じて訓練を重ねる。国家検定のない職種については社内認定を実施する。ちなみに、この図からもわかるように、この企業は、同一職種内の多能工が多数存在することが好ましいという考えだった。一九六九年度における一級技能士数は四九〇名、二級技能士数は一八七六名であって、この双方で該当職種技能者総数の約一三%に相当した。

二級レベルと一級レベルとの中間では、社員研修所での教育を受けることもできるが、これは次の条件を満たす時にかぎられていた。すなわち、(一)勤務歴四年以上で三〇歳未満(実際には入社後六年目位のケースが多い)、(二)技能検定二級合格者、(三)勤務評定・能力評定が一定水準以上、(四)学科・面接試験に合格、そして、(五)将来とも同一職種系統で進む意思のあること。教科内容は短大レベルであって、毎週四日間、一カ年にわたって終業後二・五時間ずつ受講し、この期間中は夜勤・時間外勤務・休日勤務から免除された。

他方、検定一級の社員は、さらに中堅技能社員教育を受けることが出来たが、この資格要件は次のとおりだった。(a)職務給三号以上で三〇歳以上(ただし、社員研修所修了者は二八歳以上)、(b)技能検定一級合格者、(c)勤務評定・能力評定が一定の水準以上、そして、(d)学科・面接試験の合格者。教科は多能熟練工および監督者としての基

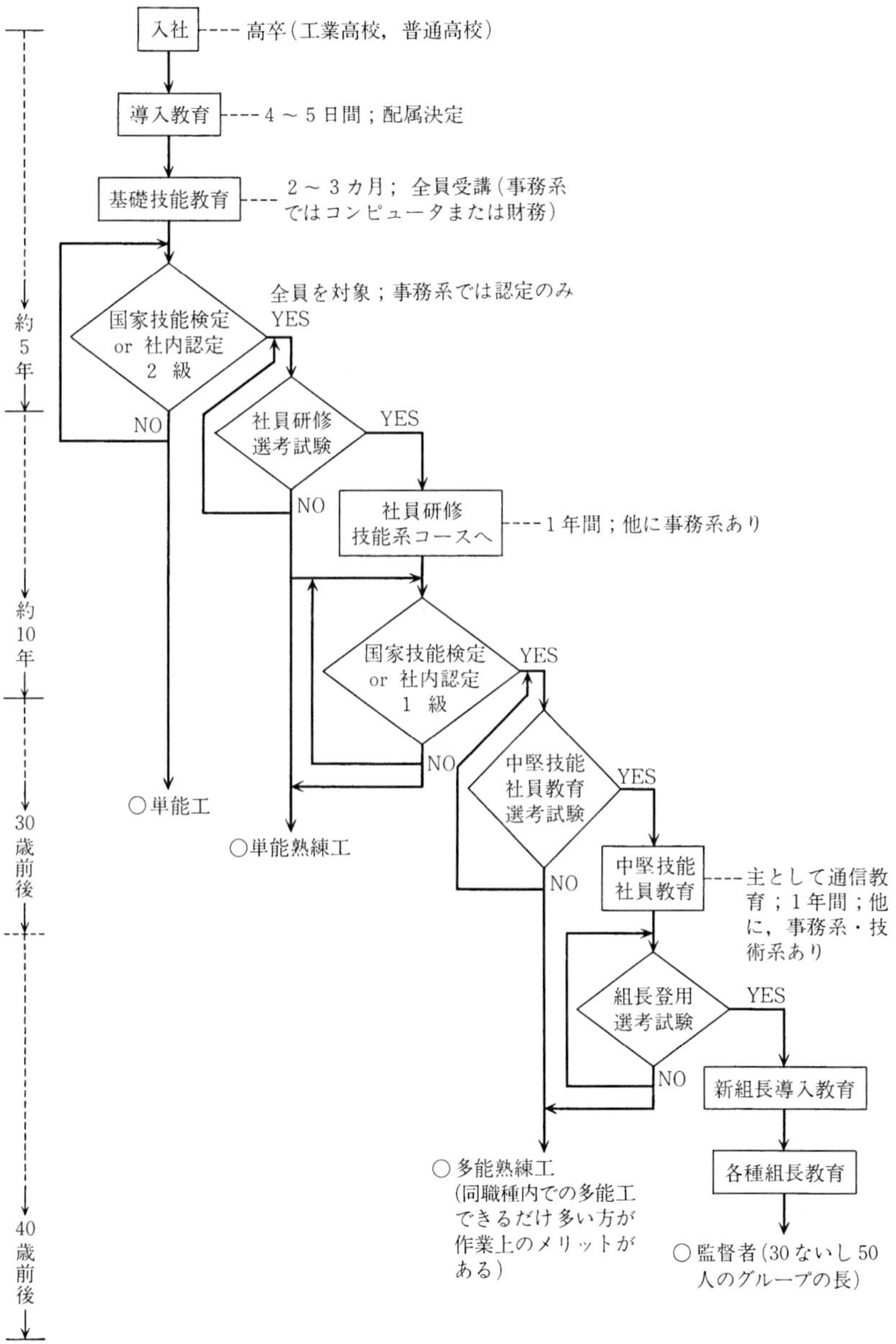

図 4-1　T 工業における技能系社員訓練体系(1970 年 1 月現在)

礎能力開発にかかわるもので、その内容は、問題解決法、指導のしかた、リーダーシップ、人間関係、労務管理、品質管理、原価管理、安全管理、作業管理、および一般教養から構成された。期間は一カ年で、主として通信教育方式だが、毎月一回(一日間)のスクーリング(約一〇時間)を勤務時間中に実施する。なお、研修所および中堅技能社員教育にかかる教材費は会社負担であった。

これらの他に、「自己啓発」の素材として、個人負担による通信講座と、職場の長の責任で開催される各種の職場教育、研究会、勉強会があり、さらに組長(事務系の場合は主任)のためには「部下育成マニュアル」があって、これにもとづく指導社員の訓練と計画的な職務交替が実施されていた。

以上の諸制度を活用した従業員は、一九六九年の場合、社員研修所が一五七名、中堅技能社員教育が約一〇〇名、通信講座については技能者専修九三八名、再訓練一〇五八名、そして社内講座七四三九名だった。ちなみに、一九六九年六月現在の技能系社員総数は二万六〇七名、そのうち新規採用後一年に満たぬ者は二七四六名であった。一人で複数件数の訓練を受けている者は少ないとすれば、技能系社員の半数近くが、何らかの形でフォーマルな職業教育を受講中だったことになる。また、技能系職場が職場教育、研究会、および勉強会に費した作業外時間は、一九六九年五月から六月までの一カ月間に一人当り平均一〇・二九時間であった(ただし、一回三〇分以内のものを除く)。

以上で紹介したT工業の訓練体系は歴史が比較的新しいが、その理由は、一九六七年をもって中卒者の採用を断念し、高卒者を採用することとしたからに他ならない。同社のシステムでは、生産と教育の両者が整理された形で並行しており、徹底した事業内(on-the-job)訓練だと形容することが出来よう。

なお、訓練体系と給与体系とは原則として独立であり、教育を受けたという事実によって給与が機械的に変わることのない点は留意してよい。もちろん、そうはいっても昇進率は訓練成績によって影響される仕組みだったから、両者が無関係というわけではなかった。

三　N　製　鉄（銑鉄・鋼材・船舶・鉄鋼製品等の製造販売）

N製鉄は、全国各地に事業所をもち、調査当時、作業系社員約三万一二〇〇名、事務・技術系約九四〇〇名、合計約四万六〇〇名におよぶ大会社である。大別して製鉄部門と造船部門とに分れ、各々異なった訓練体系を備えていた。とくに京浜地区には、独立した研修所があり、製鉄部門の訓練を担当していた。

図4―2は、一九六九年一一月現在における同社製鉄部門の作業系社員の教育訓練体系を図示したものである。新入工員は、まず入社時の面接と試験成績とによって上記二部門に振りわけられる。このうち製鉄部門は装置産業であるので、さらに（a）整備保全（maintenance）と（b）運転（operation）とに分けられ、（a）の配属者は、「整備保全修習生」となって研修所で一カ年間の職場外訓練を受けた。この人たちの訓練は、さらに機械、電気、計装（機器の修理）の三コースに分かれる。その一九六九年度における定員はそれぞれ五六、四六および一二（計一一四名）であって、訓練の時間配分は以下のごとくであった（%表示）。

科目		機械コース	電気コース	計装コース
共通	導入	四・一	四・一	四・一
	特別	五・三	五・三	五・三
（小計）		九・四	九・四	九・四
本訓練・専門学科		一八・六	二二・〇	三五・〇
	基本実習	三七・五	三九・五	三一・三
	応用実習	三四・五	二九・一	二四・三
（小計）		九〇・六	九〇・六	九〇・六

合計　一〇〇・〇　一〇〇・〇　一〇〇・〇

これらの訓練に費された時間は、いずれのコースについても合計二〇三〇時間である。

一方、(b)の配属者に対しては、工場部門別にカリキュラムを組み、三カ月間の職場内訓練(OJT)を施し、その約二年後に基礎技術講座(約四〇時間)を受講させるきまりだった。これが終了した段階で、(a)と(b)とは、訓練量のうえではほぼ同列に並ぶ。ただし、相互に配属変えはせず、また教育訓練歴は待遇に影響しなかった。

これに対して造船部門は、技能が基礎となる生産部門で、製鉄部門と比較するならば、個々人の技能水準と生産効率との結びつきがヨリ密接な職場であった。新入社員は自動的に「訓練生」となり、導入教育(約一週間)を研修所で受講した後、その全員が職場内訓練(OJT)を受けた。これは、共通技能訓練(三週間)と、それに続く専門技能訓練(二〜五カ月)とから成った。後者のうち、とりわけ時間を要する職種は熔接工(特に搭載熔接工)だった。

中堅ならびに一般社員に対する訓練には、教養講座、作業員マニュアル、TWI、研修会等があり、原則として職場内で実施された。その後に施される専門技術講座(約二〇〇時間)は、監督者(棒芯)になるためのもので、製鉄、製鋼、機械、電気等、一六部門別に分かれた技術教育だった。

以上のように、多くの事業部門から構成されるN製鉄では、多能工的訓練は、その必要を認めないわけではないにしても、なかなか実施出来ない状況にあった。したがって、事業所内移動はあっても、大幅の職種間移動は難しかった。

ところで、機械器具の保全と整備とは高度の熟練職種に属するが、N製鉄の場合は、保全工は破損等の発見が出来ればよく、実際の修理は下請企業に委託する方針を前提として訓練を行っているということであった。この点は、技術と産業構造のありようとが交叉する問題として、記憶に留めるに値しよう。ちなみに、N製鉄の給与体系は、資格

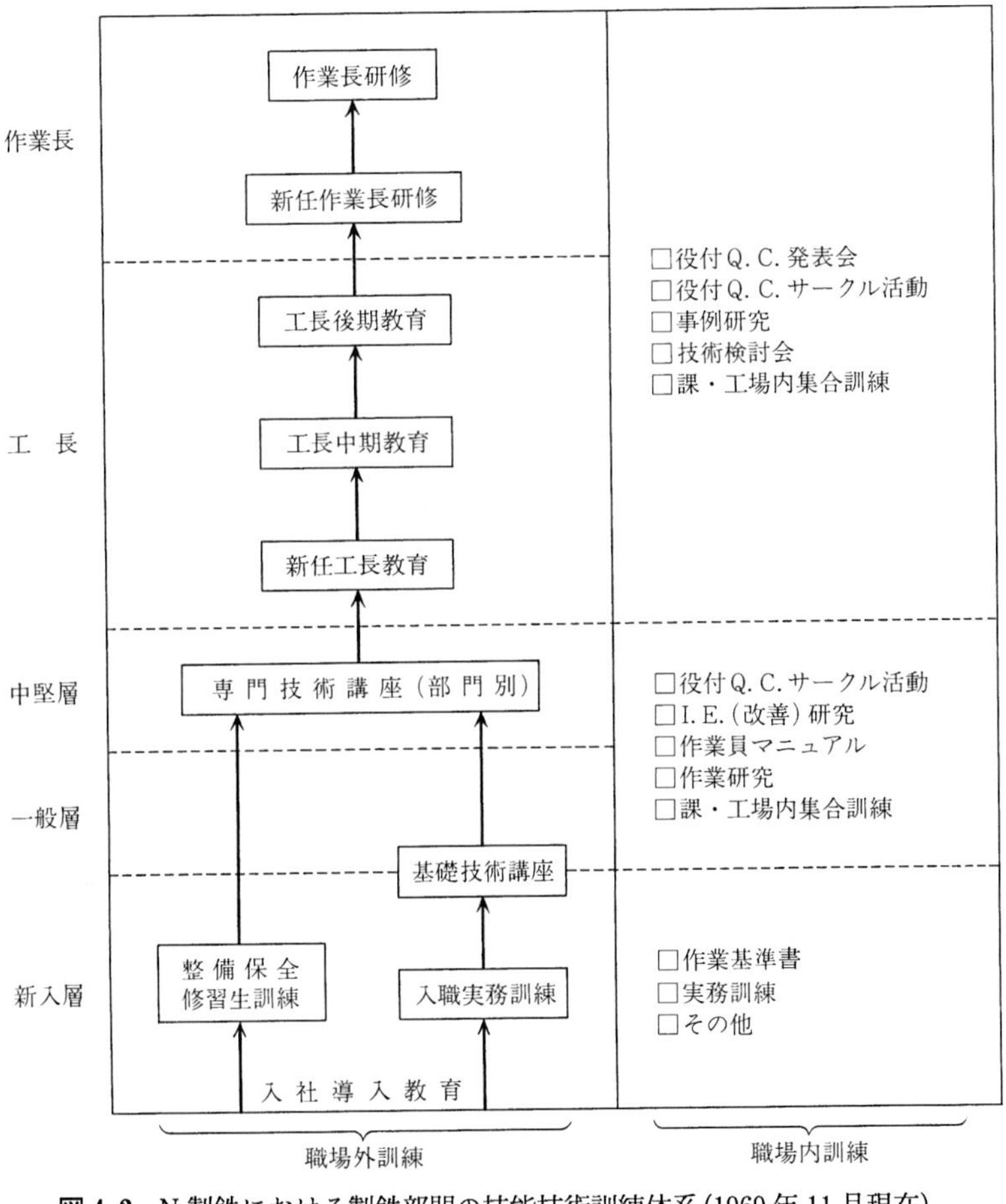

図 4-2　N 製鉄における製鉄部門の技能技術訓練体系(1969 年 11 月現在)

給と業務給との合成であった。

四　S製鉄K事業所（厚板・鋼片・鋼管・冷延コイル・メッキ製品等の製造）

次に、オンライン・リアルタイム方式を適用して銑鋼一貫生産を行い、電子計算機を大幅に利用したS製鉄K工場の例を見よう。

一九七〇年現在、この事業所では、情報コンピューター・コントロール（IBM三六〇、オンライン）とプロセス・コントロール（TOSBAC七〇六〇）とを組合せて生産をし、従業員は約五〇〇〇名（他に協力会社員約六〇〇〇名）で、そのうち工場従業員の構成は、高炉一九九、転炉三七五、厚板四五三、熱延四七九、冷延六二六、メッキ一四一、大径管二一一、そして小径管二八〇であった。同年、すでに粗鋼年産五〇〇万トンを達成し、徹底的に自動化を採り入れた結果、一人当りの生産性はきわめて高かった。製品精度も上昇かつ均一化し、品質管理も改善が著しかった。一例として熱延工場を見ても、圧延速度が高度化したのでもはや手動調整では追いつかない。ロール研磨もミニ・コンピューターによって自動化されたので、一年程度の習熟は必要なものの、かつてのような熟練は要らなくなった。

この企業の作業員たちの最低の必要条件は、制御システムの概要と、自分の担当部署に関する技術知識を有することである。新鋭設備の運転開始（熱延工場は一九六九年一月）に際しては、順応性の高い熟練工員を他の事業所から引き抜き、技術陣に対してはコンピューター教育を三カ月、一般従業員については一週間から一カ月の教育（仕上げ圧延）を施した。その際、古い設備を持つ工場にいた者ほど進歩が遅かったという。当時、電子計算機システムの信頼度はまだ九五〜九七％であったから、万一故障の際には手動で運転せねばならず、そのための要員も考慮して人員を配置した。ところが、システム事故は次第に減少する傾向にあるので、逆に手動による技能はにぶってくる。そこで、作業長の判断で、一カ月に一〇ないし二〇時間程度はわざと手動で運転しているということだった。

このようなタイプの工場生産では、新しい型の技能が必要だと考えられた。熱延工場長によれば、ここにいう新しい型とは、高い理解力とある程度の運動神経との組合せのことである。基礎知識の要求水準は次第に上昇しつつあるので、人事課で基礎工学科コース(職場外教育)を計画していたが、工場長の判断では、訓練用に特別の施設やシステム等を構築する必要はなく、また新人に対しては職場内訓練(ＯＪＴ)で十分だろう、という。つまり、手の熟練よりは理論的応用能力(およびそれにもとづく判断力)というわけである。

Ｋ事業所では、技術系社員が採用されると、まず全日制一〇日間の導入教育を実施し、配属後に工場単位で一カ月ないし一カ月半、訓練する。訓練は、技能訓練、自己開発(作業規範の作成等)および能力開発の三段階からなり、その効果を査定する。職種間の配置転換は稀とのことだった。現場従業員の最上位階は作業長(係長)であったが、この人の学歴は高卒で十分なので、大学卒の技術系社員とは切り離し、作業長(当時、平均三七～三八歳)の管理責任を強化することにした。なお、協力会社(工場内雑作業)の従業員に対しては、それぞれの会社ごとに基礎および安全訓練を励行しており、それ以上の教育はとくに必要がなかった。

職場内訓練(ＯＪＴ)以外には、職場外教育システムとして、(イ)基礎学力養成科、(ロ)後期専門科、それに(ハ)作業所教育科があった。(イ)は、高校中級程度の基礎学力をつけるもので、定時制一年間(毎週二回、一回三時間)のコースである。(ロ)は、工長クラスになる者のために、高炉、焼結、製鋼、圧延等の技術講座を受けさせるもので、全日制で六カ月かかる。(イ)と(ロ)との間には、既述のように、工学における幅広い専門知識を与える目的で新しく基礎工学科を開設する予定で、入社後二年以上の者を対象に、機械工学、電気工学、燃焼工学、油圧、計測制御、科学技術史等を学習させる。これは定時制の一年間コースで、二年間で二四単位習得することを標準とする(ただし一単位は一二時間)。さらに(ハ)は、作業長昇格予定者のために管理面の教育(生産管理、原価管理、品質管理、労務管理等)を施すもので、全日制四五日間である。

この他に、作業長に対する研修科(三日間)、工長・作業長に対する工場管理研究会(通信教育中心、定時制毎月一回、一年間)および管理者教育コース(係長六日間、課長五日間)があった。教材費は半分個人負担だった。訓練の結果によっては、将来は給与と連結させることもあろう、という。なお、以上の他に、修理・保全部門の重要性の上昇にかんがみ、整備工の育成に力を入れているとのことであった。

K事業所における業務内容について、作業者自身の反応はどうだったろうか。まず、職務の要求水準が高まった結果、労働意欲(モラール)は向上した。ただ問題なのは、二%程度の割合で脱落者が出たことである。一方、一九六七年以降、従業者も作業規範の作成に参加させたが、現場の人びとからは、「職務の守備範囲が広くなったのに、期待した程には職務給が上っていない」、「責任が重くなり、精神的緊張(ストレス)が大きい」、「職務内容分類が詳細すぎて理解し難い」、等の不満が聞かれたという。定着率は、騒音が激しく手仕事の多い小径管工場が最も悪かった。賃金の構成は、職務給二五%、基本給五〇%、能率給二〇%、諸手当五%の割で、この比率には将来も格段の変化はあるまいと予想された。職階制が根強くて、配置転換も自由ではないため、職務給部分を大きくすることに賛成する管理者は多くなかったのである。

五　I　鉄　工(工作機械・エンジン・鋳物・印刷機・産業機械の製造販売)

すでに触れた量産型機械(第二節)や装置産業(第三〜四節)の例とは異なり、I鉄工の著しい特徴は、工作機械を中心とする多品種少量生産メーカーである点にあった。一九六九年三月末で、従業員数は一五五七名(本社、研究部、営業所等の三二名を含む)、投下資本は約二二億円であったから、代表的な中堅企業だったといってよい。

製造品目のうち、同社に最も特徴的なのが数値制御(NC; numerical control)装置つきの自動旋盤で、もともと同社では一九五七年から製作していたものだが(発表は一九五九年)、労働不足のためもあって漸く一九六六年後半から注目され始めた。NC旋盤を使用すれば、多品種少量生産を経済的にこなせるという利点がある。最低でも一台一〇〇〇万円、附属装備付きで一五〇〇万円はかかった(一九七〇年八月当時)が、中小企業からの引合いも多かった。

多品種の財を生産するのは、もともと景気変動の波に対抗するためであったが、現実は期待通りには推移しなかった。調査当時、工作機械は売り上げ全体の三分の二を占めていたが、月産二〜三台の機種もあれば、同六〇台におよぶ輸出用旋盤もあった。管理者のなかには、二〇〇〇人程度の企業規模ならばむしろ一企業一品種にしぼり、その代り多方面と貿易取引をくりひろげるのが理想的と思うと述懐された方もあった。

調査当時、NC工作機を造るには熟練労働力が必須とされた。一般に、工作機械の製造では省力化が比較的困難である。NC機械を使う場合も、良いプログラムがなければ使いこなせない。その代りに、中間レヴェルの技能者が不要になって、品質のムラが解消し、ベテランと一般作業員とが(一対三程度の割合で)働くことになるだろう。たしかに、必要技能の水準は平均的に単純化の傾向にあるが、その一方では高水準の要求もますます重要となり、多能工化が必要となる面もあるとの意見が開陳された。

このような予想にもとづき、I鉄工の事業所のうちには、グループ技術(group technology)なるものを提唱しているところがあった。すなわち、工程の種類毎に各種の工作機械(旋盤・フライス盤・研磨盤等々)を一セットにしてまとめ、従業員には多能工化を要請する。(この思想は、その後登場したマシニング・センターのそれと共通するものがあるといえよう。)こうして、従来単独熟練作業にのみかかわっていた人びとにも、全体的な見通しと成果意識とを持つことが必要となった。ただし、大型の工作機械を製作する場合には、きわめて少量の注文生産のためもあって、依然として「腕」に頼る部分が多かった。例えば、大物工場のヘッド・スクラッピングは、約一〇年の訓練を要する熟練作業で、棒芯となるには一七〜一八年を必要としたのである。「生産技術課」が担当する整備保全でも、ベテランの熟練工が必要だった。特殊な技術工程や修理・組立等、傍系の子会社(四〇ないし一〇〇名程度の従業員規模)が請負う作業もあった。(1)

なお、職務分析にもとづく職務分掌の作成や実績評定を実施しているのはもちろんだが、ここでも給与体系との結びつきはほとんどない。

さて、I鉄工には、技能研修所(職業訓練法に定める認定高等職業訓練校)が付設されていた。同社では、かつて高小卒業者以上を対象とする従業員訓練所を設け(一九三八年)、一九四〇年からはこれを青年学校に改組していたが、一九四八年に(旧)青年学校令が廃止されたので、一九五一年からは、中卒者を対象とする職業訓練所を開いた。一カ年の養成訓練であった。

調査当時の研修所は一九六七年に開設されたもので、新規採用の作業系全社員のうち、工業高校卒業者(またはこれに準ずる者)と中卒以上で公共職業訓練校を卒業した者とを対象に、基礎訓練を施すのが目的だった。この方針は独特で、I鉄工が技能を重んじていたことがよく表われている。訓練職種は機械、組立、電気、その他(設計等)の四種類とし、人員は七五名、研修期間は一カ年である。訓練内容は、学科八一〇時間(うち専門学科五六〇時間)、実技九七〇時間(うち応用実技四一五時間)で、(2)会社給与規則により給与が支給されるほか、教材、作業服、安全靴が無償で供与され、会社就業規則の適用を受けるとともに、一般従業員並みに福利・厚生施設の利用が認められた。

一九六七〜六九年度(三年間)の研修所修了者は機械七一名、組立七一名、電気一三名、その他(設計)一名、合計一

五六名であったが、この間に技能五輪競技に参加した研修生数は九四名で、そのうち合格者七三名という好成績をあげた。定着率もきわめて良かった。臨時工を(新聞広告等を通じて)採用することもあったが、三カ月後に試験を経て本採用になる道が開かれていた。

I鉄工では、将来の技術の動向について確たる発言は聞かれなかった。「一〇年先はどうなるかわからない」(技師長)というのが正直なところだったらしい。調査時点では、再訓練や成人訓練には手をつけていなかった。

六　N鋼業K工場(切削工具の製造販売)

K工場は、各種の「バイト」および工具を製作し、調査当時(一九七〇年)従業員数約二〇〇名であった。N鋼業全体では、砂鉄から鋳物・鍛鋼品・工具に至るまでの一貫生産に従事しており、資本金一〇億円、総従業員数は三〇〇〇名に達したから、これを単なる中堅企業と呼ぶべきではない。会社の設立は一九三六年に遡る。

K工場の製品は、工作機関係の企業と同様、多品種少量の注文生産であって、三〇個以下を単位とするものが多く、大自動車工場の注文品でも一カ月にわずか二〜三個というものがあった。注文主の工場で機械化が進み、短期間の訓練で誰でもが工作に携わるようになるに従い、逆に工具自身の精度の向上が要求されるようになった。そこで、光学装置で、加工中の製品(バイト)を拡大して投影し、それによって精度を高めた。他方、単純繰り返しの作業も多いので、その部分には文科系大学生や女子のパートタイマーを活用したり、精度を要する多品種少量の工程ではNC設備(グラインダー、旋盤等)を使用した。光学装置の導入のおかげで、以前には二〜三年の訓練を要した精密研削が、高卒者でも一週間の訓練ですむように変り、全般に、一九七一年までは三カ年かかった習熟期間が三カ月から一カ月半程度に短縮した。かつては、全く新しい作業にぶつかった場合には先任者の指導を仰ぐのが慣例だったが、いまやこれも、一年程度の経験を経た者なら新任者でも安心して任せられる、という。もっとも新鋭設備の導入に伴い、その保全にはきわめて手数がかかるようになったので、その修理は製造元に依頼する方針に切り換えた。その結果として、専任の保全工は少なくなった。

K工場の新規採用者のうち、現業員は工業高校卒業者、技術関係は大学卒業者だった。高卒者には九州出身の者が多く、希望する者は全員社宅に収容した。一九七一年七月現在の初任給は四万ないし五万円で、各職場を一巡して実習した後、採用後三カ月位で職場を固定する。焼入れ等の熟練職には作業条件の悪い所もあるので、その場合には管理に注意を払うとともに特殊作業手当を支給していた。将来はNC機の群管理体制を実現したいが、機械の構造上、NCでは扱えない部分もまだかなりあるため、依然三年程度の習熟を要する熟練職工も必要と考えられた。

いずれにしても、製品の独自性と技術とを売物としている以上、設備の半数以上をNC機で埋めるようになっては企業として衰退するだろうというのが同社K工場で面接した技術者の意見であった。

七　T　R　社(合成繊維樹脂・ナイロン等混紡糸・混紡織物の製造)

滋賀県下におけるTR社の二事業所は、合計して約六八〇〇名の従業者を擁する大工場だが、同県はTR社発祥の地であるため、同社の技術専門学校や技能訓練所が併設されていた。同社は、高度成長下の生産合理化とレーヨン糸事業の収束とに伴い、転換教育、レベルアップ教育、および多能工化教育を精力的に進めた点に特色がある。図4-3は、一九七〇年一月現在の同社の職制模型と技術・技能関係の訓練体系とを抜粋したものである。いま同図に即して説明を加えよう。

まず新入女子社員だが、このクラスは中卒者(一五〇名程度)を対象とし、一カ月の導入教育の後、半数の有志は県

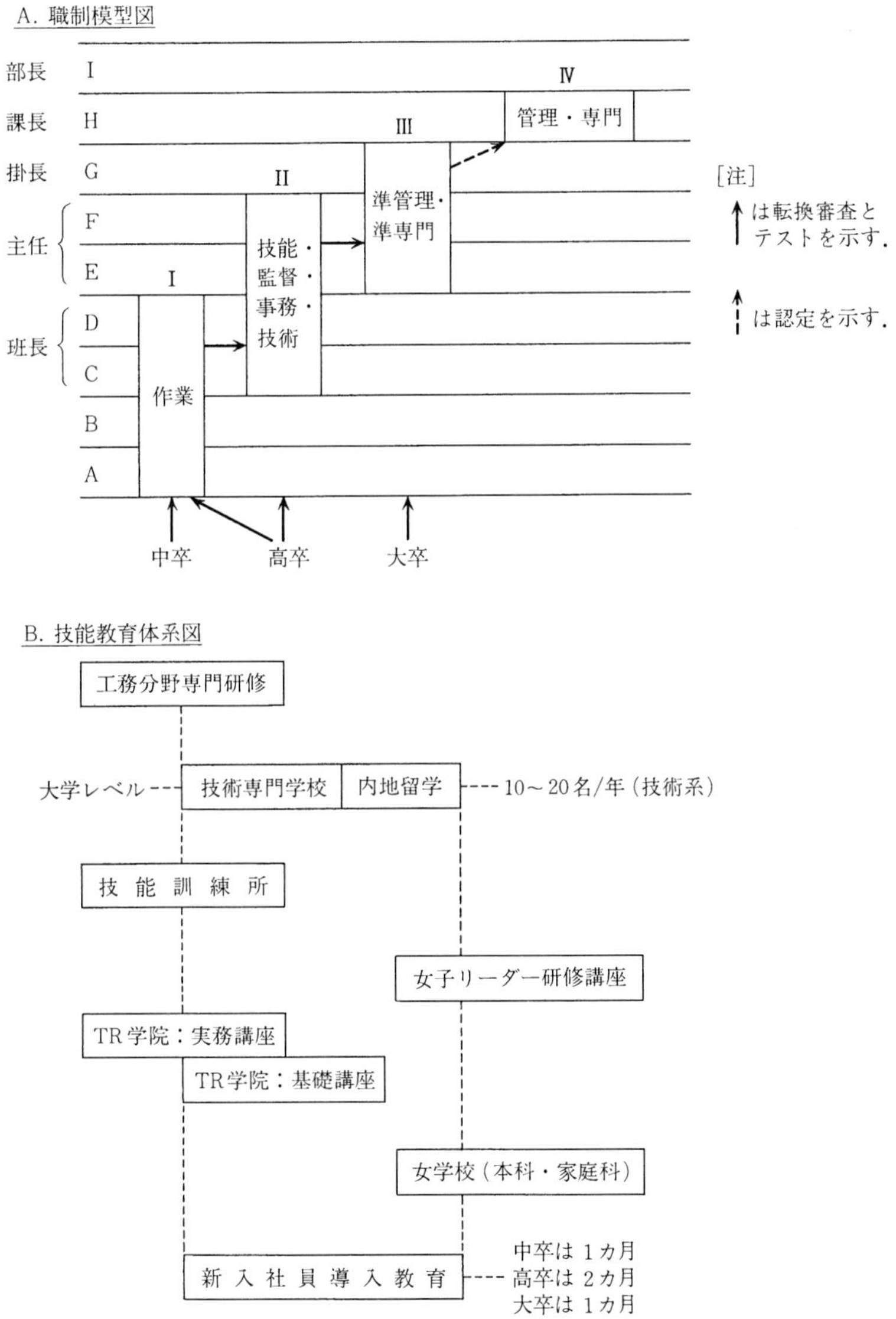

図 4-3　TR 社における技能教育体系(1970 年 1 月現在)

立定時制高校に進学、残りの者は附属女学校において一ヵ年間教養科目と体育とを受講、さらに家庭科へと進む。女子リーダー研修は、組長等を対象としたもので、時間外にこれを行う。調査当時、作業職掌では女子が二五%を占め、その平均勤続年数は五〜六年であった。さし当って新卒者の採用は困難でなかったが、いずれは主婦のパートタイマーを利用することも考えられるとのことであった。一方、高卒者の男子社員は、採用後二ヵ月間のオリエンテーションを受け、その後三年間は無職掌のままに置かれたあと、IとⅡとにふるい分けがなされた(同図パネルAを参照)。また大学卒の技術系社員は、一ヵ月間の導入教育後、職場内訓練(OJT)のスケジュールを作らせ、六〜七年間で一人前の技術者になるように指導していた。

もともと青年学校を発祥の母胎とするTR学院の基礎講座は、高校程度の教育を内容とし、男子の一般作業職および班長候補者に対して課せられたものであるが、一九六〇年代後半以降のS事業所ではこれに該当する者がいなかったため実務教育に切り変え、また自由講座制に改めた。この実務講座は職掌グループIからグループⅡへの転換の準備段階ともなるものである。

かつてTR社では、レーヨン糸事業の収束に伴い、同従業員の一部を工務関係技能の職掌へ転換する教育を施す目的で、一九六二年に「技能者養成所」を設けた。同所はその所期の目標を達成した後には、各工場の工務関係技能者の水準向上をはかる教育活動に従事した。しかし一九六六年、工務部門の発足とともに、同所はいったん鎖され、改めて同部門の下に技能訓練所が発足して、工務関係中卒技能者を対象に、職長としての管理能力強化と技術水準の向上とを目指すことになった。その内容は電気科、計測科、機械科および原動科からなり、一期を六ヵ月として五〇名程度ずつを訓練するというものである。

一九六〇年代なかばにおけるこの訓練構想の狙いは、設備の整備保全・工事・電力水道等の運転管理は工務部門の技能者自らの責任に任せると同時に、大学卒クラスの技術者を企画・計画・設計方面の業務へ振り向けるという点にあった。そこで、班長級（最低三二歳、最高四七歳）の者を対象に、技能の水準だけでなく、理論の知識や関連専門職の概略についての知識を得させ、管理能力（部下監督、文書作成、口頭発表能力）を開発すべく努力したのである。（ただし計測関係のみは、技術進歩も早く、比較的若年層が適当と考えられたので、グループリーダー級を対象とし、熟練工教育が実施された。）その結果、受講した者の勤労意欲や態度には明らかに改善が認められた（中邨　一九六八、八三―八八頁を参照）。こうしてレベル・アップ教育は、一九六九年末（第六期）には所期の目標を達成したものとして打ち切られ、代って同年一二月からは、多能工化教育が始められることとなった。

技能訓練所が実施した多能工化の教育は、要員の合理化と人材の有効活用をはかり、併せて作業能率の向上による労務費の低減を目的としたものであった。そのために、レベル・アップの時と同一の四学科について、各一〇〜二〇名ずつ、二カ月間にわたって教育を施したのである（ただし、計測科は、電気系出身者が三カ月、その他出身者が三・五カ月）。多能工教育の基本方法は、訓練所で基礎知識を集合教育した後、職場内で（ＯＪＴで）これを完成するところにあり、また異職種間では交叉訓練を実施した。この試みは、ＴＲ社の技能労働需要量が小規模化する傾向にあったこと、それに伴い平均年齢が上昇傾向にあり（男子平均年齢三六歳）、しかも定年が六〇歳に延長したという事情に対処せんとする意図を秘めていた。ただし訓練修了者には、人事考課時に評価を考慮する程度で、特別な資格は与えなかった。なお、職場によっては、ＲＥＰ（refreshment program）学習会とか算術学習会とかを組織した所もあったが、これらも精神的な若返り療法を狙ったものに他ならない。

さて、訓練所の上方に位した技術専門学校は、大学程度の知識技能を与えることを目的とし、一九六二年に各種学校として始められたもので、化学科（定員三〇名程度）、繊維工学科（同一五名）、機械工学科（二〇名）、電気工学科

（一五名）、および管理工学科（一五名）から構成された。ＴＲ社の全国各工場から、職掌グループⅡ中の資格者が受験し（競争率六～七倍）、一ヵ年間全日制（週四五時間）の修業を受けるもので、全寮制だった。参加者は、卒業後八ヵ月以内に研究報告書を提出しなくてはならない。なお、同校では実地教育には重点がなかったので、工務関係者だけは、卒業後、技能中心の訓練を受けるために、機械（設計・製図）原動、電気、計測、化学工学の各科毎に、専門メーカーのもとで一年間研修し、自己のテーマに従って研究をまとめる建前であった。これを、工務分野専門研修と呼んでいた。

八　Ｆ社Ａ工場（電子計算機周辺装置・無線装置・放送装置・電子管等の製作）

Ｆ社Ａ工場は、一九七〇年当時約二七〇〇名の従業員規模であった。戦前から織機、航空機、精密機械等を手がけ、通信機器のほかに、コンピューター周辺装置を製作するために必要な機械工作技術を保有していた。図４－４は、この工場における技能系社員の教育訓練体系を示したものである。

中卒者のうち約半分を占める男子は、三日位の導入教育を受けてから機械工に配属され、女子は入社後直ちに組立・配線職場へ入って、それぞれが職場内訓練（ＯＪＴ）を受けた。この規模の工場として一風変っているのは、一九六九年頃から、中学卒で公共職業訓練を修了した者を相当数採用したことである。ちなみに、一九七〇年度の採用者三二二名中、現業員は二六一名だったが、その内訳は、新規学卒一三五名（うち中学卒八九名）、公共訓練修了者二三名、中途採用者一〇三名（うち未経験者七五名）であった。公共訓練修了者は、企業にとって訓練費の節減になるだけではなく、自分の専門とする職種がすでに決まっているために、仕事の内容に関する不満がなく、定着率も良いという利点があったからである。この人びとの賃金は、中卒採用者で一～二年経過した者と見合うように定められたが、

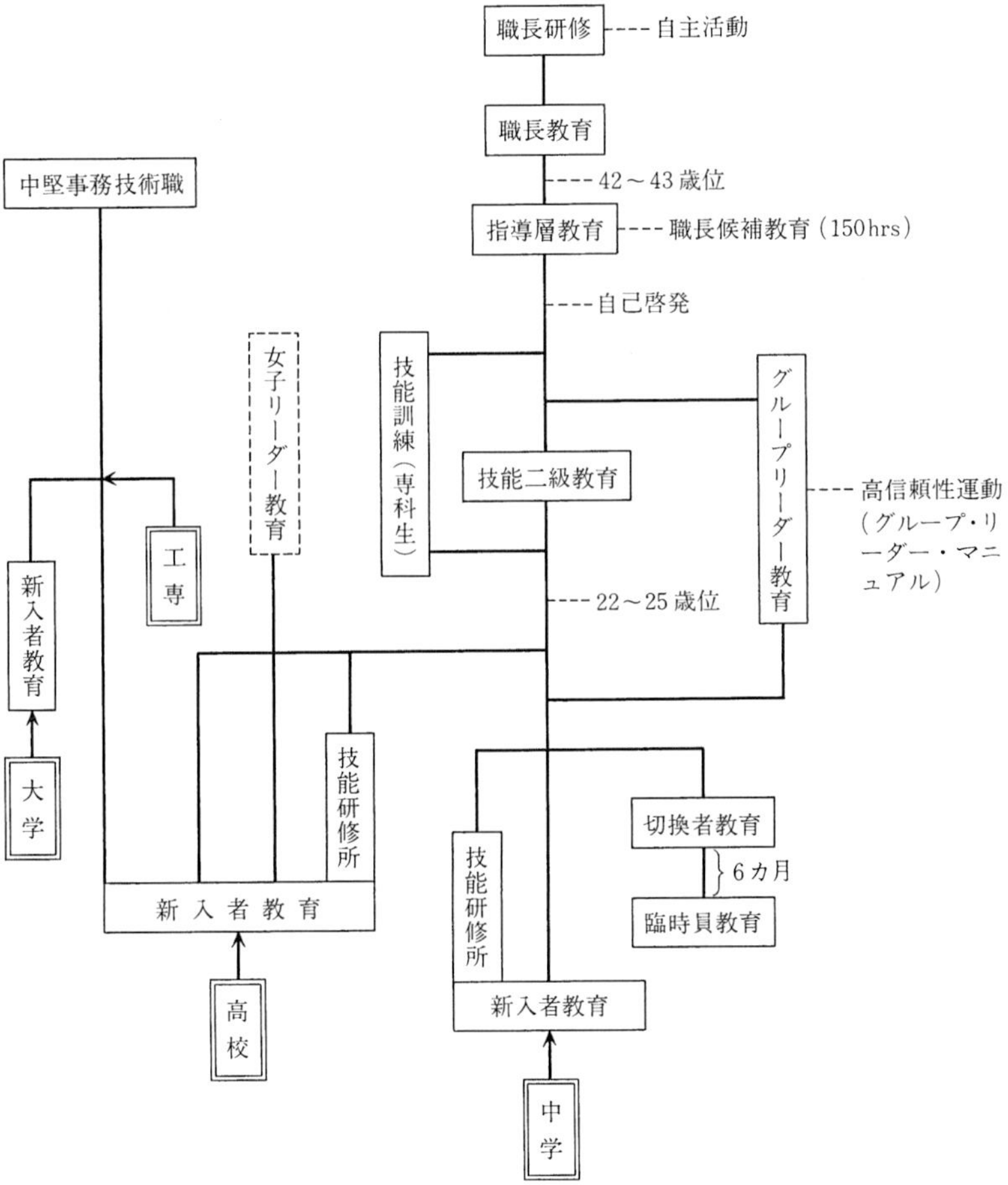

図 4-4　F社A工場における技能教育体系(1971年7月現在)

その出身地は、地元(関西地区)をはじめとして南九州各地にまで及んだ。ただし、公共訓練修了生の場合、得意としない職種に配属されるとすぐ退職してしまうという欠陥があった。また、一年課程の公共訓練修了者では旋盤職一つを習熟した程度を出なかった事実にかんがみ、二年課程生の場合には二種類の職務を確実にこなせるべく指導して貰いたいとの意見が聞かれた。なお、高卒者で公共訓練を受けた者は、人事管理上の問題が生ずるのを避けるために、技術系の職務以外には採用しない方針だった。

ＯＪＴによる技能訓練の期間は、施削・フライス・研削の場合は四カ月から一年間、ＮＣ機械加工では一カ月から一年間、部品仕上の場合には三カ月から一年間だった。一九六八年頃以降、ＮＣ機械(旋盤、フライス盤、およびボール盤の計二五台)の導入に伴い、その運転に従来の汎用機ほどは経験的習熟が要らなくなったが、刃具(バイト)の選択・取付、切削条件の決定・判断、測定法等の基礎技能の必要性は変らなかった。ＮＣ機の運転には高卒者(機械科卒)を配置し、将来の群管理システム導入の準備と基幹要員養成とを兼ねて、基本実習と実務関連知識についての教育訓練を一年間課した。ＮＣ担当者は二交替勤務であり、作業そのものが単調であるため、給与面の不満は全くないにもかかわらず定着率は良くなかった。ＮＣ装置がさらに増設された場合には、一工夫なくてはならぬところと考えられた。

以上は新卒労働力についてだが、中途採用者のうち未熟練者に対しては、機械工と仕上工とを対象に、職場外で三カ月間(全日制)の訓練を実施した。内容は学科と実技とである。

他方、在籍従業員のためには、事務職種も含めて部門別に技能検定制度(国家および社内)があり、作業意欲(モラール)向上の資として活用されていた。工業高校の機械科卒業資格のある者ならば、およそ二カ月の訓練で二級検定に合格し、その後一級検定をめざして「技能二級教育」を受けるのである。これは、定時後、二三～二五歳程度の者を対象に実技と学科とを教習するもので、学科は六〇時間からなる。一級検定に合格することは、昇格の最低条件とされ、一九七一年度の受検者は九〇名、合格率は約三〇%であった。これに並行して、基幹要員を養成する目的で、F社の他事業所とともに年間五ないし一〇名をK工場へ送り、「専科生」教育を実施していた。訓練職務は、仕上、機械、NC工作機等であった。

いったん中堅工になってからは、システム的な訓練はなく、もっぱら自己研修を重ねた。けれども、当人たちは、同時に一対一で後進の指導に当ることによって大きな刺激を受けていたに違いない。事務系・技能系を問わず、外部講習(社費)を受けるリーダー格の社員も少なくなかった。職種転換を希望する者で、職業訓練大学校の技能系(仕上・機械)通信教育を受けている者も三〇名ほどあった。(ただし、通信教育を受けたからといって職種転換が実現するとは限らなかった。)なお、技能系で特に優秀な者には、一年に一人程度の割合で、F工業専門学校において三年間、勤務のかたわらの技術者の養成教育(短大程度)を受講する特典が与えられた。

A工場の技術者の意見によれば、NC旋盤工にも技能の向上が必要である。仕事それ自体は単純化するが、技能者としての実力の培養と適切な判断力の向上とはますます求められるとのことであった。

各職場には職種内技能序列があり、その先端に立つのが技能監督職および技能専門職(ほぼ課長待遇)で、その下に熟練技能職がある(以上、「技員」資格)。これに続くのは技能職一級(検定合格者)、同二級、同三級(高卒者)、および技能職研修(中卒者)である。必要に応じて職種部門間の配属換えがあるが、熟練工になってからの転換はなかった(その意味では、多能工的訓練ではなかったことになる)。給与は職務と技能とで決まり、職種区分別人事管理体系が出来つつあるとのことであった。

九　A機械製作所(自動車前輪独立懸架装置等の製造)

今まで「大企業」における事例を見たので、次に中規模企業のケースをみよう。

A機械は、一九七一年七月現在、常用労働者が三五六名、うち現業員は二九六名である。一九四六年の創立だが、古くは川崎重工や明石自動車とも関係があった。この製作所ではTD社に収める部品を製造していたが、その材料はほとんど親会社からの有償支給であった。一九六〇年代末に親会社が合併したため、当社の作業の手順にも変化がもたらされ、工程管理は全部目で見る管理(supermarket control)になった。このとき、直接技術的恩恵をこうむったわけではなかったが、工程改善の上で助言を得たほか、親会社での実習(一カ月間)や見学によって大きな刺激を受け、間接的には品質管理の上でもいろいろ学ぶところがあった。職種は、「自動車工」として統一しているが、その中味は、具体的には機械工、組立工、プレス工、熔接工、熱処理工から構成された。しかし生産状況により適宜配置換えを行うので、各人が多能工である。事実、機械職場では工員一人が平均四台位の割で、異なった工程を受持つところが見られた(例えば、フライス、ドリル、ミーリングおよびプレス)。熱処理を含む全工程を一通りこなす一人前の技能工になるためには三ないし五年はかかるが、個々の作業は比較的簡単に習熟出来るのであるから、もし新任者が入社後四日目頃に生産目標を達成できないとすれば、指導者か設備に不備があるというふうに考えているという。また、全社員が工程を熟知する建前から、大学出の事務職員でも一年間は現場作業に従事するとりきめだった。

A機械では、一九六八年頃までは企業内に職業訓練所を持ち、多い時には二〇有余人の新入工員を教育していた。しかしこの年以後は工業高校卒業者を採用することにしたので、三日から七日の導入教育(安全教育、就業規則、組織、品質管理、しつけ等)がすむと、その後はOJTで訓練した。なお、職制に推薦され、そのうえで簡単なテスト

(英・国・数)に合格した者は、一年間社費で兵庫県営の高等技術研修所へ派遣され(科学技術センター主催、日に三〜四時間の定時制)、ここを卒業すると技術員に配属された(一九七〇年現在の技術員は二八名)。保全工の現員は二〇余名であったが、各職場には改善班があって、仕事場における修繕改良のよろず屋的働きをしていた。また、組立職場には女性の姿も見られ、パートタイマーも雇用されていた。

A製作所は、比較的早い時期から高卒者採用に踏み切ったわけであるが、一九七〇年前後からは高卒者も採用が困難になりつつあり、定着率もあまり良くない。もっとも、定着率の悪さは、多かれ少なかれ自動車工に共通する現象だった。「自動車」のイメージと工場の現実との差が大きかったからであろう。同所の経営陣は、三年以内には短大や工専卒が作業職につく時代がくるだろうと予測し、その意味もあって、従来から職員・工員の区別を設けなかった。ちなみに、現場の職制のうち、工長は課長と等格である。賃金体系は全員日給月給制で、基本日給が個人毎に決められ、それを基にして本給が決定された。また、一九七一年には、一億余円を投じて省力化のための設備投資を実施中であった。

一〇　A 工 作 所(各種工作機械製品の製造)

この会社は、一九七一年現在、資本金二〇〇〇万円、従業員数一四八名(うち現業員八八名)という比較的小型の企業だが、優れた技術を基礎として、多品種少量生産を行っている点で独自のものがあった。製品は、ガラス産業用製造機械が五割を占め、その他に省力用機械、窯業用機械を製作している。個人企業として創業されたのは一九一三年、主力納品先である某ガラス会社の協力工場となったのは一九一六年、会社組織に改めA工作所と名乗ったのは一九三五年である。新しい開発にも多く従事していたが、設計から完成まで一貫主義で、技術的には困難が多いが、営業政策的にはやり易いという面もあった。

この企業では一九六五年頃までは中卒者を採用したが、訓練後に退職する者が多かったため、その後中卒の者は縁故に限って採ることにした。一九七一年七月現在、NCフライス盤、三台の数値制御工作機が備え付けてあり、三台を五人で運転していた。保全作業の必要上、工数は約五%上昇したという。これらの導入に伴い、工具使用技能(一〜三カ月で習熟)と保全技能(電気油圧装置、加工技術知識。一〜三カ月の導入)とが特に重視されるようになった。ただし、工員をNC機械に定着すると技能が低下するので、NCの担当者は六カ月毎に配属換えをした。

技術補助者には工業高校卒業者を求めているが(一九六九、一九七〇年度各二人を採用)、これらの人びとには特に社内訓練は行わず、一年以上勤務後、県の科学技術センターへ社費で派遣して生産技術と設計を習わせているということだった。一般工員の採用にあたっては、新卒者がごく僅かで、ほとんどがすでに熟練のある中途採用者であるから、集合訓練の必要は全く無い。例えば、一九七〇年の新規採用は一三名で、うち一二名が中途採用者だったが、そのなかで定着したものは一二名(うち中途採用者一一名)であった。

なお、同社の給与水準は比較的高く、地元工業地帯での人集めは未だ十分可能と考えられた。給与は成績給と勤続給とから成り、前者の比率は四分の三ほどであった。

A工作所の仕事は、作業者にとっては面白い性格のものだという。しかし調査当時、従業員の平均年齢が三七歳で、近い将来には、中高年齢者に対する再開発訓練をする必要もあるだろうと思われた。ちなみに、旋盤工のトップは、一九七一年現在四五歳で、同所入社前に「徒弟制」によって育成されたという。他に、四七歳の工員で同程度の経験を経た人があった。(3) しかし、「今後は、A工作所は設備依存的で高度の技術による製品に集中するようになり、工芸的技能を要する修理・加工は外注する方向に向かうだろう」というのが、同所生産部長の見解であった。(4)

一一　K精工（鉄道車輌用機器・産業機械用機器・船舶用機器の製造）

K精工は、社内に認定高等職業訓練校を有する点で、次節のIタイルと同様に独特な存在だった。創業は一九一三年であるが、当時すでに鉄道省指定工場であった。一九七一年六月現在、払込資本金八〇〇〇万円、従業員二八〇名（うち作業員一九六名）である。女子従業員は約三〇名だが、そのほとんどが事務職員だった。昔は蒸気機関車部品を製造していたが、第二次大戦後はディーゼルカー用逆転機、減速機、パンタグラフ、速度計等を初めとして、トランスミッション、油圧シリンダー、オイルモーター、自動調整弁等、大小さまざまの機器の多種少量生産に従事してきた。数値制御工作機は導入を計画中だったが、一九七一年現在では未だ使用していない。

K精工の著しい特徴として、他に姉妹企業が六社あり、いずれも同一社長の指揮下にあって、その総払込み資本金は一〇〇〇億円、従業員数が約一二〇〇名におよんでいたことをあげねばならない。さらに、七社合同の技術研究所と、集中購買をその機能とする購買センターとが設けられていた。七社は、毎月一回常務会を合同で持ち、重要事項は合同で決定する。なお、K精工の組合は上部労働組合に加盟（全金）していたが、春闘などを経験したことはかつてなかった。

K精工の附属訓練校は定員五〇名、訓練期間三カ年で、機械科（機械および仕上）をその内容とする施設だった。東北地方の中学校卒業者を対象とし、在校生には初任給（一九七一年度）月三万二〇〇〇円が支給された[5]。同校は、社外のK技術学園高校と提携していたので、学費二五〇〇円（月額）を会社より得て同校で修学し、四カ年で工業高等学校卒業の資格を得ることも出来た。訓練生は学科と共に実習に携わったが、後者に関しては、初め三カ月の基礎実習を経た後、次第に現場へ出て実際の作業に参加したのである。訓練指導のためには、製造部長の下に専任の教師二名と、指導員の免許をもつ現業従業者一七名とが活躍していた。

全般に中学卒の採用が難しくなった時期のことであるから、新入工員を中卒者にかぎるとするというのはいささか時代逆行的だったが、工業高校の卒業生は企業の立場からすると使い難いので、できるかぎりは中学卒中心で進みたいという経営方針であった。察するところ、工業高校の卒業者はそれなりの自信があって企業の希望する通りには育成し難く、また批判力も強い等の特質があったものであろう。企業内訓練校は、この方針のもとでできるだけ良質の新卒労働力を集めるために、企業として重要不可欠な工夫だったのである。もちろん、学校卒業の資格をとるために訓練校を利用した者もあったことは争えない。事実、訓練生の定着率は一九六九年頃より低下しており、一九七一年現在では、訓練校修了後一年間にその約一割が退社すると予想された。訓練校修了者は三年勤務後にそれぞれの職種が決められたが、生産状況によっては随時配置転換が実行された。高校卒業以上の学歴の者は、すべて技術系ないし事務系にまわり、現場には留まらない。ちなみに、大学卒業者を採用した場合にも、一年間は現場実習が課せられた。

なお、中堅幹部のうち成績優秀の者には毎年一〇余名ずつ海外工場見学等(三～四週)の機会が与えられていたから、訓練生をはじめとする従業員には一つの励みになっていたことであろう。

従業員の定年は、調査当時五五歳であったが、退職金支払後、再雇用される場合は珍しくなかった。

一九七〇年代の同社の教育方針を訊ねたところ、省力化と多能工化とにあるとの答が返ってきた。名人芸としての熟練は不要になり、各人が自分の専門職種を持つと同時に、複数個の作業をこなせることが期待される、というのだった。

一二　I　タイル(タイル工事施工)

最後に、製造工業からは外れるが、Iタイルの例をあげよう。この企業にも、K精工と同じように、約九〇名を定員とする事業内職業訓練所があり、一九六九年末における在校生数は、訓練生四一名、研修生一六名であった(表4-5)。訓練生(中卒者)は三カ年間、週三日の学科訓練(一八時〜二一時)と昼間の実習とを受けた。実務の講師は所長のほか四名で、他にスタッフとして一二名の指導員補を抱えていた。一九六九年現在における訓練生の待遇は月額一万二〇〇〇円(一年生)であるが、修了後二年間実技研修を経て二級技能士の検定に合格すれば、月給六万ないし一二万円が得られたという。(6) 二級合格後実務を五年経験すると一級技能検定受験の資格が与えられた。五年から七年かけなければ熟練工になれないといわれるタイル工事業で、制度的訓練の途を開いた点は大いに注目せねばならない。もっとも、訓練生の中には、高校へ進学出来なかったのを、ひけ目に感ずる者もあると言うことであった。

一三　企業内教育の費用

ところで、企業内教育・訓練の費用はどの程度のものであろうか。この問いに対する答は、企業自身によっても用意されていない。データが得られる場合でも、きわめて不十分なものにすぎない。例えばわれわれが取り上げたT工業の資料をみると、直接経費としては決して多額を投じたとはみえない(表4-3)。けれども、すでに紹介したように、同社の社員教育はOJTを巧みに組み合せた体系で構成されており、実際の作業の中で訓練のために失われた時間や材料費が加算されなければ意味がない。それ等を合算すれば、総訓練費用は恐らく年間数億円にもおよんだだろうと思われる。また、F社A工場の場合でも、直接訓練費は年間一四〇〇〜一五〇〇万円程度(一九七一年現在)であったが、訓練費用の総額はそれを求める方が無理だということであった。(7)

表 4-3　T 工業における教育関係費用概算*

(1969 年度)

	項　　　目	5〜10 月 延費用 (万円)	同左 1 カ月当り (万円)
会社負担分	事務・技術中堅クラス以上	170	28.3
	同上合宿研修(外部講師)	240	40.0
	管理・技術系講演会等	60	10.0
	技能検定受験費用	160	26.7
	指導者手当	—	約 60.0
個人負担分	中堅クラス以上通信教育	—	25.0
	社外通信教育	—	54.2
	社内通信講座・勉強会	—	12.5

(注)　＊　全社対象．計上されたもののみであるから，他に労働時間換算分を考慮しなくてはならない．なお，1969 年 6 月現在の常用雇用者総数は 28,598 人であった．

表 4-4　M 学院の経費明細*(1967 年度)

項　　目	費用(千円)	備　　考
(A)　職員人件費	117,267	教員 71，職員 22 名
(B)　直接経費	72,024	
(C)　固定経費	25,884	
(D)　固定資産費用	187,915	
合　　計	403,090	
生徒 1 人当り費用		386 名在校
A ＋ B	490	
A＋B＋C＋D	1,044	
同上，1 カ月当り		
A ＋ B	41	
A＋B＋C＋D	87	

(注)　＊　M 学院は，学校教育法による各種学校，3 年制，総教育時間 6,480 時間．

表4-5　私立I訓練校の経費明細*(1969年4〜10月)

項目	1カ月平均(千円)	収容訓練生1人1カ月当り平均(千円)	説明
工事収入	7,435	130	作業収入
経費総額	3,136	55	訓練生57名
内 支払手間代	1,310	23	訓練生へ支払
内 厚生福利費	224	4	食事代等補助
内 法定福利費	71	1	社会保険費等
内 訓練費	970	17	講師謝礼その他
内 給料	266	5	栄養士・看護婦等
内 訓練材料費	295	5	作業材料費
粗収益	4,299	75	—

(注)　*　私立I職業訓練校は，県公認事業内職業訓練所である．記載の他に，職業訓練法により年間訓練生1人当り8,000円の国家補助金が訓練主体に支払われる．
(資料)　I職業訓練校資料による．

訓練と密接に関係した経費明細が多少でもわかるのは、附属訓練施設が独立して存在するときである。(もっとも、この場合の訓練費は、附属訓練施設がなかったときに必要とされる従業員募集費を一部代替しているといえるかもしれない。) 例えば、事例にはとりあげなかったM学院とTY工業との二例をあげると次のごとくである。まず、M学院は、学校教育法による充実した工業高校課程を実施している例であるが、一九六七年度におけるその経費は生徒一人一カ月当り約九万円だったという(表4-4)。他方TY工業は中卒者を対象とするTY技能者養成所を持ち、K技術学園高校とのとりきめによって、養成工は全員高卒資格を取得することが出来た。後者の修業年限は三年で(旧基準)、一九七一年頭では在籍訓練生一一六三名、従業員総数三万六七〇〇名(うち女子一七九〇名)を擁していたが、一人当り教育費用は年間二六万円(減価償却費別)かかったという。ちなみに、従業員の平均年齢は二七歳であった。

いま、概算で従業員一人当り年間労働費用を一〇〇万円とおさえ、また上述の訓練生に平均一人当り毎月二万五〇〇〇円が支払われるものと仮定しよう。訓練生も多少は生産に寄与したはずだがそれを無視するとすれば、同工業における技能養成所関係の教育訓練費用は、総労働費用(訓練費こみ)の約一・七四%を占めたことになる。同社の教育活動はこれ以外にも種々あったから、実際の負担比率はこれより大きかったであろう。既述のIタイルにおける訓練校の場合は、表4-5に示すように、訓練生の実習活動が生産活動に有機的に組み込まれ、訓練生一人当り約七万五〇〇〇円の粗収益があがっていることが注目される。

もう少し一般的に訓練費用の大いさを検討するため、一九六八年度の労働省『労働費用調査』を見ると、常用労働者一人当り一カ月総費用(五万八五五〇円)のうち、給与が五万四四〇円、教育訓練費は一七四円であった。いま、事業内訓練における労働時間損失は一切考えないこととし、訓練期間中の賃金部分のみを訓練費に合算することにしよう。他方、同省の『昭和四四年度雇用管理調査報告』第五表によると、企業の年間訓練日数は一週間未満のものが大多数だったから、仮に年間訓練総日数が〇ないし七日だったとして計算すると次の結果が得られる。

従業員一人当り訓練日数(年間通算、日)	労働費用中の教育訓練費の割合(%)
七	二・三一
六	二・〇二
五	一・七三
四	一・四五
三	一・一六
二	〇・八七
一	〇・五八
〇	〇・三一

この値は決して大きなものとはいえないが、英国製造業における訓練税の賦課基準が多くは賃金総額の〇・二から一・五%程度で、最高率の機械工業でも二・五%だったことを考え合わせるならば(労働省職業訓練局 一九六九b、三一—

七五頁)、ほぼ許容し得る範囲内にあるとはいえるであろう。

一四　総　括

技術革新が与える職業訓練への影響には不明の点が多い。産業別の予想にもとづいて、技能労働力の質的構成の変化を推測した試みもあるが、その結果は必ずしも明瞭でない。機械化が進めば単純労働が多くなるというのは古くから言われることだが、事態はそれ程簡単ではない。過去になかった技術体系の導入は、一方では新しい習熟の必要を生むから、単純化とは反対の動きも存在する。しかも、技術や知識の変化とともに、もともとあいまいな「熟練」という語のもつ内容も変貌をとげると考えられよう。例えば数値制御の導入は、かつて長期の訓練を必要とした機械工作技術を監視労働に変えてしまったが、その反面、設備の管理・改善・設計のためには、以前よりもより高度の基礎知識が要求されるに至った。さらに、現場作業員は、同時に複数個の工程に通じていることが求められ、多能工化の現象が進んだ。さらに、多能工のある者は、やがて「群管理」によって置換えられる動きが見られた。これは、複数個の関連工程を集中制御することによって統一的な生産管理を行う方法である。高度の「熟練」を要するといわれる機械保全工についても、企業のあるものはこれをもっぱら外注に頼る方向が生まれたし、機種によっては、故障の修理は部品交換ですむようになった。こうして、多品種少量生産を特色とし、「熟練技能」に特徴を有した機械工作の分野でも、名人芸や、「腕」としての技能の時代は過去のものとなり、基礎訓練さえ受ければ誰でも比較的簡単に作業出来るようになってきた。紡績工場のように、無人運転が普及した産業分野もある。「能率が上らなければ管理者の責任」といわれるのはそのためである。

もっとも、「熟練」がまったくすたれるかどうかは、必ずしも明らかではない。「熟練」の定義にもよるし、産業ごとの事情も異なる。例えば一九七〇年の時点で五年から一〇年先を予想した業界の聴き取り調査によれば、熟練技能と単純技能との相対的構成は減少して五対五になるとする機械工業(調査当時七対三)や、一対九ないし二対八になる電機製造業(調査当時四対六ないし三対七)もあれば、逆に上昇して九・五対〇・五におよぶとする造船業や、少なくとも五対五だろうとする軽金属圧延(調査当時三対七)もあった(労働省職業訓練局 一九七〇。なお、技術変革の影響を職業毎に叙述した試みとして、職業研究所 一九七〇)。しかし、いずれにもせよ、技術変化が進めば、人びとは次第に手作業から開放され、開発や管理・設計等に相対的に多く配属される傾向はあるだろう。

このような事態に対応して、職業訓練の体系は、多様化と総合化とを同時に内包したものになるべきであろう。単独の技能にのみ習熟するのではなく、応用力と創造的判断力とをつけるために、幅の広い基礎訓練を実施すると共に、継続した訓練の努力を投ずる必要が増大したのである。

一例をあげよう。成瀬政男らの実験的計測によれば、技能度(Z)は、基礎技能力(X)と科学・技術の学習効果(Y)との和からなる。したがって、単能工的な技能(いわゆる「腕」)の向上だけならば、一定時間の習熟を積めばよく、しかも年齢が小さい時に始めるほどよい。ただ、Xの水準には一定の飽和点があり、単位時間当りの学習効果は、時間と共に次第に小さくなる。ところがYの要素を導入すれば、総合技能Zの高さは上方に移動し、Xの飽和点の壁を打破することが出来る。もちろん、この場合、高度の教育訓練のためにより長い時間の投入が要せられるから、「腕」の点だけを比較すれば、幼年時から技能を磨いた人びとには追いつけない。けれども、新しい技術体系の導入を前提として考えれば、結果的には、応用力に富むYを持った人の方が、より高いZに達することが出来る。ただし、Yが効果を発揮するためには基礎技能が前提となるから、XとYとは完全な代替関係にあるわけではない。このことを言い換えれば、例えば次のようになる。普通の旋盤技能ならば、小学校卒の熟練者が最も優れている。しかしＮＣその他の新しい体系を用いて学問を投入すれば、旧来の技能水準を追い抜くことが出来る。ただし、基礎技能がなければ学問を投入しても効果はあがらない(8)(古賀 一九六六、一九六七ａｂ。成瀬［一九七〇］、一九七三)。

成瀬実験の結果によれば、われわれは、比較的少年時から基礎技能に親しむとともに、早くから特定の狭い技術体系に入りこむのでなく、むしろ幅広い応用力と創造性を養うことが必要である。さらに、われわれは継続して訓練を受け、たえず学び続けるのが望ましい、ということになる。高度産業社会における職業訓練の方向はここに示されているのではあるまいか。

(1) ちなみに、一九七〇年頃の米国では、中小企業でも技術水準が高く、大物作業の熱処理や金型製作(die casting)なども外注されることが多かったという。

(2) ただし、工業高校卒業者については、訓練期間は同じであるが、時間配分が逆で学科五八〇時間(うち専門学科三三〇時間)、実技一二〇〇時間(うち応用実技六四五時間)となっている。これは、工業高校卒業者が相対的に実技に弱点を持つためで、同様の指摘はかなり一般的である。例えば既述のＮ製鉄でも、工業高校卒業生は実力の割には自信がありすぎ、むしろ普通高校卒業生の方が使い良いとの感想が聞かれた。

(3) 当事者の感想によると、いわゆる「徒弟制度」的な修業方法が終ったのは戦争直後だろうということである。

(4) ただし、当時のＮＣ機ではまだ経費がかかり過ぎた。また、外注品は三割程度手直しを要するものがあり、技術水準の上昇が期待された。なお、外注先の企業の従業員規模は三～一六人程度で、加工請負だけでも大小約三〇社との取引きがあった。

(5) ただし、この額は寮生の場合で、通勤ならば三万円だった。通勤者には最高月額三六〇〇円まで交通費が支給され、寮生は食費月額六六〇〇円(ただし、うち二〇〇〇円を補助)を負担した。なお、女子従業員には茶華道教習費月額一二〇〇円の補助金が出た。

(6) 二年生の給与は一万七五〇〇円、三年生は二万二五〇〇円、終了後一年目(研修生)は三万円(いずれも一九六九年度)であった。

(7) 清水(一九六三)の実態調査(石川島造船)でも、訓練費用の測定は放棄されている。一九七〇年における日本熔接協会の造船業に関するアンケート調査でも、新人一人当り年間教育費の回答は種々様々であって(一〇万円から一八〇万円まで)、「相当の額であることは間違いない」という程度にしか分かっていない(日本熔接協会造船部会熔接施工委員会 一九七〇参照)。

(8) 産業心理学の立場からも、高度産業化社会にあっては、職業訓練の成果は知能の高低と正の相関があること、生産工程職の場合でも、（特殊な作業の例外はあるが）生産効率に大小が出る理由は動作能力の差からよりはむしろ「頭の働かせ方」の差にあること、が指摘されている（例えば、豊原（恒）一九八四、第Ⅱ章）。

第五章　石油危機直後の職業教育

一　課　題

一九七〇年代後半における日本の職業教育・訓練の実態を明らかにしようというのが本章のねらいである。

高度成長期の職業訓練をめぐって実施された調査はいくつかある。しかし、これらは企業や事業所を対象とし、訓練労働力の需要者の立場から実情を把握しようとしたものばかりだった。事業所はＯＪＴ(仕事に就きながらの訓練、on-the-job training)を中心として職業訓練を施すだけではなく、自ら進んで事業内訓練制度を組織していたところもあり、訓練の実態とその必要性とを最も熟知している部署であるから、ここに調査の重点がおかれたのは自然の成行きであったろう。だがその反面、働く人自身の訓練に対する意識や、教育訓練施設、とりわけ専修・各種学校のありようは意外と知られていなかった。さらに、これらの調査では、その対象分野が主として製造業と建築業とに限られており、サービス産業については調査が著しく立ち遅れていた。

以上のような事情にかんがみ、一九七九年七月に労働省職業訓練局訓練政策課(当時)では、訓練ニーズの実態を探る目的で都合六種類の質問票調査を実施した(1)。名づけて、「職業能力の開発向上に関する調査」という。ここで訓練ニーズとは、職業教育を受ける人たちがもっている、訓練の種類(メニュー)、量、内容などに対する注文(需要)のことである。企業側の訓練需要と区別するため、あえて片仮名の交った用語を使うことにする。以下では、この調査結果を利用して、調査実施当時の職業訓練の実態を明らかにしたい。

調査結果の内容を紹介するに先立ち、まず本章の分析視角を説明しよう。これはまだ作業仮説にすぎないが、調査の結果を統一的に整理するためには、何らかの視点に立つことがどうしても必要だからである。

二　勤労者訓練ニーズの形成と変化

職業教育訓練ニーズ(N)を基本的に規定するのは、自己の生涯設計構想にもとづく職業能力の達成目標ないし意欲の高さ(アスピレーション、A^*)である。ここでアスピレーションは、その絶対水準よりは、本人が有する現実の職業能力水準(A)の現情と照らし合せて把握されるべきものと考えられる。つまり、A^*が非常に高い人でも、高度の職業能力(A)をすでに具えている場合には、訓練ニーズ(N)はさほど大きくないであろう。逆に、A^*の絶対水準は低くても、Aが低ければNは大きいかもしれない。だから、Nの高さを決める要因は、さしあたりA^*とAの差の函数(f)として、

$$N=\begin{cases} f(A^*-A), & \text{for } A^*>A \\ 0, & \text{for } A^*\leqq A \end{cases}$$

のように表現することができよう。ここで、A^*とAとの差が正でしかし大きければ大きいほどNの値もまた大きいから当然 $f'>0$ であるが、AがA^*に近づくにしたがってNの増加率は逓減するから、おそらく $f''<0$ であろう。

それならば、A^*はどのようにして形成されるか。

少年期について考えるならば、この時期のアスピレーションは、個々人の生来の職業能力や知能(IQ)とともに、本人の置かれた環境、教育環境、さらには社会環境によって規定される。(2) これらの状況変数の総合として、本人への期待が大きいところや、自己の能力に対する自信が強い場合には、アスピレーションも高い。

しかし、一九七〇年代の日本社会では、職業に関する情報はきわめて皮相な形でしか伝達されなかった。例えば、親の職業がどのような内容をもち、どういう点に苦労がありまた喜びがあるかというようなことは、子供には必ずしも十分には伝えられなかったと考えられる。子供に日常多く接するのは母親だったが、多くの女性は主婦業に専念していたので、保有する職業情報量が少なかった。これは、職場と住居とが分離した上に、女性の就業機会が限られたサラリーマン社会の悲哀である。(3) さらに、普通教育課程担当の教師は、社会的現実とはやや疎遠なところに身を置いている関係で、若者や子供たちに対して職業の何たるかを具体的に伝達する能力に乏しかった。こうした状況では、自営業やある種の独立的職業(大工・工芸などの職人的職業など)を除けば、子供のもつ職業知識はきわめて茫漠としたものとならざるを得ない。他方、学歴は、どの職業を選択するにしても最も重要な要件だと信じられており、事実、有効な社会的シグナルとして広く通用したのであるから、少年期における職業アスピレーションの形成は、必然的に単線主義的な普通教育中心の経路を基準として形成されたに違いない。逆に、不幸にして希望する学校歴を獲得できなかったときには、アスピレーションが挫折してしまう場合もあっただろう。

このような少年達はやがて青年期に達し、職を求めて労働市場へ進出した。このうち独立自営業に進む者を除けば、大半の者は何らかの組織へ参加することによって職業生活を営んだ。初期には、自分に適した職場を求めて転職したり訓練を受けなおしたりする者も見られたが、三〇歳に近づく頃には仕事もほぼ定着して、次第に次の三種類のグループ分けが明らかであった。

(α)基幹社員ルートへ進む者、

(β)一般社員ルートへ進む者、および

(γ)職業集団から引退する者。

このうちγに該当するのは、事実上女子に限られていたとみてよい。勤労世帯における女子の労働力率は、高度成長期後徐々に増大を続けてきたが、その一方では、結婚・出産その他の事情によって労働力から引退する女性は比較的多かった。そのためもあって、一九七〇〜八〇年代における女子の職場は、男子に比して選択の幅が狭いだけでなく、昇進の道にも障害が少なくなかった。このような状況がいくつか重なりあって、女性の職業生活に対するアスピレーションには、男子のそれとは異なった(おそらくヨリ消極的な)傾向が認められたとしても不思議はない。

それはともあれ、これら新規に仕事に就いた人々の中には、就職後初めて本格的な職業的実地訓練を受けた者が多いはずである。第二次大戦後の日本の教育カリキュラムにおいては、職業教育の比重が小さく、進学率はきわめて高水準である。新規学卒者たちは、就職後即戦力となることを期待されておらず、また事実、直ちには使いものにならなかったであろう。彼等の多くは、職業生活に関する長期の見通しはもちろんのこと、職業情報一般についても迂遠のまま実生活に飛びこんだといってよい。

一方では、高度産業社会の職業活動は他人との協業を必要とするものがほとんどで、したがって何らかの組織を媒体としないではその遂行が困難である。事務職についてはこれはもとより当然であるが、生産工程職についても集団作業化と半熟練化の傾向が強い。機械工業においても装置産業的特徴が強化されて、かつて栄えた独立自営の職人的色彩は影をひそめてしまった。この結果、職業教育における事業内実地訓練(ＯＪＴ)の重要性はますます増大したといってよい。この傾向は、工業化を果たした国々の間で一般的に認められるが、日本では(米国やドイツなどと比べて)ヨリ顕著だったかもしれない。

それゆえ、新たに職に就いた人々は、多くの場合、自己の職場と離れては職業設計をたてることが困難な事情のもとにあったと考えられる。当然のことながら、職業訓練への要請(N)も、自分の職場を中心に考えがちだったろう。

なかでも、αグループに属する人は、とりわけその傾向が強かったであろう。これに反しβやγのグループに属する人達は、仕事はなりわいのための必要悪と割り切り、むしろマイホーム型(ないしレジャー中心)の生活設計をたてた可能性がある。

しかし、αグループの人々といえども、年齢をとるにしたがって自己の職場中心の訓練設計に変更を加えざるを得ない。失職したり転職したりすればもとよりだが、同一の企業に勤続している場合でも、いやおうなしに定年退職後の生活プランを考えざるを得ないからである。この場合には、数十年の職業経験を経ていることでもあり、十分な現実感触の上に、自分の職場とは独立の訓練ニーズが組み立てられるに違いない。このように考えるならば、ベテラン職業人の訓練ニーズは、青年層のそれとは自ずと異質のものになったことであろう。Nの内容は、本人の仕事上の地位や年齢とともに変化を遂げて当然である。

もし以上の議論が正しいとすれば、職業アスピレーションに関しては、次の四点を観察することができよう。

(1) 独立的職種ないしは自営業指向の職業人は、他の範疇に属する人と異なり、早くから明瞭な訓練ニーズを形成する傾向がある。

(2) いずれかといえば、男性の方が女性よりも職業アスピレーションが具体的かつ強力である。(この点は、日本社会の一つの特徴といえるかもしれない。)

(3) 基幹要員は、一般社員に比べて仕事中心的な訓練ニーズが強い。この事実は、例えば従業員の学歴別アスピレーション格差に反映されるであろう。

(4) 青壮年期には仕事遂行上の訓練ニーズが多いのに反し、初老期に至ると高齢期における生活設計のためのニーズが中心となる。この意味で、訓練ニーズは世代によって変化するものと期待される。

以上の推論は、一九七〇年代後半の日本労働市場の実態に照らして肯定されるであろうか。以下では、これらの仮説を中心としつつ、具体的かつ実証的な分析を試みよう。

三　職業訓練需要の実態調査

ここで利用しようとする実態調査に使用された質問票は、著者を含む研究者数名が労働省担当官と協力してこれを作成したが、その内容の適・不適を検討するためには、本調査に先立ち、面接調査(五カ所)と三種類のパイロット調査(七一事業主、一〇事業所の従業員四一三名、公共職業訓練校二校の在校生三八二名、および同校卒業生一一六名)とが試みられた。他方、本調査は、郵送によって実施され、その対象、サンプル規模、質問票回収率はそれぞれ表5－1のようであった。

明らかに、訓練校在校生の回答率はもっとも高く、事業主と在職勤労者とがこれに次ぎ、卒業生のそれは最低である。在校生の質問票は、該当校がとりまとめてくれたので回収率が高いのは当然である。ここで卒業生とは、一九七八(昭和五三)年度の修了生のことであるが、訓練修了後たかだか半年ほどの期間をおいたにすぎないのに、転居その他のための事情もあって回収率がことに低い。在職勤労者と事業所の有効回答率はそれぞれ約二分の一であるが、郵送調査であることを考えれば十分満足すべき水準といってよいであろう。

以下ここでは、これら六種類の調査結果を、第二節の仮説の立場から取捨選択の上、整理・概観しよう。その過程では、同節で指摘した類型化の妥当性が検討される。さらに、これら六調査結果を相互に照合して、異なる調査対象の間にどれだけ意識の差があるかを見ることにしたい。

この作業にあたって採用した基本の方針は次の二つである。

表 5-1 「職業能力の開発向上に関する調査」の概要

調査対象	調査地点	サンプル規模	有効回答数(率)
在職労働者[1]	常用労働者 30 人以上を雇用する全国 500 の事業所	5,000 人	2,470 人 (49.4%)
事業所[1]	常用労働者 30 人以上を雇用する全国 2,000 の事業所[2]	2,000 カ所	1,076 カ所(53.8%)
公共職業訓練校在校者	都道府県および雇用促進事業団の訓練校 30 校	2,000 人	1,920 人 (96.0%)
同上卒業者	全国の公共職業訓練校の中から選ばれた 30 校	3,000 人	1,155 人 (38.5%)
専修・各種学校在校生[3]	全国の専修・各種学校の中から選ばれた 30 校	1,000 人	806 人 (80.6%)
同上卒業者[3]	同上	1,500 人	395 人 (26.3%)

(注) 1) 対象とした産業は，鉱業，建設業，製造業，卸売・小売業，金融・保険業，不動産業，運輸・通信業，電気・ガス・水道・熱供給業，およびサービス業である．

2) 実際の調査結果には，従業員数 29 人以下の事業所 54 カ所が含まれる．

3) 自動車運転を除き，商業・経理事務，外国語，電子工学，和洋裁，理容，デザイナー，写真，調理，服装などを対象とする専修学校および各種学校である．なお専修学校とは，1976(昭和 51)年 4 月の学校教育法改正によって新たに設置されたもので，各種学校のうち設備・内容などが一段と充実した諸校だと思えばよい．実際，専修学校の中には各種学校から転換したものが少なくなく，同時点以降各種学校数は減少した．専修・各種学校はいずれも文部省の所管するところで，労働省と関係があるのは，職業訓練法(当時)にもとづく(6 カ月間にわたる)委託訓練を依頼するかぎりにおいてであった(その大半は自動車運転(56.8%)で，それに次ぐのは建設・建築・測量(13.1%)，経理事務(9.5%)など)．本調査で対象となった専修・各種学校は，委託訓練を実施している諸校の中から地域別に無作為に選定したものである(ただし，在校生調査と卒業生調査とでは，対象となった学校に若干の相違がある)．

(1) 回答を項目別に分類する際、無回答だった者はすべて除外して比率(%)を計算する。
(2) 統計的な検定にはノン・パラメトリック統計量を用いる(典拠としては、Siegel(1956)を利用した)。なお、有意性の検定はすべて五%の水準でこれを判定し、帰無仮説を有意に棄却できるものをプラス(+)、棄却できないものをマイナス(-)と表記する。

無回答者を除外するのは、無回答の比率がグループ(例えば男子と女子)ごとに異なるため、これを含めると相互比較の意味が損なわれるからである。また、統計的検定にあたってノン・パラメトリック法(distribution-free method)を用いたのは、回答の分布型を事前に確定できないというのがその主たる理由であるが、それと同時に、サンプル規模が比較的小さいこと、回答内容が必ずしも量的操作になじまないこと、という事情も考慮した。もちろん、他の分析法の可能性も十分考えられる。例えば訓練ニーズの類型化を試みる際には、多変量解析法の援用を考えるべきであろう。また以下の分析では、性別、職種別等々による訓練ニーズの異同が論ぜられるが、これらの分類が最適という保証はない。著者が使った分類基準は、理論的推論にもとづいてはいるものの、多分に直感的なところもあるから、その妥当性については改めて検討する必要がある。

なお、調査結果をまとめるに際しては、簡単のため、六種類の調査をそれぞれ次の略号によって表わす。

「在」=「在職労働者調査」
「公」=「公共職業訓練校在校者調査」
「公卒」=「公共職業訓練校卒業者調査」
「専」=「専修・各種学校在校生調査」
「専卒」=「専修・各種学校卒業生調査」

「事」＝「事業所調査」

これらの略号の直後に示す数字は質問番号である。同じように、スペースを節約するため、公共職業訓練校を「公訓」、専修・各種学校を「専修」の略号をもって示すことがある。

調査データの限界について、あらかじめここで注意しておくのが適当であろう。まず第一に、母集団復元を前提とした標本設計は行われたものの、ここで利用したのは母集団に復元した数値ではない。したがって、在職労働者調査と事業所調査の地域別・産業別・規模別分布は、実態と比較して何がしかのバイアスを持っているおそれがある。例えば、調査結果に占める製造業の比率は実際のそれよりも小さいし、企業規模別にみても、いずれかといえば大企業に片寄ったデータになっていよう。ちなみに、これら二調査が対象としたのは、原則として常用従業員総数三〇人以上の事業所だけである。

第二に、公共職業訓練校に関しては、調査すべき地域を大都市、地方中都市および地方小都市の三つに分け、このそれぞれから四校、一〇校および一六校を選定した上で、訓練校の在校者および卒業者名簿を使って、あらかじめ選定した数の訓練生(ないし卒業者)を無作為に選んだ。在校者と卒業者とは、原則として同一の訓練校を母体とするのはいうまでもない。

第三に、専修・各種学校の選択にあたっては、委託訓練活動を通じて労働省と以前から関係の深かった諸校を母集団とし(ただし自動車教習所を除く)、このうちから、大都市圏を中心とする一四校、地方中都市の九校、それに地方小都市の一〇校を選定した上で、それぞれ一定数の訓練生および卒業生を無作為的に選んでもらった。学校数の合計が三〇を超えるのは、卒業生リストの閲覧が困難だった学校が少数あったため、対象校を後から追加する必要があったからである。したがって、訓練生と卒業生の訓練母体とは、一部同一でないところがある。

最後に、この調査では、(既述のように)かなりの数の無回答者があった。また、質問によっては相当数(三〇%内外)の無記入回答が見られた。この結果として、相対的に訓練に対して積極的な人々(あるいは企業)の考えが強調されることになったかもしれない[(4)]。

四　在職勤労者の訓練ニーズ

第二節の仮説に従えば、在職勤労者の訓練ニーズには、以下の分類規準別に、何がしかの差が認められる筈である。すなわち、(ア)性、(イ)職種、(ウ)学歴、(エ)職業生活における満足度、および(オ)年齢。これらは、アスピレーションの高さと現実の職能水準との差(A^*-A)に、各々異なった角度から影響を与えると考えられるからである。その他に、ＯＪＴの普及度も内部労働市場の発達と重要なかかわりをもつと考えられるから、以上に、(カ)事業所規模も付け加えよう。以下では、これら六種類の類型ごとに、調査結果を概観する。

(ア)　男女の差

表5－2は、在職勤労者の職業訓練状況および志望について、その回答状況を性別に比較したものである。回答は、多くの場合比率の形で表現されるので、男女差を問題にするとは、とりもなおさず、それぞれの比率が男女間で有意の差を示すか否かを問うことに通ずるといってよい。しかし、場合によっては、平均的傾向にみられる男女間の異同を問題としたところもある。

さて、この調査に回答してくれた約二五〇〇人の人達(うち約八割強が男子)によれば、入職してから人なみに職務が遂行できるようになるまでには、中位数で測定して、男子では一年一一カ月、女子では五・五カ月かかる。同様

表 5-2　職業訓練ニーズをめぐる男女の差

項目	回答			男女差の検定				資料
	平均	男子	女子	検定法	カイ自乗統計量	自由度	有意性検定	
1　現在の仕事をひととおりこなせるまでの期間(中位数)	1年6カ月	1年11カ月	5.5カ月	中位数検定	186.0	1	+	在4
2　現在の仕事のすぐれたベテランになるまでの期間(中位数)	3年9カ月	4年2カ月	2年	〃	163.6	1	+	在5
3　現在の仕事を続けるためにヨリ深い専門的知識が必要(%)	79.1	83.6	55.4	yes, no, ? の3分類によるカイ自乗検定	154.7	2	+	在6イ
4　現在の仕事を続けるためにぜひ訓練を受けたい(%)	31.4	34.7	15.0	〃	106.6	2	+	在7
5　公共職業訓練校を(内容まで)知っている(%)	18.3	20.3	8.3	〃	202.0	2	+	在10
6　専修・各種学校を(内容まで)知っている(%)	38.4	36.5	49.0	〃	313.8	2	+	在11
7　最近2年間に職業訓練を受けた(%)	78.2	81.1	62.3	yes, no の2分類によるカイ自乗検定	42.5	1	+	在12 III
8　今後の職業生活のために訓練を受けたい(%)	70.5	74.2	51.1	yes, no, ? の3分類によるカイ自乗検定	107.5	2	+	在16
9　余暇があったら仕事に関する教育・訓練を受ける(%)	10.0	11.3	3.1	yes, no の2分類によるカイ自乗検定	22.8	1	+	在15
10　今の勤務先で定年まで働きたい(%)	78.1	81.7	59.2	〃	95.4	1	+	在22
11　公共職業訓練校在校生：明確な職業展望の下に専攻を選択(%)[1]	55.1	56.6	47.0	〃	8.5	1	+	公9
12　専修・各種学校在校生：明確な職業展望の下に専攻を選択(%)[1]	49.2	61.3	43.1	〃	21.9	1	+	専9

(注)　1)　明確な職業展望のある者とは，「将来つきたいと思う仕事と関係ある科」，「将来自立・自営したいのでそれに関係ある科」，「現在の仕事をよりよく遂行するのに関係ある科」，および「再就職に役立ちそうな科」を選んだ者の合計である．

に、「すぐれたベテラン」になるためには、それぞれ四年二カ月および二年を必要とする。予期されたように、必要訓練時間は男子の方が長い(一〜三行)。

それだけではなく、男子の方が明らかに訓練意欲が高い(四、七〜九行)。その結果、男子は公共職業訓練に関してもヨリ多くの情報を所有するものとみられ(五、六行)、訓練施設においてもヨリ明確な職業展望の上に訓練カリキュラムを選択している(一一、一二行)。これは、訓練メニューが男子むきだったという事実(もしくは認識)のためもあったかもしれない。

男子の大部分が安定した雇用関係を希望する傾向が強いのは興味深いことである(一〇行)。女子は、全体としてみれば、未だ「腰かけ的」に就職する者が多く、したがって職業意識が低かった。職場における昇進や仕事の配分のうえで男子と同等には扱われていないことが多かったとすれば、明確な仕事の展望も当然開け難かったのである。

(イ) 職種間の差

われわれの調査が採用した職業分類はごく簡単なもので、次に掲げるように九項目から成った。すなわち、(1)専門的・技術的職業、(2)管理的職業、(3)事務、(4)販売、(5)採鉱・採石作業、(6)運輸・通信、(7)技能工・生産工程作業、(8)保安、そして(9)サービス的職業。分類が大づかみであるだけに、職業相互のあいだで、訓練の態様に種々の違いが発見されるものと予想される。

一例として、ホワイトカラー(3)「事務」によって代表)とブルーカラー(7)の「技能工・生産工程」で代表)との比較をとりあげよう。これは、第二節で触れたように、両者の訓練内容に顕著な差があるためであるが、訓練カリキュラムの課題や展望も、これら二範疇間で異なると考えられるからでもある。もちろん、ホワイトカラーとブルーカラーとの区別は相対的なもので、技術革新とともにそれぞれの職務内容も変化するから、その境界線は明瞭には引けない。しかし、とりわけ物財の生産活動においては、製造工程に直接かかわる仕事と商取引や経理事務のような間接部門の仕事とは異質だし、また一般にもそのように認識されているのである。

表5－3は、これら二職種を比較検討した結果をまとめたものである。これによると、ブルーカラーの方が二倍近く長い訓練期間を要し、そのためかヨリ強い訓練志望を持っていることがわかる(一、四行)。ただし、プロとしての深い知識を要する点では両者に違いはなく(三行)、反対に、ヨリ幅広い知識を求められるのはホワイトカラー的職業の一特徴といってよいだろう(二行)。これら両者の特徴に対応して、訓練施設に関する知識量でも相違があり、ホワイトカラーは専修学校に、またブルーカラーは公共職業訓練校に関心を寄せる傾向がはっきりと読みとれる(六、七行)。しかし、訓練中に占めるOJTの比率は双方ともに四割強で変わりがなく(この点、ホワイトカラーにとってはOJTがヨリ重要と予想していた著者には意外であった)、訓練経験や将来に備える訓練の必要性の認識でも両者は互角であった(八～一〇行)。

なお、以上の差のなかには、性の差に起因するものが一部含まれていよう。しかし、サンプル規模が小さいため、職種別データを重ねて男女別に集計するのは無理であった。

(ウ)　学歴別の差

男女の差や職種の差は、かなりの程度まで進学経路の差によって生じたものである。一般に、学歴の高い者ほど訓練志望も強く(表5－4、一、四行)、したがって現状に対する不満も大きいといってよい(五行)。学歴の高い者ほどアスピレーション($\bar{A}^*$)が高く、職業生活における向上意欲も強いためであろう。学歴の進むほど労働市場全体をめぐ

表 5-3　職業訓練ニーズをめぐるブルーカラーとホワイトカラーとの差

項目	回答			職業の差の検定				資料
	平均	ブルーカラー	ホワイトカラー	検定法	カイ自乗統計量	自由度	有意性検定	
1　現在の仕事のすぐれたベテランになるまでの期間(中位数)	2年8カ月	4年4カ月	2年5カ月	中位数検定	45.9	1	+	在 5
2　現在の仕事を続けるために関連する広い知識が必要(%)	85.5	77.1[1)]	87.5	yes, no, ? の 3 分類によるカイ自乗検定	14.3	2	+	在 6 ア
3　現在の仕事を続けるためにヨリ深い専門的知識が必要(%)	69.7	70.3[1)]	69.5	〃	0.0	2	−	在 6 イ
4　現在の仕事を続けるためにぜひ訓練を受けたい(%)	25.4	32.3[2)]	23.7	〃	10.4	2	+	在 7
5　職場で学歴のため損をしている(%)	19.0	26.1	17.1	〃	12.4	2	+	在 9
6　公共職業訓練校を(内容まで)知っている(%)	16.0	28.5	12.8	〃	33.5	2	+	在 10
7　専修・各種学校を(内容まで)知っている(%)	42.5	29.0	46.0	〃	23.6	2	+	在 11
8　学校卒業後受けた訓練中 OJT が占める比率(%)[3)]	43.7	41.8	44.2	yes, no の 2 分類によるカイ自乗検定	0.8	1	−	在 12
9　最近 2 年間に職業訓練を受けた(%)	72.3	76.0	71.5	〃	0.6	1	−	在 12 III
10　今後の職業生活のために訓練を受けたい(%)	66.4	69.3	65.7	yes, no, ? の 3 分類によるカイ自乗検定	2.1	2	−	在 16

(注)　1)　専門技術職の場合はそれぞれ 97.3%(広い知識), 92.9%(深い専門的知識)である. 主として「?」(「どちらとも言えない」と答えた者)の比率によって左右される.

2)　専門技術職の場合は 39.1% が希望しており, 技能工との差は非有意($\chi^2=4.2$), また事務職との差は有意($\chi^2=58.6$)である.

3)　OJT とここで呼ぶのは,「日常の仕事の中で上司や先輩から仕事を教わる」と「ローテーションでいろいろな仕事を経験する」との合計である.

表 5-4　職業訓練ニーズの学歴別格差

項目	回答			学歴の差の検定				資料
	大卒	普通高卒	中卒	検定法	カイ自乗統計量	自由度	有意性検定	
1　現在の仕事を続けるためにぜひ訓練を受けたい(%)	38.8	27.4		yes, no, ? の 3 分類によるカイ自乗検定	36.5	2	+	在 7
		27.4	25.1	〃	0.9	2	−	〃
2　職場で学歴のため損をしている(総合, %)	7.4		24.3	コルモゴロフ・スミルノフ検定[1]			+	在 9
3　最近 2 年間に職業訓練を受けた(%)	83.7		77.5	yes, no の 2 分類によるカイ自乗検定	3.0	1	−	在 12 III
4　今後の職業生活のために訓練を受けたい(%)	78.2	66.1		yes, no, ? の 3 分類によるカイ自乗検定	28.0[2]	2	+	在 16
		66.1	62.7	〃	9.7	2	+	〃
5　現在の勤務先は職業教育・訓練を十分に行なっている(%)	19.8	26.1	33.9	4×2 表によるカイ自乗検定[3]	50.1	3	+	在 17
6　公共職業訓練受講者に公的援助制度のあることを知っている(%)[4]	37.2		62.1	yes, no の 2 分類によるカイ自乗検定	60.5	1	+	在 21

(注)　1)　昇進機会その他の 6 項目について，大卒，中卒がそれぞれ「損をしている」とする比率を求め，これに Kolmogorov=Smirnov テストを応用した(両側検定).

2)　「わからない」とする者を除いて 2×2 表のカイ自乗検定を行なうと有意でなくなる($\chi^2=3.5$).

3)　大卒，職業高卒(22.3%)，普通高卒および中卒の 4 範疇と，十分，不十分の 2 範疇とを組合わせたものである．ここに「大卒」とは，短大卒ならびに高専卒を含む.

4)　「よく知っている」と「そのようなものがあると聞いている」との合算.

る情報量が増加し、これが仕事の意欲をかき立てるという事情もあるかもしれない。他方、調査時点以前の二年間における訓練経験は、両者の間で大きな違いはみられない。また、中卒者の場合、公共職業訓練校に対する認識が高いのは、訓練カリキュラムの内容からして当然であろう(三、六行)。

(エ)　仕事の満足度による異同

ここで職業生活における満足度というのは、八つの相異なる項目について、回答者に「満足」「ほぼ満足」「どちらでもない」「少し不満」「不満」の五段階評価を尋ねた結果のことである。すなわち、八項目のそれぞれについて、最初の二段階(「満足」と「ほぼ満足」)を選んだ回答者の割合をみると、満足度がもっとも高いのは意外にも仕事の内容(六五%)であり、次いで職場の人間関係(六〇%)、働きがい(五五%)、職場の物理的環境(五一%)、残業・休日・交替制(四九%)、社会的評価(四〇%)、収入(三六%)の順となっており、評価が一番低いのは昇進の可能性(二三%)であった(在8による)。この結果によると、物質的損得がからむものほど評点が低かったわけである。

次に、右のような違いはあるものの、これら八項目の総合評価点で「満足度」を代表させると、当然のことながら、仕事に満足している人ほど、企業の訓練活動や職場としての企業に対する評価もまた高かった(表5－5、三、四行。ただし、ここで「満足」とは、「満足」の者と「ほぼ満足」の者との合計、「不満」とは、「不満」の者と「少し不満」の者との合計である)。職業生活に満足している人ほど、事実上、十分に訓練を受ける立場にあったのかもしれない。逆に、仕事を変わりたいとするのは、仕事上何らかの不満がある人達である。訓練希望についても、概して満足度とは正の相関がある。しかし、仕事に「不満」がある者の間でも、現在のためにせよ将来のためにせよ、訓練を「ぜひ受けたい」とする者の割合は無視できない水準にある(一、二行)。もっとも、将来の生活のための訓練については、満足度との正相関は微弱なものにすぎない。事実、試みにこれを職種別に分類してみると(表5－6)、希望が集中するのは、ベテランになるまで比較的長時間を要する職種であった。訓練ニーズは、職種別にみた満足度の大小よりは、むしろ訓練必要期間の長短と関係していたようにみえる。

（オ）　年齢別の異同

訓練志望は、三〇歳台前半で頂点に達し、それ以後は目にみえて減少する傾向がある。いま、現在の仕事のために訓練を「ぜひ」受けたいと考えている回答者の割合を年齢階層ごとにみると、二九歳まででは三〇％だったのが三〇歳台で三七％に上昇し、その後四〇歳台では二八％と減少に転じ、五〇歳台およびそれ以上では二六％へとさらに低下している(在7)。全年齢層の平均は三二％であった。

他方、将来の仕事のための訓練希望を尋ねたときには、同じ比率は、それぞれ六五％(二九歳まで)、七七％(三〇歳台)、七一％(四〇歳台)、そして六二％(五〇歳台およびそれ以上)で、全回答者の平均は七〇％であった(在16)[5]。このように、現在の仕事のためというよりは、将来の職業生活のためを思って訓練を受けたいとする者の方がずっと多かったが、後者の中には、ホンネよりタテマエが多く含まれていたかもしれない。だから、両者の水準差よりは、むしろ年齢階層別の比率の動きに注目すべきである。

現在の仕事のための訓練はともかくとして、将来の職業生活のための訓練ニーズが三〇歳台以降低下するというのはどういうことであろうか。平均寿命が年々延びつつあるにもかかわらず、定年近くになるにしたがって仕事への意欲も低下するのであろうか。もちろんそういう人もあるには違いないが、ここで回答している五〇〜六〇歳台の人たち(とりわけ男性)が「仕事一本やり」型の生活態度を代表する世代であることを考えれば(NHK放送世論調査所　一九

満足度(総合)別にみた職業訓練ニーズの差

満足不満足の別			満足度の差の検定				資料
満足	どちらともいえない	不満	検定法	カイ自乗統計量	自由度	有意性検定	
40.1	29.2		ぜひ，できれば，noの3分類によるカイ自乗検定	10.4	2	+	在7
	29.2	36.4	〃	24.1	2	+	〃
78.6	69.7		yes, no, ? の3分類によるカイ自乗検定	7.7	2	+	在16
	69.7	68.3	〃	0.4	2	−	〃
53.2		7.8	〃	180.3	2	+	在17
93.6		37.1	yes, noの2分類によるカイ自乗検定	122.6	2	+	在22

で分類すると，十分に行なっているとする者はそれぞれ18.9%，29.4%である．その差は，有

で分類すると，定年まで働きたいとする者はそれぞれ76.9%，84.0%で，その差は有意でない

七九、八八―一〇三頁参照)、年齢とともに訓練ニーズがかくも激減するとはにわかには信じられない[6]。むしろ回答者の頭中にある「訓練」の概念の内容に問題があるとみるべきではあるまいか(この点は、後段で再論する)。

(カ) 事業所の従業員規模別にみた訓練志望

事業内訓練活動が大企業ほど活発であるのは、日本ではごく当然のことと考えられるであろう。大規模企業では以前から「終身雇用」的色彩が強かったのであるから、ＯＪＴを初めとして、大事業所ほど企業独自の体系による訓練活動がさかんであっても不思議ではない。このことは、表5―7に如実に現われているといえよう。すなわち、将来の職業生活のために訓練を志望する者の割合は、規模の大小にかかわりなく過半数以上に達し、とりわけ大企業では四分の三弱の高さであった。他方、実際の企業内訓練は、小規模の仕事場ほど不十分と評価される傾向があった。そのためもあってか、長期間継続して働きたいという人は、小規模ほど少なかったのである。いいかえれば、訓練需給には事業所規模によってギャップがあり、中小企業では訓練ニーズが未充足だったということになる。

表 5-5　職業生活の

項　　　目	
1　現在の仕事を続けるためにぜひ訓練を受けたい(%)	{
2　今後の職業生活のために訓練を受けたい(%)	{
3　現在の勤務先は職業教育・訓練を十分に行なっている(%)[1]	
4　今の勤務先で定年まで働きたい(%)[2]	

(注)　1)　学歴のため損をしている，いないの別意($\chi^2(2)=25.3$)であるがずっと小さい．
　　2)　学歴のため損をしている，いないの別($\chi^2(1)=2.2$)．

なお、訓練の内容については、生産のために直接必要な技能や知識だけではなく、組織の管理や意思統一をはかる能力の修得も必要とみなされていることに注意しておこう。すなわち、回答者の従業員たちのなかで、現在の仕事を続けて行くためには「人間関係を円滑に処理する能力」が必要だとする者は、三〇人以上九九人以下の規模の事業所では軒並み八〇%前後、一〇〇〇人以上の規模では八六%(全体の平均は八三%)の多数を占めた(在6。なお、残りの選択肢は、「必要ない」(平均三%)と「どちらともいえない」(平均一四%)であった)。

五　企業の職業教育・訓練方針

さて、働く者たちが有する訓練志望に対して、彼らが勤務する企業側では職業教育訓練をどのように考え、またいかに実施していたのだろうか。ここでは、われわれの調査がその焦点とした三点に則して整理してみよう。その三点とは、第一に企業の訓練観および訓練実施状況であり、第二には企業外の訓練施設への対応状況であり、そして第三には中高年労働力に対する問題意識である。

(Ⅰ)　企業からみた訓練の重点および実施状況

まず、企業における職業訓練の対象が従業員中のどの階層にあるかを問うた結果をみると、訓練の重点が管理ない

表 5-6　訓練希望と満足度・訓練期間との関係

職　　種	A．将来の職業生活のため訓練を受けたい者		B．職業生活における満足度		C．すぐれたベテランになるまでの期間	
	比率(%)	順位	「不満」とする者の割合(%)	順位	年(中位数)	順位
専門的・技術的職業	77.0	1	25.3	4	6.1	1
管理的職業	75.8	2	8.7	10	4.4	3
販　　売	73.1	3	25.4	3	3.6	7
採鉱・採石作業	73.0	4	27.1	2	5.4	2
技能工・生産工程作業	71.5	5	30.8	1	4.4	3
サービス的職業	65.8	6	24.0	5	3.7	6
事　　務	65.7	7	21.6	7	2.4	9
通信・運輸	63.9	8	20.2	8	3.8	5
そ の 他	62.1	9	18.6	9	3.0	8
保　　安	59.3	10	24.0	5	2.1	10

AB の順位相関(Spearman の順位相関係数)：$\gamma_S = 0.237\,(-)$
AC　〃　(　〃　)：$\gamma_S = 0.785\,(+)$
(資料)　在 5，在 8，在 16.

表 5-7　事業所規模別にみた従業員の意識

従業員規模	今後の職業生活のための訓練を		勤務先の職業教育訓練は		今の勤務先で	
	受けたい	受けたくない	十分である	不十分である	定年まで働きたい	働きたくない
	%	%	%	%	%	%
A　1,000 人～	74.2	7.6	33.9	20.1	86.5	13.5
B　500　～999	66.5	8.7	14.6	37.9	75.2	24.9
C　300　～499	71.0	10.9	14.7	34.3	74.6	25.4
D　100　～299	68.9	8.8	15.7	46.5	65.3	34.2
E　30　～ 99	62.6	12.4	17.6	48.0	68.7	31.2

(資料)　在 16，在 17，在 22.

し監督者層にあるとする回答は、従業員の場合には全体の三五％であったが、これに対する企業側の判断は三八％でともに第一位であった。それに続く第二位と第三位とは両者で互いに入れ替っており、従業員では若年層(二六％)、将来の監督要員(二四％)の順であったが、企業ではその逆(それぞれ一九％と二六％)だった。これ以下の順位は双方とも全く同じで、階層の別なく「全員」が対象だとするもの(従業員は一〇％、企業側は一五％)、「その他」とするもの(三％、二％)、そして中高年層(二％、一％)となっていた(在18、事12による)。中高年層がほぼ完全に訓練の対象外であるのは、当然予期されたとはいうものの、いささか衝撃的な発見である。ちなみに、ここに紹介した従業員と企業との回答は、コルモゴロフ＝スミルノフ(Kolmogorov＝Smirnov)の両側検定によれば、同一の判断とみなして差支えない。

このように、企業内教育において重視されているのは、明らかに管理者を含むエリート層と新規採用者とであって、この点の判断は労使ともに相違がない。

ところが、訓練の方法として最も効果的と考えられるものは何かを問うと、その回答は企業側と従業員とではかなりの違いがあった。すなわち、従業員自身は、技術者であれ生産工程従事者であれ、その半数以上がともに各種の集合訓練を第一位にあげ、ＯＪＴを選ぶ者は全体の四分の一程度にすぎなかった。ところが、事業所の人事担当者のみるところでは、集合訓練の効果はそれほど大きくなく、とくにブルーカラー労働者の場合に最も重要な位置を占めるとされるのはＯＪＴだったのである(表5－8)。

次に、直接仕事に役立つ集合訓練の実施状況を問うてみるならば、予期されたように、大規模の事業所ほどこれを実行しているものが多かった。すなわち、無回答と「該当職種なし」とした企業を除き、現に集合訓練を実施しているとするものの比率を計算すると、一〇〇〇人以上の規模では九五％、五〇〇～九九九人では九二％であるが、以下

表 5-8　最も効果的な職業訓練*

訓練方法	専門技術職		技能職	
	事業所の方針（最重要とするものの%）	従業員の判定（最も役立ったものの%）	事業所の方針（最重要とするものの%）	従業員の判定（最も役立ったものの%）
OJT 上司先輩が教える	39.7	22.2	51.2	25.6
OJT ローテーションによる経験	9.6	16.0	10.5	14.0
各種の集合訓練[1)]	45.1	54.9	33.8	55.4
そ の 他[2)]	5.6	6.9	4.5	5.0
合　計	100.0	100.0	100.0	100.0

（注）＊「該当職種なし」と回答した事業所は除外してある.

1）事業所については,「自社教育」＋「社外の訓練機関を利用」＋「自社および社外の訓練機関を利用」; 従業員本人については,「社内研修」＋「関連会社の研修」＋「民間のセミナー・講習会」.

2）事業所については,「自己啓発」; 従業員本人については,「公共職業訓練校」＋「専修・各種学校」＋「大学・大学院」＋「その他」.

（資料）在 12, 事 13.

表 5-9　事業所からみた訓練活動の中心課題

職種	即戦力(%)	一般的学力(%)	双方を不問(%)	合計[1)] (%)
技能職	40.4	39.3	20.2	99.9
事務職	13.8	78.5	7.7	100.0

即戦力重視型(技能職)の規模別動向(%)

～29人	68.2
30～99	49.7
100～299	43.7
300～499	31.3
500～999	37.1
1,000～	24.4

一般的学力重視型(事務職)の規模別動向(%)

～29人	45.5
30～99	68.5
100～299	77.7
300～499	85.7
500～999	84.4
1,000～	90.8

（注）1）「該当職種なし」と回答した事業所は除外した.

（資料）事 8.

徐々に減少して三〇〇〜四九九人で八七%、一〇〇〜二九九人で八六%、三〇〜九九人で七一%、そして二九人以下では六八%だった(事14)。ところが意外なことに、実際に集合訓練を受けた技能工の割合は、中小企業でむしろ多かった。すなわちいま事業所規模グループごとに集合訓練を受けた従業員比率の分布を調べ、それぞれの分布の中位数を計算すると、二九人以下では八〇%、三〇〜九九人では二三%となり、そして一〇〇〇人以上の規模の場合も二三%にすぎなかったのである(事15)。このように明瞭な低下傾向が観察された理由は定かでないが、おそらく大会社ほどＯＪＴを介して伝達する技能が多く、逆に小企業ほど市場で通用するような(marketable な)、したがって集合訓練がふさわしい技能が必要とされたのではあるまいか。

ホワイトカラーとブルーカラーとに分けてみた場合、職業上の資質として重要視されるのは、前者では学力一般であるのに対し、後者ではむしろ「仕事をすぐこなせる能力」である(表5－9)。この傾向は、ホワイトカラーについては大事業所ほど強く、逆にブルーカラーについては小事業所ほど強かった。いいかえるなら、大事業所になるほど従業員が即戦力として役立つことは期待せず、その代わり応用力に重点をおく傾向があったということができよう。

ついでに記せば、大小事業所間の訓練をめぐる方針の相違は、教育訓練を受けた者の処遇をみても明らかである。訓練をめぐる従業員の扱いを規模別にみると、過去一年間に教育・訓練受講する従業員に対して「便宜をはかった」とする事業所は一〇〇〇人以上では八九%であるのに、一〇〇〜二九九人規模では七八%、また二九人以下の場合には七一%である。ところが逆に、訓練を修了した者に対して「特別な措置を講じない」事業所の割合は、一〇〇〇人以上で七五%、一〇〇〜二九九人で六九%、二九人以下では六〇%だった。つまり、大事業所では訓練の便宜をはかる頻度も多い代わりに、訓練を受けたからといって特別の扱いもしない。即戦力を期待しない態度がここにも貫かれていたといってよいであろう。あるいはまた、訓練による職業能力の改善よりは、教育訓練によるモラール(士気)の向上が目論まれていたためかもしれない。

(II) 公訓および専修の評価

企業が公共職業訓練校や専修学校の卒業生を採用する例は、全雇用者に占める比率としてこれをみればまことに微々たるものであった。しかし、そもそもこれらの機関(とりわけ公訓)の下に身を寄せる人の数が少なかったのであるから、この事実をもって嘆く必要は必ずしもあるまい。

これら卒業生のうちには、中小企業に採用される者が相対的に多かった。われわれの公訓卒業者調査によれば、調査時点で就業している者九七九名のうち、会社で働いている者は八九三名で、そのうち九九人以下の規模の事業所で働く者は四二八名であった。ちなみに、産業別にみた採用頻度には、公訓と専修とでそれぞれ特徴があり、公訓の場合、相対的に多いのは建設業と製造業とであるのに対して、専修にあっては第三次産業(サービス業・金融・保険・販売業)が多かった。すなわち建設業では、公訓の卒業生を採用したことのある事業所が全体の二七%で、同じく製造工業の二四%と並んでトップに立ち、その次に「その他」(一九%)、卸売り・小売り(一六%強)、サービス業(一六%弱)、金融・保険業(一二%)、運輸・通信業(一〇%)、鉱業(六%)、不動産業(五%)、そして電気・ガス・水道・熱供給業(三%)が続いていた。これに対し専修の卒業生の場合には、第三次産業であるサービス業(五四%)、金融・保険業(四六%)、および卸売り・小売り(四五%)が最上位を占め、それに続くのが建設業(四一%)、「その他」(三七%)、製造業(三〇%)、不動産業(二七%)、運輸・通信業(二三%)、電気・ガス・水道・熱供給業(一七%)そして鉱業(一四%)の順であった(いずれも事9による)。ちなみに、公訓と専修との間で頻度の順位を照合すると、スピアマン(Spearman)の順位相関関係数は〇・五六で弱めの正の相関があった(辛うじて有意)。

訓練施設卒業生の採用後の処遇に関して問題なのは、企業と本人との間でその理解に無視できぬ相違が認められたことである。いま、採用された修了生(卒業生)たちの処遇に関して、

(a)賃金の面で配慮する、
(b)在校年数を就学年数に算入する、
(c)短大生と同等に扱う、
(d)その他、
(e)特別な措置なし

の五つの選択があったとする。公訓の修了生たちに関して事業所側の回答で最上位にきたのは、これらのうちaで三八%、それに続くのがe(三四%)、b(二五%)、dそしてc(ともに二%)の順であった(事9C)。ところが、公訓修了生自身に訊ねたところによれば、一番多かったのはeで七八%の高さに及び、これに続いてa(一三%)、b(四%強)、d(四%弱)、そしてc(一%)の順序であった(公卒11C)。それなりの配慮はしているとする経営側の答えと、処遇面での特別な扱いは受けていないとする当人たちの印象との間には大きな開きがあったといわなくてはならない。ちなみに、これら両者間でスピアマンの順位相関係数は〇・七八だが、有意ではない。

同じことは、専修・各種学校の卒業生についてもいうことができる。右と同一の選択肢のうち、事業所側の回答で一番多かったのはc(三〇%)で、それに次ぐのがa(二九%)、ついでe(二五%)、b(一四%)、d(二%)の順であった(事9C)。これに対し、専修等の卒業生自身は、公訓修了生たちと同様、eを掲げる者が最も多く(六二%)、それからc(二〇%)、a(一〇%)、b(五%)、そしてd(三%)と続いた(専卒11C)。スピアマンの順位相関係数は〇・七〇であるが、再びこれも有意ではない。企業側では種々の配慮をしているつもりでも、当人達はそれを感じている様

子があまりみえなかった。おそらく、公訓や専修の卒業生は、体で覚えた技能によって活躍しようという気構えに満ちあふれているのに対し、一般企業(とりわけ大企業)では、これら職業訓練施設の利用価値を非常に高く買っていたわけではないのであろう。

それだけではない。公共の訓練援助活動の企業間における周知状況はあまり高くはなく、あまりに複雑多岐にわたるためか、今後利用すると答えた事業所は全体の四割強にすぎなかった(表5-10)。

練援助の周知状況

認定訓練への補助金(%)	訓練派遣奨励給付金(%)	有給教育訓練奨励給付金(%)	公訓からの指導員派遣(%)	公訓での訓練受託(%)	平均(%)
4.4	2.3	1.2	1.5	0.8	2.0
35.5	34.3	32.8	22.9	22.9	29.5
8.7	8.2	14.5	13.2	10.5	11.0
39.4	41.8	35.3	39.6	42.6	39.7
12.7	13.1	15.9	22.7	20.6	17.0
0.3	0.3	0.3	0.1	2.6	0.8

った者を含む.
た者を含む.

(Ⅲ) 中高年労働者問題

二〇世紀末における日本労働市場焦眉の一大問題が中高年労働であることは、もはや議論の余地のないところであろう。事実今後四五歳以上の従業員の比率が高まる(「かなり高まる」と「やや高まる」との合計)という回答は、従業員規模一〇〇〇人以上では八八%、五〇〇〜九九九人規模でも八〇%に及んだ。これに対し、同じ比率は、三〇〇〜四九九人では七九%、一〇〇〜二九九人では六九%、三〇〜九九人では六四%、二九人以下では六二%であった(事17)。中高年偏重型の人口ピラミッドがもたらす影響は、規模の大小にかかわらずひろく認識されていたといってよかろう。しかし、その影響の深刻さは、雇用の伸縮性が比較的小さい大事業所にとりわけ強く、従業者の平均年齢が上昇する結果賃金コストや配置転換上の問題が生ずると考えるところが多かった(事17A)。これをもってみれば、大事業所は、さしあたり終身雇用体制を堅持する

表 5-10　公的職業訓

回　　　　答
(1)　利用しており，今後も利用する．
(2)　知っているが，利用したことはない．今後は利用を考えたい．
(3)　知らなかった．今後は利用を考えたい．
(4)　知っているが，利用するつもりはない．1)
(5)　知らない．また利用するつもりもない．2)
(6)　その他

（注）　1)　制度を知っているとのみ答え，利用計画については無回答だ
　　　　2)　制度を知らないとのみ答え，利用計画については無回答だっ
（資料）　事 20.

前提にたち、低成長率でしかも定年の延長される事態に備えるために、中高年従業者向けの能力開発訓練計画を樹立する方向にあったと思われる(事18)。ちなみに、中高年従業員向けの訓練が必要だと考えている企業は七三％の多さにのぼり(一〇〇〇人以上規模では九一％)、そのうちすでに何らかの施策を講じているところが六三％もあった(事19)。その具体的な内容は、(多い順に)社外セミナーへの派遣、社内研修などである。定年時に勤務延長もしくは再雇用を考えるとする事業所は七二％だった(事18)。

他方、中高年齢者の中途採用を仮想した設問に対しては、採用にあたって年齢・経験・訓練の有無などは一切問わないと答えた事業所は大規模のものほど多かった(一〇〇〇人以上で六三％、五〇〇〜九九九人で六〇％、三〇〇〜四九九人で五八％、一〇〇〜二九九人で同じく五八％、三〇〜九九人で四八％、そして二九人以下で三二％。事10Bによる)。しかし、上述のように、規模の大きいところほど中高年層の比重が増大することは好ましくないのだから、大企業での中途採用はむしろ例外的(もしくは臨時的)といった方がよく、それだからこそ、そのようなケースについてことさらに制限条項などを設けてはいないというのが実情ではなかったろうか。これに反し、ヨリ多くの中小企業が、中高年齢者が採用されるためには職務経験が必要だとしていた(一〇〇〇人以上では三三％だったのに対し、二九人以下で六三％)のは、むしろ実行の可能性を秘めた、現実味のある回答だったように思われる(事10B)。

六　職業教育・訓練施設の活動状況

公共職業訓練校と専修・各種学校とはそれぞれに機能分化しており、一九七〇年代における職業教育・訓練の上でも著しい対照をなした。ここでは、これらの機関の活動を吟味する意味で、(α)公訓と専修の諸特徴の比較、(β)公訓生と専修生との比較、および(γ)公訓・専修利用希望者の特質等について整理してみたい。

(α)　公訓と専修との外見的対比

公共職業訓練校と専修・各種学校とは、それが擁する訓練生の構成でも、カリキュラムの内容でも著しく対照的だった。前者では男子が在校者の八三%を占めたのに対して、後者では三三%だったし、一九歳以下の者の比率もそれぞれ四二%と六三%であった。専修・各種学校に学ぶ人達には比較的青年層が多く、これに比べれば公共職業訓練校の在校者は中堅層を多く含み、その年齢分布は比較的バランスのとれた形をしていたのである。学歴別にみると、公訓の在校生は中卒者と高卒者(職業高校卒も含む)とが相半ばした(それぞれ四八%と四五%)のに対し、専修・各種学校では高卒の方がはるかに多かった(中卒一三%、高卒八〇%)。カリキュラム的にみると、公共職業訓練校では工業・建築関係を専攻する者が圧倒的多数(八八%)を占めていたが、専修・各種学校では同じ比率は一四%にすぎなかった(いずれも公・専の単純集計表による)。

さらに、一般の在職労働者にこれら訓練施設の内容を尋ねた場合、総じて専修学校の方が一般によく知られていたが、面白いことに、職種別にみると、公訓と専修とでは熟知度の順位が全く逆であった。すなわち、公訓をその内容にわたるまで知っている者の割合は、職業別に、技能工・生産工程作業(二九%)、採鉱・採石(二二%)、保安(一九

％)、運輸・通信(一七％)、事務(一二・八％)、販売(一二・五％)、そしてサービス(一二％)という順に低下したが、これに対して専修・各種学校を内容まで知っている人の割合は、販売(四六・三％)、事務(四六・〇％)、サービス(四二％)、運輸・通信(三二％)、技能工・生産工程作業(二九％)、保安(二七％)、そして採鉱・採石(二三％)という順序であった(在10、11)。この二つの序列間の順位相関(スピアマン)はマイナス〇・七九となり十分有意である。[7] つまり、公訓を相対的によく知る企業は専修について知らず、逆に専修に関心を寄せる企業は公訓には興味がないという傾向があったわけである。この事実は、専修学校がサービス経済化に対応する教科をヨリ多く包含することを初めとして、両者のカリキュラムの特性が生んだ結果と考えてよいであろう。

(β) 公訓生と専修生との比較

さて、以下に掲げる表5-11は、これら二種類の施設に学ぶ人達の対比を試みたものである。さきに指摘したように、公訓と専修との間には多くの外見的相違があったのだが、この表の諸項目への「回答」に関するかぎり、両者に集う在校生達の訓練ニーズは驚くほどよく似かよっていた。すなわち、いずれもが自立することを夢み、[8] 全般に中小企業志向的である。あえて違いをあげれば、公訓生が訓練校を知るに至った経路には友人や職安紹介が多いのに対して、専修生では広報誌や先生のすすめが上位にあること(一行)、公訓生の方が施設に対する満足度が高いこと(五行)、公訓生は親方志向であるのに、専修生はプロフェッショナル志向であること(六行、注記参照)などがある。ちなみに、訓練施設について「期待通り」と答えた者は、公訓生にヨリ多かった。これは、彼らの中に実社会の状況をよく心得た能開(能力再開発)コース在籍者が含まれていたためであろう。

次に公訓・専修の在校生を、それぞれ卒業生と比較してみよう。まず、職業教育・訓練を積極的に評価する者の割

表 5-11　訓練施設評価をめぐる公訓生・専修生の差

質問項目	回答		公訓・専修の差の検定				資料
	公訓	専修	検定法	統計量	項目数 or 自由度	有意性検定	
1　訓練施設をどのようにして知ったか(第1順位)	友人から	パンフレットで	スピアマンの順位相関係数	0.430	10	−	公6，専6
2　学校卒業前の進路計画(仕事志向型の割合，%)[1]	66.7	58.1	進学，仕事志向，？によるカイ自乗検定	20.2	2	+	公7，専7
3　普通高校卒業者の訓練施設入校動機(第1順位)	職業訓練	職業訓練	スピアマンの順位相関係数	0.681[2]	13	+	公8，専8
4　普通高校卒業者の訓練科目選択動機(第1順位)	仕事関連	仕事関連	〃	0.929[3]	9	+	公9，専9
5　訓練施設が「期待通り」とする者(%，19歳以下の者のみ)	15.0	10.0	2×2表によるカイ自乗検定	6.4	1	+	公10，専10
6　将来どんな職業的地位を望むか(男子，第1順位)	自営業主	自営業主	スピアマンの順位相関係数[4]	0.036	7	−	公15，専15
7　将来どんな職業的地位を望むか(女子，第1順位)	専門職	専門職	〃[5]	0.929	7	+	公15，専15
8　訓練施設の問題点[6](第1順位)	実技不足	実技不足	〃	0.676	16	+	公卒9，専卒9
9　職業訓練の成果(第1順位)	そのうち役立つ	そのうち役立つ	〃	0.893	9	+	公卒8A，専卒8A

(注)　1)　「就職」および「訓練校進学」を掲げた者を「仕事志向型」とみなした．
2)　「その他」を除いて計算すれば $r_s = 0.865(+)$ である．
3)　「とくに理由なし」を除いて計算すれば $r_s = 0.952(+)$ である．
4)　順位相関を失わせているのは「職人・親方」(公訓で2位，専修で7位)と「専門職」(公訓で6位，専修で2位)である．ただし，「その他」は除いて計算．
5)　「その他」を除いて計算．
6)　それぞれの問題点ごとに yes, no を答えさせたものである．

合は、公訓在校生では二四％、専修在校生では一二％であるのに、対応する卒業生の場合にはそれぞれ七七％と六一％であった(公10、公専8、専10、高卒8)。ただし「積極的」というのは、在校生の場合は「期待通り」、卒業生の場合は「受けてよかった」と答えた者のことである。卒業生は、訓練施設の活動を積極的に評価する点で、在校生に比して雲泥の差があったことがわかる。ちなみに、在校生と卒業生の評価が同一だったとする帰無仮説は、公訓についても専修についても強く否定される(カイ自乗統計量はそれぞれ二一六・〇と一五九・五)。ついでにいえば、公訓生は、専修生に比べて、在校生・卒業生を問わず自己が学んだ訓練施設に対する評価が高い傾向があった。

他方、職業経路については、「中小企業でなく大企業に就職したい」と述べた在校生の割合は、公訓では二三％、専修では三五％だった(公13、専13)。ただしここで、中小企業か大企業かの境界線は、従業員規模が一〇〇〇人以下かどうかにある。ところが、卒業生のうち、実際に「大企業」に就職した者の割合は、公訓では八％、専修では二〇％だった(公卒11B、専卒11B)。希望と現実との差は、公訓、専修いずれについても有意であった(カイ自乗統計量はそれぞれ五九・七と一三・九)。

同様に、「自立自営、もしくは家業に従事したい」と希望した在校生は、公訓で九％、専修で一一％あったが(公13、専13)、卒業生のうちこの希望を実現していたのは公訓では四％、専修では八％のみであった(公卒11、専卒11)。ここでも、願望と実際とはそれぞれ有意に異なっていた(カイ自乗統計量は五一・八と七・七)。

いずれにしても、就職経路に関しては在校生は過度に楽観的であって、彼らが期待するほど大企業就職や自立の道は容易ではなかったのである(9)。

(γ)　公訓・専修利用希望者の類型

最後に、公訓および専修校の利用希望者が、どのような訓練志望を秘めていたかを吟味しよう。まず、在職従業員調査によって訓練希望をみると(在16C)、職業訓練を受けたい場所として公訓を選んだ人々(四八三名)は、「日常業務志向型」(二八%)よりも「転職ないし自立志向型」が多かった(三六%)のに対し[10]、民間セミナーや講習会を選んだ人に(一二五一名)は、これとちょうど逆の傾向(それぞれ四三%と一三%)があった。専修・各種学校を選んだ人たち(七九五名)は両者の中間で(それぞれ三四%と二三%)、性向としては明らかに日常業務志向が多かった。この事実は、とりわけ公訓が提供する訓練の社会経済機能を反映したものといえよう。つまり、公訓は自立自営志向の型の人々を惹きつける力があったゆえに、ここに集まる訓練生(とりわけ能開生)は、自己の職業経路について相対的に明確な展望ないし意思の持主だったということである。逆に、現在の組織の中で仕事を続けようとする人々に対しては、公訓はあまり多くのものを提供し得なかったのだろう。もしそうだとすれば、労働市場の動向の中で自立自営志向型の訓練ニーズが絶対量において増え続けるのでないかぎり、公訓の機能が増大するとは、望み得ないことであった。

同じことを、逆に、志望する職業生活の類型別に吟味すると、在職勤労者で一般的に職業訓練を受けたいとする者は民間セミナー・講習を選好する傾向が強かったのに対し、転職・定年後の生活設計などの明確な職業計画がある者ほど専修校や公訓志向が強かった。すなわち、(A)定年後に備えて新しい職業能力を身につけたい、と考える人たちが選ぶ訓練場所は、公訓、専修・各種学校、民間セミナー・講習会の順に多く、そのあとに、大学(院)や関連会社の研修が並んでいた(在23A1)。これに対し、(B)転職に備えて新しい職業能力を培いたいと希望する者の選択は、専修・各種、民間セミナー・講習会、公訓の順に並んだ(在22C1)。最後に、ヨリ漠然と、(C)一般的に「今後の職業生活のため」訓練を受けたいと思う場合には、民間セミナー・講習会、専修・各種、公訓、社内研修、の順番であった(在16A)。当然のことながら、(A)と(B)の両ケースでは、社内研修に対する希望は一番少なかった。いいかえれば、具体的な転職や定年などのプランがない状況の下で職業訓練が語られるときには、多くの場合、同一産業・同一企業で勤続し続けることが暗黙の前提となっており、全く新規の職業経路を模索するような計画はたて難かったとみえる。

他方、高年になるほど「将来の職業生活に備えて訓練を受けたい」とする者は減少するにもかかわらず(第四節(オ)項)、「訓練を受けるとすればまず公訓を選ぶ」とする人の比率は、青年期には少なく、定年まぢかになるほど上昇した(表5-12)。これとは対照的に、専修・各種学校を第一志望にあげる者は、若い年代に多かった。平均的にみると民間セミナーや講習会を第一位に選ぶ人たちが多く、しかも年齢的にみると中堅層で四割近くに達しているのは、前段の叙述と矛盾するようだが、在職従業員一般をならしてみた場合には、明瞭な転職計画を持つ者は比較的少なく、仮に転職や自立を考えたとしてもその方途が必ずしも明らかでないという事情がこの裏にひそんでいたのかもしれない。

このように考えてくれば、在職勤労者が職業訓練施設(公訓および専修)を利用し難いとしたとき、その理由づけが職業訓練施設の在校生のそれと喰い違ったのも無理はない(表5-13)。その理由を尋ねられたとき、在職勤労者は、物理的な制約をあげることが多かったのに対し、在校生達の眼にはカリキュラムの内容が相対的に重要な事由として映っていた。他方、「内容がわからない」とか、「親近感がない」等の理由は、どの場合にも順位が高かった。要するに、公訓の機能や役割の理解が一般市民に行きわたっていない事実がここに反映していたといえよう。

表 5-12　定年到達年数別にみた志望訓練施設

定年までの年数	公共職業訓練校を第1位に選ぶ	専修・各種学校を第1位に選ぶ	民間セミナー・講習を第1位に選ぶ	社内研修を第1位に選ぶ
	比　率(%)	比　率(%)	比　率(%)	比　率(%)
〜1年未満	37.5	25.0	37.5	0.0
1年以上〜3	43.7	6.3	37.5	0.0
3　〜5	27.2	9.1	59.1	4.6
5　〜10	26.3	8.5	40.1	15.1
10　〜15	18.1	10.7	43.6	13.4
15　〜20	16.2	14.8	43.8	10.5
20　〜25	9.6	23.4	41.1	8.3
25　〜30	8.5	27.8	32.3	11.0
30　〜	9.1	30.8	26.7	13.7
平　均	14.3	21.9	36.3	11.0

(資料)　在6 A.

表 5-13　なぜ訓練施設は利用しにくいと思うか

理　由[1]	在職勤労者 (R_1)	公訓在校者 (R_2)	専修在校者 (R_3)
時間の調節がつかない	1	7	7
一般の親近感がない	2	2.5	1
内容がよくわからない	3	1	2
施設までの距離が遠い	4	6	5
希望する訓練科・職種がない	5	2.5	3
社会的に評価されない	6	5	6
受けても得にならない	7	4	4

R_1R_2 の順位相関(Spearman の順位相関係数)；$\gamma_s = 0.0$　(−)
R_1R_3　〃　(　〃　〃　)；$\gamma_s = 0.063$ (−)
R_2R_3　〃　(　〃　〃　)；$\gamma_s = 0.902$ (+)

(注)　1)　在職勤労者の回答肢中から，訓練施設在校生の回答肢と共通のものを拾い出して比較したものである．在職勤労者には，一般に訓練施設が利用し難い理由を尋ね，在校者には，失業者を想定させて回答してもらった．
(資料)　在20，公18 E，専18 E.

七　公的職業訓練政策の課題

第四〜六節で分析を試みた「職業能力の開発向上に関する調査」の結果に従えば、本章第二節で提示したいくつかの推論は、一九七〇年代後半の労働市場の現実にほぼ矛盾なくあてはまったといってよい。職業訓練をめぐる人々の行動様式は、性別により、学歴・職種・仕事における満足度、あるいはまた年齢により、さらに事業所規模の大小によって明らかな相異を示しており、アスピレーションの水準とその充足度がこれらの範疇ごとに微妙に変化したことをうかがわせる。一般に、情報が多く、職業展望が開けているほど、そしてまた職業生活に満足している者ほど、訓練目的に向かって努力する度合は大きかった。

ところで、在職勤労者の訓練志望を一瞥して気が付くのは、「職業訓練を受けたいか」と尋ねたときには肯定の回答を寄せる者が圧倒的に多かったにもかかわらず、訓練ニーズの内容は必ずしも具体的でなかったことである。彼らの訓練需要は、多くの場合、現在もしくは将来の自己の職場から派生するところのものであって、転職や独立自営を前提としたプランをもっている者は少なかった。いいかえれば、訓練ニーズは、多くの場合潜在的な形でのみ存在したように思われる。本章では紹介しなかったが、職業資格に対する希望も、多くは漠然としたものにすぎなかった。

調査を実施した当時の日本社会では、これは至極当然の現象だった。まず第一に、職業訓練がその最も重要な対象とするエリート社員達は、多くの場合、「仕事第一主義」的な傾向の強い世代に属していた。第二に、日本では「集団主義」的な思考と行動が根強いとされてきた。もしこの判断が正しいとするなら、一九七〇年代の職業人たちは、これら二要因の相乗作用の結果、職場の中堅としてまわりから嘱望される人物であればあるほど、自己の職場を中心とする発想に終始する傾向があっただろう。とりわけ大企業の従業員達は企業第一主義であって、よくよくの事情がないかぎり、個人主義に根ざした職業設計に踏み切ることはむしろ稀であり、多くの場合転職や自立を考えたこともなかったのではなかろうか。しかも彼らが従事する仕事の技能は、ＯＪＴを中心とするインフォーマルな訓練によって伝達されるものが多かった。おそらく、内部労働市場の仕組みが発達した大組織ほどこの傾向も強かったであろう。これらの事情は、彼らの訓練ニーズを、一見漠然とした内容のものにせざるをえなかったのである。(もっとも、それにもかかわらず、アスピレーションの強い者ほど、ＯＪＴその他の企業による訓練活動が十分でないとしていたことは注意すべきである。)

このような人達は、潜在的な訓練ニーズはいかに強いにもせよ、訓練機会を求めて企業外の訓練施設(とくに公訓)の扉をたたくことは少なかった。これらの訓練施設(とりわけ公訓)を利用しようとするのは、疑似進学コースとしてこれを選ぶ者を除けば、転職・定年などを契機に専門家(プロフェッショナル)や熟練工として自分の腕一本で身を立てようとしたり、独立自営や家業を継ぐ希望をもつなど、比較的明確な目的意識をもつ者に多かった。誤解を恐れずに単純化していうなら、これら職業訓練施設の利用者と、企業内で働きつつ強い潜在的訓練需要を内に秘めている人達とは、いわば互いに相交わることのない独立の二集合を構成していたといってよい。

一九七〇年代の終りとともに、日本の職業訓練は一つのエポックの終了を迎えつつあった。いまや経済が安定成長の時代に入った一方では、製造工業雇用の比重は全体の二五%を割り、しかも漸減を続ける傾向にある反面、「サービス経済化」が徐々に進行しつつあった。超完全雇用の実現と一人あたり実質所得の向上とに伴い、勤労世帯における女子労働力率は(少なくとも景気の上向局面では)上昇するきざしが認められた。他方、企業側の省力化の努力と技術革新との結果として、金属加工や機械工業においても装置産業化の傾向がみられ、かつてのように熟練工が腕を振える余地は段々と狭められた。従来から(おそらく一九二〇年代以来)、職業訓練に占める企業内訓練(ＯＪＴ)の割合は高かったが、その傾向は進みこそすれ逆転するきざしは見えなかった。

このような労働市場全体の変貌にもかかわらず、これに対応しようとする新しい息吹は、一九七〇年代末の職業訓練システムの中にはまだ感じられなかった。企業の人事や教育担当者の中からも、それまでの技術者や技能者の訓練体系を改定しようという積極的な提案の声は聞こえてこなかった。とくにブルーカラー層の訓練に関する改革の動きは認められず、もし新しい課題があったとすれば、それはホワイトカラーの間にいかに訓練を定着させるかだったのではなかろうか。企業にとって焦眉の懸案は、急速に増大する中高年労働力の効率的な活用策を編み出すことであって、OJTを中核とする従前の訓練体系の原理そのものを変更しようとすることではなかったのだろう。

他方、企業の外側に位置する職業訓練施設(とりわけ公訓)の活動は、「伸び悩み」というのが偽らざる実情であった。進学率の漸進と若年者数の減少とともに、公訓の養成訓練課程の隆盛は過去のものとなった。公訓の入学者数の動きは絶対数においても増加しておらず、定員充足率はせいぜい八割(強)に達する程度だったのである。これに対し、若い世代の人気を集めたのはむしろ専門家養成のための専修学校であった。とりわけ一九八〇年代のなかば以降、戦後二回目のベビー・ブームの折の出生者達が成年期を迎えた時期には高等教育機関が相対的に不足したので、専修学校に対する需要は増大を続けたが、しかしこれが全国的な長期的趨勢になるとも考え難かった。

もっとも、ここで銘記しておきたいのは、これら訓練施設の利用者たち(とりわけ修了生たち)の圧倒的多数が、訓練施設の諸活動をきわめて高く評価していたことである。修了生に対する企業側の評価も、とび切り高いというわけではないにしても、「期待外れ」とする事例は比較的僅かであった。既述のように、日本の職業訓練ニーズは、その大部分が企業組織の中で潜在化され、フォーマルな訓練施設への要求となって顕在化することはむしろ稀である。同じことを企業の側からみたときにも、これらの施設への需要は、主として新規ないし中途採用にあたって問題になるにすぎず、それも訓練需要全体からみれば僅かな部分を占めるにすぎない。それにもかかわらず、これらの訓練施設は、その影響がおよぶ範囲内では、総じて満足するに足る成果をあげていたように思われる。

さて、第二に考えるべきは、職業訓練政策のもつ経済政策的機能である。われわれはまず、職業教育の大部分を企業内訓練に負うというやり方には社会的費用が伴うことを忘れるべきでない。この訓練方法は、基本的に長期雇用を前提とし、かつ基幹労働力に焦点を絞った方法であって、それゆえに企業の経済計算を離れては成立し得ない。高年層の従業員になるほど訓練効率が低下し、企業の訓練意欲が衰えるのはけだし当然である。他方従業員は、仮に誤った職業選択をしたと気づいても、転職すればまた初めから習い直さなくてはならないから、よほどの決断と用意とを経ないかぎり、自分から進んで転職しようとはしない。したがってそのための準備もやらない。このように、企業内訓練が相対的に優勢な状況の下では、労使双方の事情が重なりあって、教育訓練投資は過少に抑えられる傾向がある。

この傾向を打破するのは容易でない。それをいくらかでも緩和するためには、社会的通用力(市場性)に富む転職機会をできるだけ開拓し、さらに職業能力の標準を社会的に樹立することが望ましいが、それに適合する職種が多いという保証はない。しかし、もしこの種の職種が確定すれば、それらを網羅して万人に通用する技能検定制度ないし何らかの資格制度を普及させることによって、職能情報のシグナル機能を改善することができる。この制度が、かつての(あるいはドイツの)徒弟制度にも匹敵する社会的権威をもつようになれば、労働市場をヨリ開放的たらしめ、職業生活の充実に寄与するかもしれない。その他にも、モジュール訓練の拡充、通信教育、テレビ教育、プログラム学習方式の活用などさまざまの工夫がこらされてよいであろう。奨学金制度を導入することも必要だろう。いずれにせよ、労働省の訓練政策は、これらの社会資本的諸制度の充実を通じて、労働市場ができるだけ円滑に作用するためのサービスを提供すべきものである。

前節でもみたように、企業の一部には、中高年労働者に対する訓練を充実しようとする計画があり、すでにこれを実施していたところもある。しかし、これとても、教育投資をめぐる経済計算から離れては存立しえない。これらの人々に対する企業内訓練の量は、マクロ的に適正な水準をおそらく下まわるであろう。したがって、中高年層の人々の訓練に対する公的援助(財政支出)は、経済学的に正当化できるものと考えられる。

職業設計をたてるにあたって判断の根拠となるべき情報はもともと決して多くはないのだが、青年層の職業選択をことさら困難にしているのは現在の学校制度である。戦後日本の教育方針は、あまりに単線的で、本来多様である人間能力の発展を阻害したおそれもあるように見受けられる。普通教育の課程の中で職業教育そのものを実施する必要はないが、それにしても、戦後日本の学校教育は頭脳偏重的で、体全体で学習する意義を軽視したのではあるまいか。体を使って仕事をすること(例えば農作業)の意義、限られた材料を使ってある目的に適う事物を製作する喜び、技能の貴さ、等々を修得することは、デューイ(John Dewey 1915)も指摘するように、子供の発育にとってきわめて本質的なことがらである。それだけではなく、生活の場に密着した実物教育は、やがて青少年が進路の選択や職業設計をするための準拠枠(frame of reference)を提供するものとなるであろう。ところが教師は、(大学教師も含めて)職業生活の実情に疎いために、このような教育はいうべくして実行し難い。いわんや、進学競争のもとでは、このような発想は一笑に付されるだけであろう。ともあれ、この事態は教育哲学の問題であって、学校の種類を多様化することでは解決しないだろう。労働省所管の公共職業訓練校は、以上のような大勢へのアンチ・テーゼとして、ささやかではあるが偉大な存在意義を有したといってよい。

しかし、このことは、公訓にも問題点があったことを否定するものではない。一つの問題は、それがあまりにも建設業・製造業中心だったことであろう。さらに問題となるのは、技術革新のもたらす不確実性である。この結果、一方では昔ながらの職人的技能がすたれたり分解して単能化するとともに、他方では資本設備と補完的な技能や、組織体と密着した総合的判断力が要求されるような職種（新しい「熟練」）が生まれた。職業訓練カリキュラムは、このような変動の波にただちには反応しない。それだけではなく、技術革新は、場合によっては訓練指導員の技能そのものを時代遅れの遺物としかねない。訓練指導員と現場との人的交流が限られている場合には、この懸念は少なくない。このような変動の波に適応するためには、一定の技能に特化するよりはむしろ応用力と適応力とを養うべく、基礎的な理論や応用力を身につけることが望ましい。基礎理論の中には、従来からの熟練的技能も、少なくとも部分的には消化され吸収されるだろう。そのような新しい方向を探り、新しいカリキュラムを考案することは、公的な職業教育機関（例えば職業訓練大学校）に課せられた重要な使命である。

（1）この実態調査は、労働省の手によって約一カ年の準備の後に実施されたが、その計画と集計にあたっては、梅村又次教授を座長とする職業訓練計画調査研究会（当時）が全面的にこれに協力した。座長以外の研究会メンバーは、アルファベット順に、原芳男、岩内亮一、泉輝孝、西川俊作、（故）岡本秀昭、島田晴雄、篠崎襄、山田雄一の諸氏と著者であった。調査結果の紹介と調査票のひな形とは、労働省職業訓練局（一九八〇）に収録されている。
なお、本章は著者一人の責任においてとりまとめたもので、右記の研究会もしくは個々のメンバーの見解を代表するものではない。
（2）ボウルズら（Bowles and Gintis 1973）によれば、IQはたんなる天賦の能力ではなく、むしろ後天的に（社会的に）形成される側面が大きいという。しかし、個人の能力や才能について先天のものと後天のものとを区別することは困難である。
（3）職場と家庭とが未分離の「幸福な」情景は、かつて農村社会で典型的であった。ここでは、男女ともに作業を分担し、性による仕事の差別は顕わではなかった。このような状況は、例えば和田（一九七二―七四）にいきいきと描かれている。高度産業社会の女性がもつフラストレーションは、一つには職住分離をもたらした社会構造にその淵源があるといってよいかもしれない。
（4）梅村又次教授のご指摘に負う。
（5）在7の回答の選択肢は、「ぜひ受けたい」「できれば受けたい」「受けたくない」であったが、在16でのそれは、「受けたい」「受けたくない」「わからない」であった。

(6) われわれの調査でも、「暇とお金があったら」レジャー活動をすると答えた者は若年層ほど多く、逆に教育訓練に向けるとした者は高年層ほど多い。このことは、NHK放送世論研究所(一九七九)の調査結果と斉合的である。

(7) ここの議論では、これらの訓練施設のカリキュラムと関連の薄い「専門的・技術的職業」「管理的職業」、および職種内容の判然としない「その他」を除いてある。とりわけ管理的職業にある者は、職業柄、公訓や専門・各種学校についても比較的豊富な知識があったものとみえ、このカテゴリーを付加すると順位相関の有意性は消えてしまう。

(8) われわれの調査結果によれば、一般に転職を希望する男子(とくに販売・サービス職種)では、独立自営志向が顕著(五七%)である。

(9) ただし、ここでの比較は、在校生と卒業生とを同時点間で比べたものであるから、本文の推論にはいささか無理がある。本来ならば、同一人について追跡調査をすべきだからである。

(10) 「転職・自立志向」とは、「転職に備えて」、「将来自立・自営したいので」、および「定年後の生活に備えて」の合計。

第六章　企業内教育と公共職業訓練

鉱工業における職業教育は、企業内で、ＯＪＴによって実施される場合が多い、と論じてきた。しかしそれならば、企業内教育は、企業外のもしくは社会全体の教育活動と一体どのような関係にあるのだろうか。さらに、政府のなすべき施策は何なのだろうか。ここでは、職業教育訓練に対する公的介入の経済理論的理由を振り返り、その基礎の上に、一九八〇年代の日本における職業訓練の実績を顧みよう。

一　教育活動の一部としての職業訓練

職業訓練は、広義には教育活動の一部として把握されるべきものである。もちろん、両者の目的と方法にはおのずから截然とした区別があるようにみえる。義務教育を中心とするいわゆる普通教育が、社会生活に必要な知的・肉体的鍛錬一般を目指すのに対し、職業教育の場合には、ある特定の産業ないし職業を念頭におきつつ個別具体的な訓練を施すのを目的としているからである。

それだけでなく、その効果についても、二者間には差異が認められる。一般普通教育では発展性の大きく応用の幅が広い基礎訓練に主眼がおかれるから、その効果もまた比較的長期持続的であるが、これに対して職業教育の場合には、その内容が技能中心的かつ即物的であるだけに生産技術の革新の影響を蒙りやすく、したがってその効果も相対的に短期間だということができよう。

だが、職業教育と普通教育との相違は、質の差であるよりは程度の差である側面も多い。それを示すよい例は、第四章末(第一四節)で紹介した成瀬実験である。この実験は、職業訓練大学校において、古賀一夫らの協力を得て実施されたもので、その結果によれば、純粋の技能――いわゆる「腕」――を身につけるためには、その訓練の開始は早ければ早いほどよく、高学歴の者があとから学習しても到底これに追いつけない。ところが高学歴者は、判断力や思考訓練で優っているため、ある時期をすぎると総合成績という点ではかえって「腕」のある者を凌駕するに至るという。(1)

職業技能が知的訓練と深い関係をもつことは、高度成長期以降、海外で工場経営に携わった日本人技術者諸氏の体験からもこれをうかがうことができよう。とりわけ一九七〇年代の東南アジア製造業における経験によれば、現地生産労働者の技能力はむしろきわめて優良であった。つまり、生産体制が整備され的確な指示が与えられるならば、十分満足のゆく成績をあげることができた(尾高 一九八九を参照)。問題は、むしろ技能以外の分野で発生した。一言にしていえば、それは判断力の不足である。不測の事態が生じたときの対処能力、生産システム全体を改革する能力、将来の変化にそなえるべく組織的な準備を進める能力、等々がこれである。要するに、目で見えなかったり手で触れたりできないものに対してはまだ実力不足だった、というわけである。(2)生産技術者の場合も、鍛造とか切削とかの分野では問題が少なく、肉眼で見え難い材料検査、熱処理、あるいは生産管理といった分野で遅れが目立った。(3)

以上の事実に照らして考えるならば、一般普通教育の普及は、職業教育訓練に対しても重大な効果をもつ。したがって、普通教育と職業教育との境界は、厳密には一線を画し得ないところがあるといえよう。

さらに一歩進んで、職業教育訓練の要素を普通教育課程の中に取り入れるならば、普通教育の効果が一層向上する一面もあるに違いない。この可能性は、デューイ(1915)によってつとに指摘されたところである。

ところが、第二次大戦後一九八〇年代までの日本の普通教育課程は、知育分野に偏り、知識・体力・技能の相互連関効果を無視する傾向が認められた。普通課程と職業課程とを原理的に分断することには、大きな問題があったといわねばならない。

同様のことは、日本の大学教育についても指摘することができよう。従来から日本の大学では、人格の形成こそがその目的で、職業的訓練はその任務でないとの見解がしばしば開陳された。この議論は、とりわけ社会・人文系の大学人に多かった。けれども、職業教育を広義に解するならば、かかる意見は理念上不正確なだけではなく、現実にも適合しない。たしかに一般教養の向上は、特定の技能の訓練には直ちには結びつかないが、それにもかかわらず、職業教育の素地を付加するものでもあることは否定できないだろう。いわんや、工学系の実習や、法学部、商学部、芸術・建築関係学部などの教育活動は、すぐれて職業教育的な色彩をもつ。大学生自身も、単なる一般教育や専門教育だけではなく、彼らの身につく職業的訓練をも需要していると思われる。

二　職業教育の位置づけ

だが現実には、普通教育と狭義の職業教育とが全く別個のものとして認識され、運営されてきたこともまた争えない事実である。われわれの議論もこの事実を踏まえた上で出発せざるを得ない。行政的な守備範囲からいっても、一般教育と目されるものは文部省の管轄下にあるが、職業教育訓練の分野に属する活動の責任は、あるものは労働省に(職業訓練大学校、公共職業訓練校など)、あるものは厚生省に(看護衛生学校、理髪師学校、料理学校など)、あるものは運輸省に(自動車学校、パイロット訓練学校など)分属しており、その規準、管理方法などは必ずしも一様でない。もちろん登録学生数からいえば文部省の管掌するものが大部分であるが、その中には職業訓練的色彩の濃い活動も含まれている(専修学校、各種学校、職業高校、商船大学、音楽大学、神学校など)。職業教育活動が各分野でバラバラに営まれ、政策の上からこれを統一的に評価する場がないのは必ずしも好ましい状態とはいえない。

職業教育は、単に普通教育と区別して意識されるだけではなく、日本では、一般教育に比して一段低次のものとして考えられる傾向がある。日本の学校は、とりわけ大都市所在の四年制大学を中心に格付けが行われていて、それらとの社会的距離が近かったりカリキュラム等の内容的な類似性が大きいほど、社会的地位も高かったのである。だから、一般に職業高校よりは普通高校の方が人気があるし、労働省所管の公共職業訓練校は、永いこと失業救済という一種の社会事業だとみなされていた。ある場合には、カリキュラムの内容が職業教育に他ならなくても、大学という名称を与えられさえすれば、それだけで格が上がったような錯覚に陥ったともいえよう。このような画一主義的環境のもとでは、個々の学校は、(いくつかの顕著な例外はあるにしても)特色のある教育方針を打ち出し難い。職業訓練大学校においてすら、そのカリキュラムや入学試験の内容は、一般大学のそれに徐々に近づく傾向があったということである。

以上のような、大都市所在の「一流」大学をピラミッドの頂点におく学校の格付け構造は、いうまでもなく非公式のものである。しかし、だからといって、格付けが単なる評判や実態の伴わない序列だというのではない。それは諸学校の良し悪しを示す「のれん」となり、またそこに在籍する学生の質を測る尺度として使われることによって、無視できない社会的機能を果たしてきた。相対的に著名な学校ほど、平均的に成績の良い学生を惹きつけるから、その結果、「やはり名の通った学校は事実として良い学校だ」ということになり、「のれん」は社会的に再確認されるに至る。これを社会的評価の自己強化作用といってもよいであろう。

もちろん、このような自己強化作用が有効に作動するのは、一般的学力(知能)という価値体系を是認した上でのことであるから、全く異なった観点からみれば、大学ピラミッドの社会的威信などは一笑に付すことも可能である。事実、価値観の多様化に伴い、さまざまの学歴無用論や実力重視論(例えば三浦 一九七六)が出版されるなどの形で、部分的変化が生じた。しかし、それらはどれも個人的見解の披瀝にとどまり、現存の社会的評価システムに代置し得る価値体系が確立したわけでは未だなかったから、あえて大学ピラミッドを無視して行動するには非常な勇気を必要とした。逆にいえば、制度としての職業教育訓練は、高度成長期から一九八〇年代の終りに至るまで、教育界における継子的存在であり続けたのである。

もっとも、多数の青年が大学をめざして奮闘努力した結果、大学ピラミッドの威信構造が内部から揺らぎ始めた側面もある。もともと大学卒業生に対して高い社会的評価が与えられたのは、明治以後における経済発展の過程で、比較的少数の大学出身者が各界で有効な指導力を発揮し、その結果相対的に恵まれた社会経済的報酬(所得と名誉)を与えられたからである。彼らは、その意味で社会的エリートだった。しかし第二次大戦後の学制改革によって全国の大学数は飛躍的に増大し、また進学率が上昇したため、単に大学を卒業したというだけではエリートとして通用しなくなった。要するに、大学卒業生は相対的に供給過剰となり、大学はかつてのようなエリート養成機関としての役割を果たし得なくなったのである。大学卒でありながら、手につく職を求めて、公共職業訓練校へ入校する者すら現われるに至った。例えば、公共職業訓練校の養成訓練コースに入校した人たちの学歴別構成を見ると、一九七四年四月には中卒が八二%、高卒が一七%、そして短大およびそれ以上が一%弱であったが、それから六年を経た一九八〇年四月には、これらの比率は、それぞれ六三%、三四%、および三%に変化していた。(4) この間に養成訓練の在籍者数が一九%程度減少していたことを考慮するにしても、大学教育終了後改めて公共職業訓練校の門をたたく若者が、(絶対数ではごく僅かであるにしても)三倍近く増えていたのである。もちろん、一方では、社会的諸機能の遂行のためリーダーとなる人達が需要されることには変わりがない。そこでエリート養成のために、国内の大学以外にもさまざまな制度が活用されるようになった。各種の社内登用制度、資格試験、海外留学・国内留学を含む社外研修制度などがこれである。

このように、「大学卒」のレッテルから昔日の輝きが失せたことは事実である。しかし楯には他の半面がある。大学の大衆化が進行する中で大学教育の質が平均的に低下した面もあると思われるが、そのためにかえって大学相互間の相対的優劣が注目されるようになり、大学の社会的格付けが定着したという側面もあるように思われる。単に大学を出たというだけでは尊重されないが、どの大学を出たかという経歴は、(少なくとも就職先を決める段階では)重要だと信じられてきた(小池・渡辺 一九七九、第三章)。日本の受験戦争は、このような社会的通念を反映したものと理解すべきであろう。

日本の人事登用方式のもとでも、長期的には独特の能力(職能)主義が機能していると考えられるが、それにもかかわらず、意識の上では(屈折した形での)学歴尊重の傾向がかえって強化された一面もあるのではなかろうか。この意味では、一九八〇年代の学歴主義は、仮に「虚像」ではあるにしても、未だ無視し得ない影響力を行使していたようにみえる。もちろん、激しい技術革新と社会変動をくり返す現代社会の中では、過去の因習とは関係なく、仕事の中で発揮される実力こそが本人の評価を左右する決定的要因であることは否定できない。ところが、いわゆる一流大学(例えば東京大学)の卒業生が、少なくとも表面的には平均的に優れた素質を具えていることもまた経験的事実である。「難関」を通過したという重みのある経験が、心理的解放をもたらすという効果もあっただろう。いずれにしても、学歴は情報費用の節約をはかる便利な一手段なのである。人事考課上の経歴尊重は、この事実を踏まえたものと解すべきであろう。同様に、理工系学科を除く大学院修了者が企業に歓迎されなかったのは、経営者の立場からみて、彼らには学部卒業者を採用する以上の経済的価値がないと判断されたために違いない。

日本で職業教育の伝統が弱いのは、これ以外にも種々の原因がある。まず、明治以降、職人組合の組織が確立せず、職種別組合主義が育たなかった。そこで労働組合の中にも、労働供給を制限することによって賃金水準を高位に維持しようとする思想はついに定着しなかった。制度としての職業訓練とか徒弟学校の必要が叫ばれたのはむしろ経営管理上の必要からで、それも主として職長や監督者などの中堅層の養成を目的とし、必ずしも一般職工の育成のためではなかった。

以上のような状態は、明治から高度成長期までの成長速度が早く、新しい技術体系の導入が相次いだので、伝統的な徒弟教育型の訓練では十分その需要に応えることができなかったために生じたものと考えられる。伝統的な職人の徒弟期限は洋の東西を問わず七年前後であったが(Hall and Miller 1975, p. 29を参照)[5]、このように時間のかかる訓練をもってしては、速度の早い技術変化に追いつくことはできなかったであろう。さらに、一九二〇年前後以降の製造工業では、初等教育の普及を前提として、仕事の現場で企業独自の教育訓練を施す傾向が(大企業を中心に)普及した(OJT)。生産技能は、特定の仕事場とセットにして捉えられる傾向が強くなり、制度(インスチチューション)としての職業教育は後退した。かくして「日本では職業訓練は無用」(小池　一九七九)とする見解も生まれたのである。

職業教育訓練が企業の手による職場内訓練に代表されるという事情は、第二次大戦後も基本的に変わりがない。これに対して、労働組合の側では、職業教育・訓練に対する関心は終始低調である。この事実は、企業別組合の一つの限界だといえよう。

理念の世界にまで遡るならば、産業化の時代以降、日本では生産工程労働者の職業的地位が確立していない。職業は主として自分が所属する仕事集団との関連で認識され、職業集団の意識はむしろ低位である。このことは、「あなたの職業は何ですか」との問いに対して、ふつう「××会社に勤めています」と答えるのが一般的であるという事実によく表われている。(6) 技能熟達(とりわけ趣味・芸能・スポーツ――例えば、ゴルフ、スキー、往年の武術など)の「腕」に関しては異常なほどの執着と研究心を示す国民性でありながら、職業《プロフェッショナル》人としての熟達はさほどの敬意を以て遇せられない。ちなみに、一九七五年の「社会成層と移動(SSM;social stratification and social mobility)」調査における職業威信スコアによれば、八二の職業のうち、大工の順位は第四四番、指物師は第五一番、旋盤工は第六四番であった(富永 一九七九、四四六頁)。職人気質を発見するのはさほど困難ではなかったものの、職人に与えられる社会的威信は、近代ヨーロッパ諸国における熟練工とは比べものにならない位低かった。(この状態は、とりわけ明治維新以後顕著になったのではなかろうか。)

苦労して仕事に上達しても、まわりがそれを高く評価してくれないのなら、職業教育を受けようとする意欲も低下するし、職業教育施設が相対的に不振であっても不思議はない。これに反して、普通高等教育を受けてホワイトカラー的職業を選んだ方が社会的評価も高いとするなら、普通教育が興隆するのはけだし当然である。かつて三菱長崎造船所に勤める職工が、一八九九年に同社が開設した三菱工業予備学校に自分の子弟を入校させるか、と訊かれたのに対して、「子供に小学校以上の教育を受けさせる余裕があるなら何でわざわざ職工学校などへ通わせたいものか」という趣旨の答えをした(兵藤 一九七一、一〇〇頁に引用)というのは、この間の事情を反映したものであろう。いずれにしても日本では、カルヴィニズムの伝統にたつ、「職分(Beruf)は神の召命」といった類の誇らしい社会的通念(Bendix 1962, Ch. IIIB 参照)はほとんどこれを見出すことができなかった。

三　公費による職業教育訓練

生産的技能の伝達と向上を目標とした各種職業教育活動のうち、第二次大戦後の日本では、公共職業訓練校の占める地位は無視できない大いさをもつ。その創設は、そもそも一九四六年に始まった労働省の職業補導事業にまで遡る。このプログラムは、一九五八年七月に公布された職業訓練法によって公共職業訓練制度として定着したものであるが、職業訓練に対する概念は、当然のことながら時がたつにつれて徐々に変化した。初期の公共職業訓練は単なる失業対策にすぎなかったが、それは次第に高度成長下における技能労働力の調達機関の一つとして機能するようになり、次いで視野をさらに広げて職業人一般の生涯教育にかかわるものと規定されるようになった（隅谷・古賀 一九七八、一九一—二八、二五、八四—八六、二四四—五四頁）。この変化に対応して、一九六九年には法律自体にも第一回めの改訂が加えられている。また、公共職業訓練の施設数は徐々に拡充し、例えば一九六三年に七二校だったものが一九六七年には一〇五校、さらに一九七三年には戦後最高の四四七校へとふくらむに至った。訓練関係の予算も着実に増大した（表6－1〜2）。

しかし、この制度では、上記のような変化はあるにせよ、創始以来の失業者対策としての色彩は永く継続された。高度成長期下の産業構造の変動は、職業転換を必要とする人々を少なからず生み出したからである。さらに、大企業は原則として仕事に就きながらの訓練（ＯＪＴ）に頼るのが通例であるところから、公共訓練施設の便益を享受したのは主として中小企業であった。また、進学希望者に対して高校の収容力が著しく限られた時期には、公共職業訓練校の養成訓練コースは、事実上、落ちこぼれ収容の役割を果たしたという側面もある。労働省が都道府県庁と協力して運営にあたる公共職業訓練制度が、一時期は積極的労働力政策（active manpower policy）の手段として機能したのは

表 6-1　職業訓練関係の中央政府予算：1958-92 年度(5 カ年平均値)

(単位：百万円)

年度	一般会計	特別会計			合計	職業訓練融資
		雇用勘定	労災勘定	石炭及び石油対策		
1958-62	784	1,877	0	0	2,661	0
1963-67	3,895	4,249	47	23	8,215	244
1968-72	4,883	10,722	143	153	15,900	315
1973-77	8,637	25,988	880	265	35,769	300
1978-82	15,231	48,986	1,251	192	65,660	300
1983-87	13,092	65,629	1,272	96	80,089	380
1988-92	12,058	84,036	654	163	96,912	760

(注)　財源別に主たる支出用途を記せば以下のとおりである.
一般会計：主として県立訓練校の訓練実施費
労災勘定：国立の身障訓練校関係費
石炭特別会計：炭鉱離職者訓練関係費
雇用勘定：上記以外(事業運営費，事業費，協会費，認定訓練補助金，各種給付金等)
職業訓練融資：事業内訓練振興および訓練生への貸付金
なお，上記の数値を加算したとき合計と一致しないところのあるのは四捨五入のためである.
(資料)　労働省職業能力開発局.

当然であるが、この制度は同時に、経済政策としての中小企業政策の一環を担い、さらに、普通教育課程からの「落ちこぼれ」を拾ったという意味で、事実上文教政策を補完するものでもあったのである。

もっとも、企業内の訓練活動も、事業内訓練施設としての認定を受ければ、国庫からの補助を受けることができた。例えば、一九七七年度のその総額は二一億円で、中央政府の全訓練支出のうち四%を占めた。したがって、少なくともこの事項に該当するかぎり、大企業も部分的には国家財政による訓練支援を受けてきたわけである。

すでに指摘したように、国が(全般的にであれ部分的にであれ)公費を以て支援する職業教育訓練は、これ以外にも沢山ある。しかし、それらを公費で賄う経済学上の理由は一体どこにあるのだろうか。純理論的にいえば、職業教育も人的資本に対する投資であることは普通教育と変わりがないが、ただ一般(普通)教育と異なって外部経済性が小さい。いいかえれ

表 6-2 職業訓練関係経費の概要(1982，1992 年度)　(単位：百万円)

項目		国家予算					地方公共団体負担	総額	主たる用途
		一般会計[1]	雇用勘定[2]	労災勘定[3]	石炭及び石油対策[4]	小計			
運営費等	1982	16,546	42,656	20	70	59,292	8,580	54,964	訓練校等運営事業費，認定訓練補助金，訓練手当[5]，職業能力開発協会費，審議会費，海外訓練生受入費，ILO 負担金，事業団運営費，県立訓練校指導員等賃金，謝金，事務費等
	1992	12,903	63,196	32	129	76,260			
施設整備費	1982	0	14,732	990	0	15,722	2,994	18,716	施設整備費，機械器具購入費
	1992	0	22,319	752	0	23,071	5,379	28,450	
合計	1982	16,546	57,388	1,010	70	75,014	21,240	96,254	
	1992	12,903	85,515	784	129	99,331	11,376	110,707	

(注) 1) 一般会計：租税負担
2) 雇用勘定：雇用保険(旧失業保険)事業を行う経費．事業主と従業者とがともに負担する失業給付金財源と，事業主が負担する雇用安定等事業費財源とから成る．
3) 労災勘定：労災保険事業を行う経費で，事業主負担．
4) 石炭及び石油対策特別会計：石炭並びに石油及び代替エネルギー対策事業を行う経費で，重油輸入関税があてられる．
5) 1982 年度は 49 千人分 3,271 百万円(うち県負担分 1,635 百万円)を計上し，1 人 1 カ月平均 101 千円ほど；1992 年度は 31 千人分 4,058 百万円(うち県負担分 2,029 百万円) を計上し，1 人 1 カ月平均 129 千円ほどであった．

(資料) 労働省職業能力開発局．

ば、一般教育には公共財としての色彩が強いが、これに反して職業教育に対する支出には、むしろ私的投資としての性格が強い。私的投資から得られる収益は当然個人に帰属するのであるから、その費用を公的に弁ずる理由は必ずしも明白でないといわねばならない。フリードマン流にいえば、職業教育に対する政府支出は、該当する職業から期待される収益率を人為的に引上げ、その結果、市場の資源配分機能を妨げる。つまり、それは一般大衆から特定の職業人への所得再分配を意味するのであって、正当な根拠が必ずしもないだけではなく、後者が必要以上に多数供給される結果を導く可能性がある(Friedman 1962, pp. 104–05)。

このように強力な批判があるにもかかわらず、あえて公費を利用するのは、もちろんそれだけの十分な理由があってのことでなくてはならない。その理由は、次の三点のいずれか、またはそれらの組み合わせに求められよう。

(I) 自然的事由によるハンディキャップの回復または補償

身体障害者に対する職業訓練や雇用促進施策はこの代表的なものである。女性の職業選択肢を広げたり、中高年層の職業能力を開発したりする目的で行われる訓練も、(少なくとも部分的には)この部類に属するといえよう。

(II) 市場の不完全性の修復

職業訓練の意義に関連して考えるべきなのは、労働市場に次の三つの特徴があることである。まず第一に、長期的な職業の需給に関する情報が極度に不足していること。職業安定局で得られる知識は、たかだか、どの地域のどの産業で人手が不足し、またどういう経歴の人が何人職を求めているか、という程度の短期的・局所的・表面的なものにすぎない。人の一生を左右する教育・訓練機会の選択や、二〇年後にどういう職業が必要とされ、それに就くためにはどんな準備が要るか、また特定の個人にどの職業が最適か、等々の情報は非常に得難く、仮に得られるとしても十分に確実ではない。それだけではなく、その獲得のためには多くの時間と労力を要する。つまり、職業選択のための情報は、かなり高価でしかも不確実な商品である。

第二に、労働サービスという商品は、銘柄は同じでもその提供者によって少しずつ異なる固有の特質をもち、しかもその内容を直ちには知り得ない。典型的な例をあげると、医療サービスの質は、その買い手である一般市民にはわかりにくい。医術は、専門的訓練、永い経験、鋭いセンスなどを以て初めて獲得できる高等技術(および技能)だからである。そこで、人が医者の良し悪しをきめるときには、噂、患者との応接から得られた印象、医師の社会的地位、出身大学の「格」等々、必ずしも直接医術とは関係ないことがらを材料とせざるを得ない。これらの二次的な情報は、医療サービスの内容を多少とも(ときには誤って)伝達する信号(シグナル)の役割を果たしているのである。(ここで労働市場の信号とは、取引当事者に関する、客観的に観察可能でしかも改変可能な動作や属性をいう。シグナルは、労働取引に必要な情報を伝達したり、ときには変更させる役割を担っている。なお、知覚はできても改訂不可能な属性は、指標(インデックス)と呼ばれて信号とは区別される(Spence 1974, pp. 1, 10)。)

第三に、職業の将来には、不確実性が多くつきまとう。各銘柄の労働の供給量は、人口動向、労働力率、就学状況、各種訓練活動等を見ればある程度予想がつくが、需要がどう変化するかまでを的確に知ることははなはだ難しい(第一点として述べた情報不足のひとつの原因は、この不確実性にある)。労働需要を左右するのは生産技術の性格だから、前者の「予測」のためには後者の見通しが必要であるが、技術は刻々変化するし、ときには飛躍もする。その行方を予知することはきわめて困難である。

以上の諸特徴に対応して、次の事実が指摘されなくてはならない。まず、職業情報が不足しているため、求人者と求職者とを的確に結合(マッチ)させるのが難しい。だから、人的資源の配分は最適でない可能性が十分にある。求人側では、どこにどのような人がいて職を求めているのか不透明であるし、求職者の方でも、自分に最も適した職場がどこにあり、どのような収入が得られるのかは簡単にはわからない。さらに、第二の特徴からして、仮に職業情報が定量的には十分あったとしても、それだけでは職場や求職者の質の高低を直ちに判断することはできない。そこで、その判断をできるだけ短期間にかつ間違いなく下すため、職業選択や求職者の選考の過程で、再びさまざまの信号(シグナル)が利用される。(求職者にとっての)企業の知名度、製品の評判、(求人側にとっての)学歴、資格、職業経験、性別、出身地、年齢等々がそれである。これらの情報は、労働市場の資源配分機能を促進する媒体ないし潤滑油の役目を果たしているともいえよう。

そこで、これら信号のうちあるものを公的に生産すれば十分に社会的意義のある場合がある。例えば、技能検定や資格認定の制度などは、国がその最低標準をきめ、また自ら管理・運営することによって、比較的安価に社会的信用度の高いシグナルを供給する効果がある。国の職業訓練活動にも、やり方によっては同様の機能が期待できよう。(ただし、検定、認定、訓練などの活動は、必ずしも国や地方自治体の直営ではなくてもよい。)

一方、不確実性の結果として、人的資本蓄積のための投資資金は、民間の手だけでは十分には供給されないであろう。とりわけ経済発展の初期には金利が高く、資本市場も未発達であるから、個人の力で教育資金を調達するには困難が伴う。人的資本の将来には不確定要因が多くて危険率も高く、その上不動産と違って担保を設定できないから、資金の獲得はますます難しく、教育投資は過少になる可能性がある。この点からすれば、公的機関が教育投資資金に対して利子補給したり、奨学資金を設けたりする意義は大きいであろう(Friedman 1962, pp. 100–07)。

(Ⅲ) 職業訓練の外部経済的効果

教育や職業の選択は、時間の流れに沿って行われるために、完全には可逆的でない。仮に誤った選択をしたと気が付いた場合にも、すべてを新しくやり直すわけにはいかない。失った時間は取返せないのであるから、その期間中に知力や体力等の変化を生じ、学習能力の低下をきたすことも十分あり得る。それだけではなく、収益の回収期間が短縮化しているのだから、他の事情が全く不変だとするなら、投資の限界効率は年齢とともに低下せざるを得ない。したがって、暗黙裡にせよ「終身雇用」契約を結んだ大企業が、比較的年輩の従業員に対して教育投資をさし控えがちだとしても無理もないことである。個人の責任には帰せられない理由(とりわけ技術革新)によって技能や技術が陳腐化する場合でも、事情は同様である。

このような理由から、選択の誤謬や技術革新の結果として必要となる再教育を市場に委ねた場合には、多くの場合、付加的教育投資を希望する本人の意思に反して、量的・質的に不十分な訓練しか実施されない。

それのみではない。日本では、いわゆる横断的労働市場の発達が妨げられ、一度ある企業に職を得た場合には長期間同一企業にとどまる例が多いとされてきた。(ただし、独立性の強い職種(例えば大工)や中小企業に例外はある。)このような環境のもとでは、企業の枠を超えた人的資源の再配分は困難で、したがって労働移動の頻度は国際的にみてむしろ低位である。とくに、大企業をいったん離脱した人は、以前よりも処遇条件の劣る職場で働くことを余儀なくされる可能性がある。

いずれにしても、これらの事情が該当する人々は、必ずしも本人の責任に帰せられないことがら(例えば、技術的失業)に対して、一種の社会的制裁(ペナルティー)を受けることになる。したがって、このペナルティーを、すべて本人の負担とすることには大いに疑問がある。

逆に、経験を積んだ職業人を再訓練して雇用するならば、組織の統合とか指導力・助言力などの上で、企業によっては表面的な経済計算に直接反映されない利点も少なくないだろう。能力再開発や向上のための適切な訓練は本人の労働意欲をかき立てるものであるから、その結果、活力に豊んだ社会環境が生まれるかもしれない。おそらくそれは仲間たちの職業効率や労働意欲をも刺激し、フリードマンのいう隣人効果(neighborhood effect)を発揮することであろう(*op. cit.*, p. 86)。

これを要するに、職業教育訓練に対して財政資金が投ぜられるべき理論的根拠は、社会政策上の意義に求めるか、あるいは市場機能の補強ないし補完にこれを帰着させるか、のいずれかである。もっともこれ以外に、経済政策の一環として、中小企業(あるいはその他特定の部門)振興の一翼を担う可能性が残されているが、その理論的正当性は、公共職業教育そのものの意義いかんによるのではなく、むしろ中小企業(等)を政策的に支援することの是非にかかっているといえよう。

四　石油危機以降の公的職業教育

以上の議論に具体性をもたせるため、ここで、一九七〇年代後半から一九八〇年代における日本の職業教育訓練の動向を振り返ってみよう。表6-3はこの目的で作成されたものである。職業訓練の実態を捉えるためには、これ以外に企業内訓練活動(OJT)を初め民間で行われる各種の研修やセミナー等の指標がぜひ欲しいところであるが、OJTの性格上、そのような情報は蒐集が困難である(なお、森 一九八二を参照)。

表6-3を一覧して、人はフォーマルな職業訓練活動の規模が小さいことにむしろ驚くであろう。とりわけ公共訓練機関の収容能力は、絶対的にも相対的にも決して大きなものとはいえない。例えば、一九七九年度の場合文教予算

表 6-3　職業訓練活動状況

事項＼年度	1975	1980	1985	1990	備考
1. 職業訓練施設数					
(A) 専修学校・各種学校	7,956	7,823	7,315	6,736	
(B) 公共職業訓練校	437	399	380	382	市町村立を除く
(うち：身障訓練校)	(14)	(17)	(18)	(19)	
(C) 認定職業訓練施設					
事業主が単独で行うもの	365	263	301	376	
事業主等が共同で行うもの	699	730	862	901	
2. 公共職業訓練校訓練定員(千人)					
(A) 養成訓練	56.8	48.6	34.9	32.0	
(B) 能力再開発訓練	59.4	74.1	78.1	89.6	
(うち：中高年齢者訓練)	(49.0)	(56.5)	(73.8)	(89.8)	
(C) 身体障害者職業訓練	2.1	2.6	2.6	3.5	
3. 職業訓練受講者数(指数)[1]					
(A) 専修学校・各種学校	100	96	89	101	
(B) 公共職業訓練校	100	143	134	203	
うち 養成訓練	100	85	60	63	
うち 向上訓練	100	196	181	282	
うち 能力再開発訓練	100	126	142	215	
うち 委託訓練	100	161	143	279	
うち 速成訓練	100	108	140	268	
(C) 認定職業訓練施設	100	101	140	171	
4. 技能検定合格者数(千人)					
(A) 一　級	24.5	27.5	27.4	21.3	
(B) 二　級	41.4	39.8	36.9	31.6	
(C) 単一等級	—	4.2	8.7	5.0	

(注)　1)　受講者数は1975年を100とする指数である．原数値の正確さについては吟味の余地がある．

(資料)　専修学校・各種学校関係は文部省『学校基本調査』各年；その他は労働省職業能力開発局調べ．

(歳出)は四・三兆円で、そのうち義務教育費だけでも一・九兆円、一般会計から国立学校特別会計への支出が九千億だったのに比べれば、職業訓練に対する公費の支出はきわめて微々たるものであった(地方公共団体の負担を含めても、文教予算一般会計総額の二％弱にすぎない)。しかも、訓練の場合には、一般会計から支出された額は、(地方公共団体の負担も含めて)訓練予算全体の約四割であって、その残りの多くは何らかの形で当事者(事業主と従業者)が負担したのである。

にもかかわらず、公共職業訓練校は、毎年定員を満たしていないことが少なくなかった。それだけではなく、養成訓練の規模は時とともに縮少する傾向にあった。しかも、一九七五年度には、公共職業訓練校の受講者のうち二七%が養成訓練を占め、向上訓練と能力再開発訓練とは三八%と二七%だったのに対し、一九八五年度には、これらの値はそれぞれ一二%、五一%、および二八%であった。[7] 一九七〇年代なかばに始まる一〇年の間、能力再開発、委託、速成の三カテゴリーの相対比率は安定していたのに、養成の割合は減少し、かわって向上訓練のそれが急増したのである。

この事実をわれわれはどう受けとめるべきだろうか。あり得べき一つの解釈は、公的訓練機関が社会の要請に十分応えておらず、したがってそのパフォーマンスに改善の余地があったとすることである。しかし他の解釈として、これらの数字には社会の実態が反映していたにすぎないとすることも可能である。

とりわけ養成訓練に関しては、既述のように、それが進学ブームのあおりを受け、普通教育機関の亜種として機能してきたことを想起しなくてはならない。ところが、進学率の上昇とともに、中学の卒業者のほとんどは直ちに高校へ進学するようになった。すなわち、例えば一九七三年三月には、中学卒業者約一五四万人のうち進学する者がすでに八九%(就職者は九%)の水準にあったが、下って一九八〇年三月には、同卒業生一七二万人の進学率は九四%(就職率四%)へと上昇したのである(文部省『学校基本調査』による)。[8] したがって、主として新規中卒者から成っていた養成訓練の対象者が減少したのは当然の勢いだったといわねばならない。この結果、養成訓練過程に占める中卒者の割合は一九七四年四月の六三%へと激減し、代わって高卒者の比率が(同じ期間中に)一七%から三四%に高まった。

他方、石油危機以後の産業構造には急速な変化が生じつつあった。それは、一言でいえば、「サービス経済化」の現象である。第三次産業の就業人口比率の動向が米国と同様の歩みを辿ったためかどうかはともかくとして、一九七〇年代後半の製造工業の雇用規模は、すでに就業人口の四分の一に満たなかった。加えて石油危機以来、企業による省力化の努力は著しく、そのためもあって、技能労働力の不足率は石油危機直前(一九七三年)の二〇％台(製造工業のみでは一九％)から、危機後再び景気がやや持ち直した一九八〇年には九・〇％(工業のみでは八％)にまで急速に低下していた。[9]（労働省『技能労働者需給状況調査結果報告』による。ここで技能労働力の不足率とは、調査時点における該当職種労働者の不足数を、同じく現員数で除した商に百を掛けたものである。）これと並行して、とりわけ製造業における労働力の高年齢化が進行して生産物単位あたり賃金費用の上昇圧力となり、また配置転換上の困難を生みつつあった。[10] 公共職業訓練校の能力再開発訓練課程においても、その年齢構成には明瞭な上昇傾向が認められた。すなわち、同課程入校者のうち二五歳以下の者が占める比率は、一九七四年四月の四二％から一九七七年四月の三〇％へ、さらに一九八〇年四月の二三％へと激減したのである。これに対応して、能開訓練入校者の中位年齢は、それぞれ、二九歳から三四歳、そして三七歳へと上昇した(労働省職業能力開発局資料により算出)。[11] これは、転職訓練においても需給構造が変わりつつあった事実の反映であろう。

これに加えて、製造業における技術革新の動向にも注目する必要がある。例えば、篠崎襄教授の教示によると、機械工作の花形である旋盤加工についても高度成長期の変化は目ざましく、一九六五年頃まで五〜六割を占めた普通旋盤は、一九七〇年頃にはターレット旋盤の優勢におされるようになり、その後は自動旋盤化が進行して一九七五年頃にはNC旋盤にとって代わられるようになった。一九八〇年に至ると、歯車を内蔵しない歯車加工機(ギア・カッター)まで出現するに至ったとのことである。一九八〇年代に議論のやかましかった産業機械のロボット化は、このような動きと密接に関連していた。このように技能の新陳代謝が激しいことも、技能訓練需要の相対的低落に関係があったかもしれない。とりわけ大企業では、特定の技能の修得のためフォーマルな教育訓練に長時間を費やすよりも、OJTを活用して多目的の利用に耐える半熟練的(semi-skilled)な多能工を養成する途が選ばれたのかもしれない。[12]

高度成長期から石油危機後における公共職業訓練活動の関心は、一九八二年と一九九二年現在の技能検定職種の一覧表(表6－4)が端的に示すように、もっぱら建設と工業関係の職種に向けられていた。とすれば、前述のように製造工業関係職種の全労働人口に占める比重が減少してくれば、訓練校的なカリキュラムに対する需要も停滞するのは当然である。他方、各種学校や専修学校の数や訓練活動が公共職業訓練校のそれをはるかに上まわったのは、前者が、工業ではなくサービス業的な職種の訓練を得意としたからに他ならない。(ちなみに、検定職種には、この一〇年の間に、職業需要変化を反映して多少の変更がみられるのは興味がある。)

このような状況変化に呼応して、(前章でみたように)各種学校や専修学校の在校生の年齢構成は、公共職業訓練校の傾向とはむしろ対照的に、青年層の比率が相対的に大きかった。かつて訓練校がつとめた「落ちこぼれ対応機能」は、今やむしろ各種・専修学校に移行していたといえるのかもしれない。

以上のように、公共職業訓練活動が概して地味だったのには幾つかの実体的な理由が考えられるが、しかしこれらのどれにも増して重要かつ決定的だったのは、既述のように、わが国において職業教育の中心をなしてきたのはOJTだったという事実である。

OJTが職業訓練の主流を占めたのには、もちろん十分の理由がある。しかもそれは必ずしも日本固有の現象ではない。一方では経済発展の進行とともに資本係数が上昇し(装置産業化し)、他方では熟練と資本設備との補完性が高まってくるとすれば(尾高 一九八〇、四一―四二頁を参照)、即物的な職業訓練は実地にこれを行う以外には手がないからである。

だが、日本特有の歴史的事情もある。日本では、工業化の比較的初期から「内部労働市場」が発展する契機が強かったといってもよいであろう。とりわけ第一次大戦頃以降の大企業では長期的勤続が建前であったから――もっとも、工場生産現場でこれが確立したのは第二次大戦後のことであるが――、経営者は安心して教育投資をし、その収益を安全に回収することを期待できた。それでも、監督者クラス以上の基礎訓練にはフォーマルな学校制度が活用されたけれども、大企業の生産労働者の養成はほとんどこれをOJT中心の企業内教育に依存してきたといってよい。このような技能労働力の調達方法は、柔軟な労務管理方式と組み合わせられることによって、第二次大戦後における技術導入(とそれに伴う経営組織の改変)を容易にしたに違いない(13)。

このように考えてくるなら、公的訓練機関活動がその規模において限られていたのは、必ずしも悲しむべきことではなく、基本的に日本労働経済の実態を反映したものとみるべきであろう。もちろんこれとは別に、公共職業訓練校のパフォーマンスについて検討することも必要であるが、われわれの長期的な課題としては、むしろ職業教育訓練の基本理念と、それに基づくカリキュラムの編成方法(ないしは訓練制度の運営法)とを検討し、改革をはかることこそが重要であろう。

五　結　語

教育制度が単純明快であるのは、もちろんそれ自体として悪いことではない。しかし第二次大戦後、一九八〇年代末までの日本で特徴的だったのは、小学校から大学に至るいわゆる普通教育課程が、ほとんど全くと言ってよいほど職業指導《オリエンテーション》の要素を欠いていたことである。公共職業訓練施設の他にも、戦前からの伝統を引継ぐ農業高校、商業高校、工業高校などの職業課程が存在したのはたしかであるが、これらは数の上で少数派であるだけではなく、相対的に地味な存在だったという印象を免れない。学生の立場からみても、受験体制のエスカレーターに乗って一流大学をめざして切磋琢磨する者が主流に置かれ、他の者は日陰者的意識を植えつけられた形跡がある。

表6-4 技能検定の職種一覧

1982年8月現在	1992年3月現在	1982年8月現在	1992年3月現在	1982年8月現在	1992年3月現在
1 園芸装飾	1 〃	28 電気機器組立	31 〃	56 木型製作	60 〃
2 造園	2 〃		32 半導体製品製造	57 漆器素地製造	
3 製鋼			33 プリント配線板製造	58 木工	
4 さく井	3 〃	29 家庭用電気治療器調整	34 〃		61 家具製作
5 鋳鉄溶解	4 金属溶解	30 自動販売機調整	35 〃		62 建具製作
6 非鉄金属溶解		31 車両ぎ装		59 竹工芸	63 〃
7 鋳造	5 〃	32 車両整備	36 鉄道車両製造・整備	60 紙器・ダンボール箱製造	64 〃
8 鍛造	6 〃	33 船舶ぎ装			65 版下製作
9 金属熱処理	7 〃	34 時計修理	37 〃	61 製版	66 〃
10 粉末冶金	8 〃	35 光学ガラス研磨		62 印刷	67 〃
11 機械加工	9 〃	36 眼鏡レンズ加工	38 〃	63 製本	68 〃
12 放電加工	10 〃	37 光学機器組立	39 〃	64 更生タイヤ製造	
13 金型製作	11 〃		40 複写機組立	65 プラスチック成型	69 〃
14 金属プレス加工	12 〃	38 内燃機関組立	41 〃	66 ガラス繊維強化プラスチック成型	70 〃
15 鉄工	13 〃		42 空気圧装置組立	67 ガラス製品製造	71 〃
16 板金	14 建築板金	39 油圧装置調整	43 〃	68 琺瑯加工	72 〃
	15 工場板金	40 縫製機械整備	44 〃	69 陶磁器製造	73 〃
17 工業彫刻	16 〃	41 建設機械整備	45 〃	70 石工	74 石材施工
18 電気めっき	17 〃	42 農業機械整備	46 〃	71 石積み	
19 アルミニウム陽極酸化処理	18 〃	43 冷凍空気調和機器施工	47 〃	72 コンクリートブロック施工	
	19 溶射	44 織機調整	48 〃		75 パン製造
	20 金属ばね製造	45 染色	49 〃	73 洋菓子製造	76 菓子製造
	21 ロープ加工	46 メリヤス製造		74 和菓子製造	
20 仕上げ	22 〃		50 ニット製品製造		77 機械製麺
	23 金属研磨仕上げ	47 婦人子供服製造	51 〃	75 ハム・ソーセージ製造	78 〃
21 工具研削	24 切削工具研削	48 紳士服製造	52 〃		79 水産練り製品製造
22 超硬刃物研磨		49 和裁	53 〃	76 味噌製造	80 〃
23 製材のこ目たて	25 〃	50 寝具製作	54 〃	77 酒造	81 〃
24 機械検査	26 〃	51 帆布製品製造	55 〃	78 建築大工	82 〃
25 けがき		52 メリヤス縫製		79 枠組壁建設	83 〃
26 ダイカスト	27 〃	53 布はく縫製	56 〃	80 瓦ぶき	84 〃
	28 機械保全	54 木工機械調整	57 〃	81 とび	85 〃
	29 電子回路接続		58 機械木工	82 左官	86 〃
27 電子機器組立	30 〃	55 合板製造	59 〃		87 煉瓦積み

（表 6-4 つづき）

1982 年 8 月現在	1992 年 3 月現在	1982 年 8 月現在	1992 年 3 月現在
83 築炉	88 〃	106 構造物現図製作	
84 ブロック建設	89 〃	107 車両現図製作	
85 エーエルシーパネル施工	90 〃	108 化学分析	114 〃
86 タイル張り	91 〃	109 金属材料試験	115 〃
87 畳製作	92 〃	110 漆器製造	116 〃
88 配管	93 〃	111 貴金属装身具製作	117 〃
89 浴槽設備施工	94 〃	112 印章彫刻	118 〃
90 厨房設備施工	95 〃	113 椅子張り	119 〃
91 型枠施工	96 〃	114 表装	120 〃
92 鉄筋組立	97 〃	115 塗装	121 〃
	98 コンクリート圧送施工		122 路面標示施工
93 防水施工	99 〃	116 塗装調色	123 〃
	100 樹脂接着剤注入施工	117 広告美術仕上げ	124 〃
94 床仕上げ加工	101 内装仕上げ施工	118 義肢・装具製作	125 〃
95 カーテン施工		119 舞台機構調整	126 〃
96 天井仕上げ加工		120 工業包装	127 〃
97 スレート施工	102 〃	121 写真	128 〃
98 熱絶縁施工	103 〃		129 調理
	104 カーテンウォール施工	122 ビルクリーニング	130 〃
99 サッシ施工	105 〃		131 産業洗浄
	106 自動ドア施工		132 商品装飾展示
	107 バルコニー施工	123 フラワー装飾	133 〃
100 ガラス施工	108 〃		
101 建設透視図製作			
	109 ウェルポイント施工		
102 テクニカル・イラストレーション	110 〃		
103 建築製図	111 〃		
104 機械製図	112 〃		
105 電気製図	113 〃		

（注） 検定職種が両年で同一の箇所は〃で表示してある．
（資料） 職業訓練（職業能力開発促進）法施行規則による．

教育の単線主義がよって生まれたゆえんは、一つには実業教育のあり方にあった。職業教育の主たる担い手がＯＪＴにあったため、実社会が制度としての学校(ないし職業訓練校)に実業上の教育・訓練を期待する余地はきわめて乏しかった。理論教育と実地教育とが、いわばほぼ完全な二分法の状態にあったのである(原 一九八一を参照)。

だが他方では、画一的な(単線主義による)普通教育の大衆化が、職業訓練上プラスをもたらした一面のあることも否定できない。ＯＪＴの対象となる人々が広い一般教養の持主であったからこそ、訓練の結果、高い適応力(応用力)が発揮されたのではなかろうか。日本の職業教育が即物的な現場実習にだけ依存していたとすれば、高度成長期に発揮されたような新技術体系への柔軟な対応は見られなかったかもしれない。その意味では、第二次大戦後の体験は、成瀬理論を地で行って見せてくれたものと評価できるかもしれない。この意味では、戦後日本の諸階層を熱狂的に駆り立てた教育熱は、結果的には、経済成長のためにきわめて都合のよい技能労働力を育てあげたということができるのではあるまいか。

ここで、以上の諸節で述べたところを整理すれば、次のように要約することが許されよう。

(一) 高度成長期から石油危機直後の日本の企業は、一般に新人の採用にあたっては学歴という信号(シグナル)を重視しており、即物的な技能はあまり問題としなかった。技能その他の養成訓練は、主として企業内訓練(ＯＪＴ)にこれをまかせていたからである。この傾向は大企業ほど顕著で、逆に小規模企業ほど弱かった。ちなみに、一九七五年の社会調査データによれば、学歴は、所得との相関は必ずしも高くないが、その一方では、入社後の地位・昇進速度などとは明瞭に正の関係にあった(富永・安藤 一九七七、一九頁)。

(二) 公共職業訓練校の実施する養成訓練は、高度成長期には後期中等教育の補完的役割を務めたが、その機能は進学率の上昇とともに著しく減退した。戦後の日本のように、教育をめぐる価値尺度が極度に単線化した社会では、これは生ずるべくして生じた現象である。

「構造変革の時期」といわれた一九七〇年代後半、公共職業訓練校の活動は、量的に低迷期を迎えた感があった。とりわけ養成訓練が不振だったが、それに加えて、成人訓練課程(向上訓練、能力再開発、転換訓練)でも訓練生が相対的に中高年層に偏していた。事実、訓練生は定員に満たないところさえあった。これは、訓練内容やその実施に問題があったというよりは、むしろ産業構造と技術の変化に伴い、従来のような金属加工ないし機械工作中心の職業訓練体制が社会の実状にそぐわなくなっていたことを如実に物語るものである。

(三) これと対照的に、専修・各種学校への入校者は大幅に増加するきざしがみられた。これらの学校に集まるのは多く青少年で、各種の資格を取得する目的の者も多かったが、一方、自己に適した職業を求めてその探索(job search)の過程にある者も多数含まれていたものと考えられる。なお、これら専修各種学校のカリキュラムには、経済のサービス化を反映して、第三次産業的な需要に見合うものが多かった。

(四) 最後に、中小企業においても大企業と同程度に内部労働市場の発達がみられたかどうかは、必ずしも明らかではない[14]。しかし、公共職業訓練校の受講者についてみる限り、そこには中小企業の後継者とおぼしき者や、将来自立を志す人が少なくなかったのだから、公共訓練がこれらの層における教育訓練需要に応えるところが相対的に多かったことは十分察知されよう。

(1) ただし、実験にたずさわった被訓練者の層別が無作為的だったかどうかには問題が残る。(つまり、高学歴の者は、IQ、社会的・家庭的環境その他の原因により、もともと好成績をあげうる素地をヨリ多く持っていたかもしれない。)

(2) これは、一九七六〜八一年にかけて著者が間歇的に実施した現地実態調査の所見の一つでもある。同様の事実は、一九四〇年代後半における解放直後の台湾にも存在したらしい。梅村又次教授によれば、当時の台湾鉄道業は、経常運転に関するかぎり現地要員によって十分これを行うことができたが、いったん事故がおきた時には回復能力がなく、すでに業務を離れていた日本人技能者を呼び戻さざるを得なかったという。

(3) Siriboon Nawadhinsukh 氏の教示による。なお足立・小野・尾高(一九八〇)をも参照。

(4) 一九九〇年四月現在では、中卒が四三%、高卒が五六%、そして短大およびそれ以上が二%(労働省職業能力開発局調べ)。

(5) 一八八二年の太政官布告二九五号は、徒弟奉公の上限を七年と定めたとのことである(毛利 一九七九、五四頁)。わが国の場合七年という数字が多いのはこの影響のためかもしれない。

(6) もっとも、明瞭に定義可能な特定の職種に携わる人々に呼びかけるに際して、日本では姓名を使わず職名で代用することが多い。「郵便屋さん」「関取り」「大工さん」「電気屋さん」等々。これに対して欧米では、姓名を知った間柄では互いに姓名(親しい場合には名)を使って呼びかけるのが建前で、職名で代用するのは相手の名前が不明のときか(「車掌さん」「交換手さん」等)、ごく改まった状況のもと(「大統領閣下」「議長殿」等々)だけである。欧米では職業(職分)と個人とが独立のものとして把握されているのに、日本では属人主義が原則で、職分は個人に従属したものと意識されているためであろう。

(7) なお、委託訓練生と速成訓練生とが全受講者数中に占める比率は、一九七五年度には六%と一%、また一九八五年度にはそれぞれ七%と二%であった。

(8) ちなみに、同じ期間中に、高校卒業生の就職率は五〇%から四三%へと減少した。なお、一九九〇年三月には、中卒者一九八万人の進学率は九五%(就職率三%)、高校卒業生の就職率は三五%であった。

(9) 一九九〇年の技能労働者不足率は一四%(工業のみでも一四%)であった。

(10) このことは、前章で報告した実態調査の結果からも明らかである。(ちなみに、同調査によれば、大企業ほどここで言及した二つの問題で悩む傾向があった。)

(11) 一九九〇年四月の中位年齢は四五歳。

(12) 産業構造の変化と技術革新の動向とは、日本独特の現象ではもちろんない。工業的職種の職業訓練需要は、欧米諸国においても同様に変貌を遂げつつあったものと考えられる。

(13) この方式にはマイナスの側面もある。例えば、小池(一九七七)が指摘するように、職場の運営、とくに人員配置について経営側が絶対的権威をもつという伝統は、産業民主主義の立場からすれば問題であろう。

(14) ちなみに、小池(一九八一b、一―二章)によれば、高度成長期以後は、工業における中小企業でも、生産技能の企業内形成の傾向が明らかに認められたとのことである。

第七章　エピローグ

職業訓練のあり方は、独立手工業的な生産方法と大規模工業におけるそれとで大いに異なる。この区別は、属人的技能の教育と組織体的技能の教育との差である。前者は、歴史的には工芸的職種(craft job)によって代表されるもので、それ自体としての独立性が強く、各々の職種を個別に取り出して訓練することができる。伝統的な鍛冶職、鋳物職、大工等がその代表であり、工業以外でも、専門的職業(医師、研究者、作家、音楽家、弁護士等)は同種の性格を具えている。この種の職業では、独自の職業意識(「職人気質」、professionalism)がつきものである。けれども、工業化とともに、工芸的職種は相対的に減少する傾向にある。

もう一方の技能は、一定の組織体の活動の中で初めて意義を持ち、役割を果たす類のものであって、このタイプの技能の伝達はその多くを企業内訓練に頼る。とくに装置産業における職能は、ＯＪＴで教育する以外に方法がない。

属人的技能と組織体的技能とでは、その訓練の意義にも相違がある。前者の場合、教育の年限、方法、方向等は個々人が自己の意志で決めることができる。しかし後者ではそうでない。訓練の内容は職業の選定と同時にほぼ所与のものとなってしまう。しかも、別個の組織体的技能を同時に身につけようとしても困難である。教育費用の帰属計算は類同であっても、後者の場合には訓練内容を被訓練者が決められないという点で、自由度が相対的に小さいといってよい。しかるに、企業内訓練は、経営体中心の計画にもとづいて行われ、その効果が高能率(費用逓減)、労働意欲の改善等に表われることを期待している。世間的評判(public relations)、高離職率による損失等をも考慮に入れた上で、少なくとも採算がとれなければ企業の行う教育活動は成立しないのである[1]。

だが、このような経済主義は、従業員自身の職業生活上の福祉と合致するとはかぎらない。その一例としては、採算性を決める決断に比べて、職業選択に要する期間(time horizon)の方が遙かに永い(一世代)こと、また訓練は不可逆性のものであること、を想起すれば十分である。不可逆だとは、(イ)一度過ぎ去った時間は戻らないこと、(ロ)再訓練の効率は、一般に若年時の訓練のそれに劣ること、の二点を意味している。

再訓練や向上訓練が十分に行われ難いのも同じ理由による。技術革新とともに新しい職業が出現し、その代りに陳腐化する職種が生ずるのは当然であるが、新しいタイプの訓練はこれを若手の新規学卒労働力に施す方が効率が高い。また、工場設備全体が旧式になり老朽化した際には、それを改善するよりは別に新工場を設立し、従業員も少数の精鋭の他は全く改めて採用する方が経済的であろう。このように考えれば、企業としては、再訓練を考慮するのは二の次になるのである。労働組合側でも、再訓練や向上訓練に関する認識は浅いように見えるが、この点は企業内組合の持つ一つの弱点かもしれない。

けれども、組織体的職業に従事する人びとは、決して単なるロボットではない。労働サービスを提供する代償として賃金を受け取る契約の下にあることは確かであるが、同時に人は、意味のある仕事に従事することを通して自己実現したいという自然の欲求をもつ。責任のある職務や、注目されている任務に就いた人びとの労働意欲が目に見えて向上するのはこのことの証拠である。つまり、教育訓練は、単に従業員個々人の経済価値を高めるだけではなく、組織の効率を高める。明治末期以降、経営家族主義がしばしば唱えられ、教育もその枠の中で一つの地位を与えられる場合があったが(例えば『財界人思想全集2、経営哲学・経営理念昭和篇』(ダイヤモンド社、一九七〇)を参照)、その実体的な意義は組織管理技法にあったともいえよう。高度成長期末に企業に対して教育訓練の意義を尋ねた調査(労働省職業訓

練局 一九七〇)でも、一〇〇のうち二九の割合で「モラールを高めるため」という回答が得られているのである(ただし、回答は多岐選択)。労働意欲や連帯感の向上は、訓練の直接の目的ではないにしても、重要な副産物であることは間違いあるまい。いずれにせよ、労働は、マーシャルが考えたように単に不効用を生むものだけとはいえない。教育訓練に関する企業の活動はまさにこの点をついたものということもできよう。

さて、本書の考察から何が言えるだろうか。ここでは、次の二点を指摘したいと思う。その第一は、組織体的技能に関しては、ＯＪＴを中核とした企業内訓練を活用する他ないということであり、その第二は、企業内訓練における経済主義の限界を越える試みが必要だということである。

第一の点は、職業訓練と同時に、一般学校教育で幅広い視野と創造能力とが培われることを期待している。また、いずれかというなら、属人的技能訓練を主体とする公共職業訓練校は中小企業対策として以上の意味を持ち難いだろうという見通しに連なる。しかも、公共の訓練校は、その指導員と産業内現場との交流が活発でない限り、最先端の技術水準とつねに肩を並べるというわけにはなかなかいくまい。

職業訓練の大半(しかもそのきわめて重要な部分)がＯＪＴによって担われるという傾向は、既存の実証的資料から判断して、恐らく当分変化することはなさそうに思われる。もしそうだとすれば、企業外部の訓練諸機関・団体は、不可欠ではあるが、補助的な役割を果たすのがその使命だということになるであろう。われわれは、それよりもむしろ普通教育の中に職業指導の要素を導入することを真剣に工夫すべきかもしれない。なぜなら、職業人としての成長には、実業教育と同時に、状況の変化や新しい展開への順応性、さらには開発力や応用力を高めるため、基礎学力(理論学習)を育む必要があるからである。座学と実地訓練との需要をともに満たしつつ、しかも労働による疎外の極少化に貢献するような形で労働力陶冶を進めるシステムは作れないものであろうか。

さて、第二に、われわれは企業内教育・訓練の限界を認識しておかねばならない。なぜなら、職業訓練の中枢的な部分がOJTによって担当されるということは、一般市民にとっては、狭義の職業教育が手近なところにないことを意味するからである。企業体(等)に参加して初めて訓練を受けられるのであれば、その内容、資格要件、職業上の展望などは一般人には容易に知り得ない状況が作り出される。職業選択に関する労働市場情報はいやが上にも限られたものとなり、必要とする情報を入手するためにはどうすればいいかすら判然としない。職業訓練に対する企業側の需要も、歪められたり抑圧されたりしているかもしれない。

さらに、完全雇用下の経済で資源の有効配分を考え、また個人の職業生活における充実を求めるならば、再訓練の必要性はきわめて大きい。経済全体の巨視的観点からすればとりわけその感が強いが、もし長期継続的雇用体系が存続するとすれば、その分野では経営体内部にも向上訓練の要求は芽生えるはずである。(2) 技術革新の進展によって構造的失業者が生まれないためにも、長期の構想にたって産業訓練体系を樹立する必要がある。中高年労働者の問題が重要だといわれるゆえんはここにもある。

一方では、OJTのもつ基本的な性格のために、教育訓練投資が社会的な適正量以下にとどまる可能性のあることはすでに述べた。これらの事情から生じ得べき弊害を防ぐためにも、身障者雇用促進や生涯教育の奨励のためにも、ある程度の公的支出が妥当であろう。ちなみに日本でも、一九七二年度からは、訓練促進給付金制度が発足した。これは、マイナスの職業訓練税といってもよいものである。

いずれにしても、国民的立場から産業内および産業間における再訓練・向上訓練が促進されるべきであろう。これは、一九六〇年代の言葉でいえば、積極的労働力政策である。広義に解すれば、スミスの言う「ばか」にならないための教育の一種だともいえよう。公的機関の訓練活動は、この方面にこそ力を注ぐべきであろう。

職業選択には不確実性がつきものである。人が仮に自分の望む職を選んだとしても、その結果が期待に沿うか否かは不明である。ましてや、労働市場で得られる職業内容の情報量は一般に不十分なだけではなく、的確な選択を助ける手段が不足しており、誤った選択をする可能性は少なくない。しかも、教育投資がその実を結ぶには時間がかかるから、誤りに気付いた時にはやり直しが困難である。しかも、職業に関する情報とそれに対応する職業適性とを客観的に把握することは、しばしば個人の力量を超える仕事である。個人の資金力には限界があり、資本市場には不完全性があるから、必要な教育資金が必要なときに提供されるとはかぎらない。

そこで、公共機関が労働市場における情報網を拡充し、それにもとづいた職業指導が行われるならば、人的資源の適格な配分のために非常に有用であろう。職業訓練法(職業能力開発促進法)の制定や、国による技能検定、技能オリンピックの事業などは、企業の訓練活動を奨励・支援するだけではなく、それを「権威づけ(authorize)」、また技能を「標準化(standardize)」する役を果たし、さらに職業情報(シグナル)の供給を通して、労働市場の機能の向上に貢献してきたと考えられる。個人に対する職業訓練奨励金制度の設置や、民間における教育基金の創設、再訓練費用の免税措置なども工夫されてよい。それと同時に、専門技能的職業に対する社会的評価も次第に高まることが期待される。

職業訓練に関する公共政策にとっては、広い意味での職業教育の普及とともに、上に掲げた積極的労働力政策と、それに加えて情報網拡充によるサービスを提供することとが、その現代的課題だといえるのではないかと思う。

(1) これは、企業が合理的に行動していればその筈だというまでであって、必ずしも実際にそのような計算がなされているということではない。

(2)　従業者自身には雇用の安定(security)を求める自然の傾向があり、経営者も激しい労働移動を歓迎しないから、継続的(終身的)雇用システムを存続させようとする社会経済的誘因も存在する。

付論　職業訓練と大学教育

日本の大学に関しては、最も基本的には、大学存立の目的が必ずしも判然としないことが問題である。標語的に形容するなら、第二次大戦後の新制大学においては、戦前時代の西欧的な「エリート主義」と米国的な「市民・大衆主義」とが十分な反省と検討を経ないで結合された。そのために、大学は組織や予算措置の上からも、研究と教育の両面で徹底し切れず、しかもその状態を根本から改革することのないまま高度成長期を終了した。具体的な一例としては、戦後における大学入試をめぐる競争がきわめて激烈で深刻な(しかも意味の乏しい)社会問題となっていたにもかかわらず、大学を初め社会全体は、第二次大戦後約半世紀にわたってこの問題を解決できないできた。この意味では、大学問題の根は第二次世界大戦直後の時期あたりにまでのびていることになる(永井(一九六五)を参照。ちなみに、戦前日本の大学史については、大久保(一九四三)が便利である)。

最も抽象的に言えば、大学はそれを設置した社会の文化遺産を継承し、発展させる活動の場のひとつである。具体的には、大学の目的と機能は、(イ)学問研究の発展に対する貢献と、(ロ)健全で良識があり、既成の価値体系を批判改革し得る市民(Bürger)の養成とにある、といえよう。これらの活動は、市民の日常生活にすぐさま影響を与えるものではないかもしれない。しかし、大学の存在が認められているという事実は、その社会が、上記の文化的活動を必須と考えたということを示すものにほかならない。

ところで、大学の目的と機能の中には、本質的に相矛盾する要素がある。なぜなら、大学の諸活動は一方では社会の文化遺産の伝達を目指すが、他方では過去の価値体系を否定し、新たな創造に携わるという側面をもつからである。これら二側面のそれぞれをいかなる比重で組合わせるかが問題だが、この決定は長期的には、結局その社会のヴィジョン(何を重要と考えるかという価値体系)に委ねるほかはない。が、さしあたり第二次大戦後の状況に即して例示的に問題点をあげるならば、(イ)科学と技術の急激な進歩に伴う大学自体の変化をどう受けとめ、かつこれに対処するか、また(ロ)大学のみが研究・教育の場ではなくなった状況に鑑み、大学としての独自性をどこに求めるか、の二点が問題となり得よう。

これら二点のうち、(イ)については後にふれるとして、(ロ)について一言ふれておこう。「新たなものをきりひらく」という意味での学問研究は、いうまでもなく大学の最も基本的な機能であり、その特質は既成の価値体系の批判者(異端)であり続ける点に求められる。したがって大学は、現行の体制に全面的に批判的な構成員もこれを許容する組織でなくてはならない。このように、異端をも許容する大学の学問研究は、その価値を国民的文化の観点から長期的に評価されるべきもので、日常的な利害や短期的な採算から評価されるものではない(逆に、そのような性格の研究は、大学や独立の研究機関において行われる以外にないともいえる)。このことは、大学における研究の政治的・社会的・経済的中立性という特徴に連なるものである。さらに大学の研究者は、組織の一員として研究に従うのではあるが、みずからの問題意識によって主体的にこれに参加する点で、単なる個人研究や企業附属の研究機関における研究活動などとは自ずと異なっている。

大学教育の中には、次代の研究者を養成し、文化遺産を継承しかつ新しい創造に携わる人材を準備するとともに、時代の要求する高等教育・訓練を施すという機能が存する。第二次大戦後における日本の大学教育では、この点に関してその重心がどこにあるのかが必ずしも明確でないように見うけられる。仮に、戦後の新制大学方式を貫徹せんとするのであれば、その結果は米国式の大学像が現われるだろう。もっとも、大衆高等教育といっても、それは単なる技術や知識の伝達に終始するのではなく、現存の文化体系を批判的に摂取し、知的創造に携わるヨリ優れた人材を養成することこそが目的なのであるから、実務的な訓練にのみ焦点が合わせられるべきではなかろう。いいかえれば、大学教育は、単なる職業訓練にその目的があるのではなく、最高水準の学問成果を伝達し、かつ次の世代へ継承される新知識の開発を行うところに主眼がある。さらに、研究者と教育者との養成がきわめて重要な課題であることはいうまでもない。

以上でみたように、大学の目的が学問研究と教育とにあるということは衆目のほぼ一致するところである。これを社会との関連において見れば、日本は明治以来、ともかくも学問を尊び学者を尊敬した国で、大学人たちは(とりわけ)第二次大戦前まではきわめて高い社会的威信を保持してきたのであった。例えば、一九五五年における約二〇〇〇名の成年男子を対象とする調査によれば、三二の職業のうちで最も社会的評価の高いものは大学教授であり、その次は医師であった。この順位は同時代の西ドイツでは同じようだったが、米国の場合には第一位は医師で教授は第三位であった(日本社会学会調査委員会 一九五八、三三〇頁、Inkeles and Rossi 1956, pp. 329-39)。

同じく学問といい教育といっても、その意味するところが何であるかは時代によりまた国によってさまざまであり得る。近世以前には、学問研究とは主として古典学であって、古来の教え(「道」)や文化遺産を正しく理解し、かつ受け継ぐことを意味したようである。ヨーロッパの諸大学にあっても、既成のものを批判したり新しいものを創造したりするのはその中心課題ではなかったらしい。いいかえるなら、「知見をひろめ人格を形成する場」こそが大学であった。ちなみに、英国産業革命の導火線となった諸発明は、すべて大学や研究機関の外で完成されたものばかりである。伝統的な英国の大学(オックスフォード、ケンブリッジ)は、人文系の素養付与を中心としたエリート教育にもっぱら意を注いだのであって、これが一八九二年にロンドン大学を設立し、ここでは科学的発見や実験科学に主眼をおいた理由のひとつであった。

この状況に変化をもたらしたのは、近代合理主義とともに発生をみた経験諸科学の興隆である。西欧の大学で従来の人文学にならんでこれらの新興科学をまず導入したのはフランスであったが、その傾向はやがてドイツに引き継がれ、その後に英国・米国へとおよんだといわれる。したがって、一九世紀前半のドイツでは、英・米からの留学生の多数の流入を見たという。開国当時の日本が、帝国大学の範をベルリン大学に求めたのも、決してゆえなしとしない(以上の二パラグラフの諸点については、アシュビー(Ashby 1959)を参照。なお、伝統的な大学観としては、例えばニューマン(Newman 1931)のものがある)。

第二次大戦後の状況に則して諸学問体系を大別するとすれば、これを人文、社会、自然、工学、および医学の五種類に分けることができよう。これらのいずれの分野にも共通するのは、それらが合理的・論理的思考に基づく方法論によってたつという点であろう。それ以外の点では、当然のことながら、それぞれの分析方法は互いに異なる特徴をもつ。さらに、あるものは市民生活にきわめて近い関係にあり、他のものは原理論として日常性から離れた位置にある。しかし、すでに見たごとく、きわめて抽象的に表現すれば、どの学問研究・教育も、一国の文化活動の一端として過去の文化遺産を批判的に摂取するとともに、文化の創造的革新に携わっている。したがってその活動は、多かれ少なかれ自己目的性(「真理のための真理」)を有し、また実用的観点からする評価(例えば採算性)には直接には従属しない。この意味で、学問には「遊び」ないし「無駄」の要素が不可欠である。つまり、社会的観点からすれば学問研究には危険(リスク)が伴う。同様に、研究者の養成についても、これを社会の立場から見ればリスクの要素がつねに含まれている。なぜなら、研究者が良いか悪いかの判定は早急には下し得ず、またその結果を事前に予想するのは必ずしも容易でないからである。

具体的な個々の専門分野について考察すれば明らかなように、時代とともに学問内容は次第に細分化し、かつその性格にも変化が見られた。何にもまして顕著なことは、一九世紀以来、科学と技術の進歩が人々の生活に直接間接に与える影響が急増したことである。一つには、かつて哲学の一分野にすぎなかった諸原理(数学、心理学、経済学など)の実生活に対する応用頻度が増し、二つには、実用に直結する諸分野(工学、医学など)の重要性がますます増大したといえよう(一九六〇年代までの米国における事情については、例えばリースマンら(Riesman and Jencks 1968)が詳しい)。一方、このないわば「科学の手段化」に対する批判も多い(そのような論旨は、例えば社会科学に関してはミルズ(Mills 1959)の中にすでに見られる)。

このような変化に対応して、学問の府たる大学自身も変貌ぜざるを得ない。今日の大学は、一方では既成の知識体系の伝達と社会的需要に対応するとともに、他方では新しい文化の創造に携わり、かつ現存の社会体系に対する批判とを遂行する立場に置かれている。現代の大学が歩むべき道は、もとより場あたり的に周囲の要求に密着することではなく、さりとて社会的諸問題から全く身を退いて象牙の塔に閉じこもることでもなく、むしろ上述の、大学と社会との緊張関係の中に身を置くところにこそあるのではないだろうか。長期的な歴史の歩みの中で評価するならば、かかる緊張関係の中で科学的客観性を貫くところに、大学における学問研究の社会的貢献があるように思われる。

大学にとって学問研究と並ぶ第二の重要な柱は、すでに見たように最高教育機関としての諸活動である。原理的にいうならば、最も刺激的な教育は最前線の現役研究者によってこそなされ得る筈のものであり、逆に研究者も、新進の気に燃えた聴講者を得てこそ意欲的に自分の考察を深めかつ広げていくことができる。この意味で、最も理想的な教師・対学生の関係は相互依存的なものだといえよう。(もちろん、現実には、ヴェーバー(Weber 1919)が言うように、よい研究者必ずしも優秀な教師でない(逆もしかり)から、研究者と教師との間には多少の分業は事実上認められるべきであるのかもしれぬ。)

しかしながら、学問研究の内容と同様、教育という言葉の意味するところもまた一義的ではない。いまこれを大学の教育活動に限るならば、それは既成の知識体系の伝達と訓練(instruction)という側面を有するとともに、また一般教養(liberal education)を施すことによってみずから深く考えかつ実践する人間を生み出す活動を意味することもある。さらにまた、広義の専門教育(もしくは再教育)という側面がますます重要であることは争えない。研究者や教員の養成も、この最後の範疇の一部として数えることができよう。さらに、企業内教育が職業訓練の重要な根幹をなす状況では、新しい思考や技術の展開や幅広い応用力を強化するためには、むしろ基礎学の修練に力をいれるべきかもしれない。その意味では、大学教育と再教育とに期待されるところは今後少なくないのではあるまいか。

明治から昭和まで、大学の目的は社会経済発展のために必要な人材を供給するところにあった感が強い。しかも、帝国大学が幅をきかせた第二次大戦前の日本では、大学は国家の手によって創出せられ育まれたという色彩が強かった。その意味では、同じエリート教育といっても、欧米のそれとはいささか質を異にするものがあった。他方、日本では、大学入学者が制度的に上流階級の子弟に限られるというようなことはなかった。むしろ逆に、明治以来の日本の(大学を含めた)教育制度は、社会的移動をヨリ活発にする役割を果たしたのである。

ところが第二次大戦後は、米国流の市民的大学の理念が導入されたにもかかわらず、大学の機構や組織そのものに多くの見るべき改革が加えられたとはいい難い。大学の理念について主体的な考察が十分なされず、制度だけが手直しされたともいえよう。だから、大学の研究・教育目的の重点がどこにあるのかは、必ずしも判然としなかった。のみならず、大学の財政的には余裕がなく、先端的研究はむしろ企業附属の研究所で実施される場合もある。

ところが一方、現代社会は、大学にますます専門教育を期待する傾向もある。「消費としての高等教育」に対する需要も増えるだろう。仮に、大学を市民の高等教育機関として把握するのならば、図書館を初めとする諸教育施設が充実されねばならないし、カリキュラムの内容と構成も一段と練り上げることが望ましいだろう。学生に対しても、高等専門教育修了後に期待し得る職業生活とそのために必要な資格条件について、高校時代から十分な情報を提供する用意があって然るべきである。さらに、大学が市民の大学であるのならば、学生の経済的自立を支援する仕組をもっと積極的に工夫してよいだろうし、研究・寄宿設備等についても拡充する必要があるだろう。さらにまた、一般社会人が、ヨリひろく再教育を受ける機会を講ずるのがよい。一方、研究者養成のための制度(大学院)も、専任教官の設置、大学院生の研究施設の拡充と福利厚生のための配慮など、実質的な研究生活の保障がなされない限り、次代の研究の担い手がますます少なくなるであろうことは目に見えており、その傾向は高度成長の時代からすでに現われているといってよい。

いずれにしても、現代の日本社会が、不完全な形で実施されている新制大学の「大衆化」を真に推し進めようというのであれば、大学に対して相当額の物的・人的な投資がなされなくてはなるまい。問題は、究極的には、社会がそれだけの投資を長期的に見て有効と判断するか否かにかかっているのであるが、大学自身もまた、自分の希望する方向へと大学を改革すべく、自らのヴィジョンと計画の上に、社会に対する積極的な説得活動を試みる必要があると思われる。

付表『日本職業体系・工業編』抜萃

産業分類	製造品目	発祥	採用年齢	採用方法	養成年限	養成制度	企業規模
I 窯業	瓦	推古時代	13-14	…	5	徒弟制	家内工業
	土管	木型製法 M 8	尋常小,高小卒	…	2-3	…	家内工業
	普通煉瓦	徳川末	17-18	…	1-4	徒弟制によらず	大工場
	耐火煉瓦	M 6	20-	近郊から紹介・臨時	6ヶ月-5年	徒弟制によらず	大組織
	張付煉瓦	M 42	14-30	…	1週-6ヶ月	見習	50人以上
	陶磁器	古代	13-14	…	1ヶ月-3年以上	見習；徒弟制もあり	中小企業
	工業用陶磁器	硝子はM 4	14, 15-30	…	3ヶ月-3年	徒弟制ほとんどなし	大規模
	土器	上古	14-15 or 以下	…	5-6	年季徒弟制	家内工業
	七宝焼	天平	13-14	…	7-8	見習	…
	七宝焼徽章	M 8	14-17	…	3-5	年季	家内工業
	琺瑯素地	19世紀	15-16	…	4-5	年季	小資本経営可能
	琺瑯鉄器	M 20	…	…	…	…	中小企業が大部分
	琺瑯焼付	M 末	15-16	…	4-5	徒弟制	…
	セメント	M 4	17-18	…	3-4	年季制等あらず	36のうち27は100人以上
	セメント製品	M 4	18-20	…	1ヶ月-1年	見習養成の要なし	15人位
	石膏	M 6	20-30	…	特になし,年季もなし	…	多くて15人
	板硝子	徳川期	高等卒；20-30	…	2	…	大企業のみ(数百・千人)
	硝子加工	特に第1次大戦後	15-16	…	3ヶ月-15ヶ月	年季制の者もあり	小規模(3-10人)
	硝子鏡	M 初年	15-16	…	7-8	年季制	家内工業的
	飲食用硝子器	1880年頃か	小卒；15以上	…	年季なら7-8	年季制もあり(移動多し)	…
	硝子壜	上古	15	…	2ヶ月-3年	年季制,熟練工採用も可	20-100人
	理化学・医療用硝子器具	…	小卒15	縁故採用	10	年季	…

産業分類	製造品目	発祥	採用年齢	採用方法	養成年限	養成制度	企業規模
	美術硝子	M 中期	17-18 以上	…	1-2 ケ月；高級品は 10 年	…	小規模
	光学用硝子	1910 代→	15-18	…	10 年以上	特に養成法なし	…
	坩堝	起源古し，独立は M 20	16-17	…	6	見習（養成制少なし）	家内工業的
	硝子製造業	M 4	15-16	縁故（学校，職業紹介所），試験採用	1 週-1 年	養成制少なし	大規模
II　金属	製鉄	M 29	…	…	…	M 43 職工養成所，S 3 製鉄所教習所	八幡製鉄調査
	金属精錬	…	17-20	…	3-4	見習；年季制殆どなし	家内工業的
	伸銅業	M 初年	17-20	…	2-4	…	…
	合金圧延	M 初年	高小卒	…	3 ケ月-5 年	…	大工場
	伸鉄	M 29	18-20	…	2-5	年季	10-15 人
	トタン板	M 29	20 程度	…	6 ケ月-4 年	…	…
	鋼管	日露戦争後	高小卒	…	…	見習（多くは技術を要せず）	日本鋼管・住友伸銅鋼管・日本特殊鋼管のみ
	金属パイプ	…	17-20	…	1-4	年季的住込	規模は様々（20-数百人）
	チューブ	…	17-20	…	2-5（女子は 2-3 ケ月）	…	20 人くらい
	電線	…	15-16	…	2-6	…	…
	製線（針金）	…	高小卒	…	4-5	見習	大工場・それ以下の細線は小工場
	釘・鋲・ラセン鋲・ネジ	M 10	制限なし	…	2-7	年季	…
	手縫用針	江戸時代	15, 16-35	…	…	…	問屋制工業
	蓄音器用針	M 45	16-30	…	…	…	副（兼）業たること多し
	紡績用針	S 6	…	…	…	…	3-40 人
	留針	…	…	…	…	…	小規模（家内）工業
	メリヤス用針	天文年間，機械編法は M 3	14-30	…	見習 1 年位	徒弟制は皆無	機械制家内工業
	釣針	古昔	15-30	…	1 ケ月-長年	徒弟制によらず	半手工；小規模
	ブリキ罐	M 6-7	15-16	縁故，高小卒	3	徒弟制	大規模 20 軒・大小規模合せて 100 軒
	ブリキ加工業	…	14-15	縁故，高小卒	5-6	徒弟制	大規模，家内手工業

産業分類	製造品目	発祥	採用年齢	採用方法	養成年限	養成制度	企業規模
	鉄鎖	…	14-15	縁故, 高小卒	…	徒弟制	家内手工業
	金網	日露戦争直後	15-16	縁故, 高小卒	年季制	年季制	…
	スプリング	…	15-16	縁故	年季制	見習	…
	建築材料・小物鍛冶	…	14-16	縁故, 小卒か, 高小卒	3-4	年季制	小規模
	鋸	…	14-16	縁故	10-13	…	…
	安全剃刀	M 末葉輸入	15-16	縁故, 職業紹介所	3-5	年季制	中小企業
	西洋剃刀	M 43	15-16	縁故, 小卒	2,3 ヶ月-5 年	徒弟制	家内手工業
	安全剃刀用替刃	T 12,3 頃	15-16	縁故, 職業紹介所	3-7	見習；徒弟制によらず	小 10 人～大 670 人
	左官用鏝	M 以降	14-15	縁故, 小卒, 高小卒	10±	年季制	家内手工業
	ボルト・リベット	M 35,6 頃	16-20	縁故	7-8	年季制	…
	シイアリング	M 35,6 頃	16-20	縁故, 各種学校卒	4-5	年季制によらず	大規模(30-40 人)
	シャフト	T 14	16-20	縁故, 高小卒	2-6	見習	5-15 人
	プレス型	M 40	16	縁故, 高小卒	2-9	年季制・徒弟制	家内工業
	鋼材	明治維新以来	20-50	高小卒, 縁故	…	見習	大規模(200-350 人), 小規模(30-50 人)
	鋼製建具	T 4,5	15-16	縁故	1-2	見習；年季制なし	小規模
	鉄骨・橋梁	M 30 頃	16	小卒, 高小卒, 縁故	4-5	年季制なし；見習	…
	鋳物	中古よりあったが徳川末より進歩	15-16	小卒, 高小卒, 縁故	5	徒弟制	大・小規模あり, 個人経営あり
	軽合金鋳造	同上	15-17	縁故, 小卒, 高小卒	5-6	年季制によらず；徒弟制	小規模個人経営多し
	銅合金鋳造	同上	16	小卒, 高小卒, 縁故	5-6	年季制	家内工業的
	機械鋳物	M 初年	16-17	縁故	3-4	ほとんど年季制によらず	大規模(100 人)もあるが, 小規模(10-20 人)も多い
	鋳物彫刻	千数百年前	15-16	縁故	10	徒弟制	2-5 人が多い
	アンチモニー合金鋳造	M 中期	16-17	小卒, 高小卒, 縁故	5	年季制	家内工業
	菓子型鋳造	…	16	小卒, 高小卒, 縁故	4-5	徒弟制	家内手工業
	建具・家具金物	…	14-16	高小卒, 小卒, 縁故	7-8	年季制	小規模工場
	電気鍍金	M 40 頃	15-17	小卒, 高小卒, 縁故	5-7	徒弟制	小規模
	電気熔接	…	15-16	縁故	3-4	徒弟制	…

産業分類	製造品目	発祥	採用年齢	採用方法	養成年限	養成制度	企業規模
	電球口金	S 7 頃に黄金時代	15-16	縁故	…	見習；徒弟制によらず	…
	蟇口口金	M 10	15-16	小卒, 高小卒, 縁故	2-6	徒弟制	家内手工業
	錫器	…	16	小卒, 高小卒, 縁故	5-7	年季制	?
	金属食器	…	15-16	小卒, 縁故	…	…	株式会社組織・小規模双方あり
	金属看板	M 30 頃	15-16	縁故, 小卒, 高小卒	3-5	徒弟制	小規模
	鞄錠前	幕末	16	小卒, 高小卒, 縁故	5-6	徒弟制	家内工業
	煙管	織田信長の頃	15-16	小卒, 高小卒, 縁故	5-6	徒弟制	家内手工業
	酸素アセチレン熔接	M 45 頃輸入	16-17	小卒, 高小卒, 縁故	4-5	年季制	小規模
	徽章メダル	…	15-16	…	2-5	徒弟制	…
	アルミニウム器具	…	15-16	小卒, 高小卒, 縁故	5-6	年季制(大会社では中卒, 専門学校卒の採用もある)	小規模多し
	金属挽物	日清・日露戦役後	15-16	高小卒, 縁故, 職業紹介所, 広告	5-6	年季制	家内手工業(40 人位のものもある)
	甲馳(タビ付属品)	明治維新後	14-15	高小卒, 縁故	1	…	会社組織による 3 社の他に家内工業的のもの(3-4 人)数社あり
	金属抜物	第 1 次大戦中	14-16	小卒, 高小卒, 縁故	4-6	年季制	小規模家内工業(7-10 人)多し
	焼印	…	15-16	小卒, 縁故	8-10	徒弟制	小規模家内工業(2-3 人)
III 機械器具	銅器	…	10-11	小卒, 縁故	4-5	年季制	家内工業
	銅風呂釜	…	16-17	縁故, 小卒	3	徒弟制	…
	銅落	…	15 以上	小卒, 高小卒, 縁故	2-5	徒弟制	徒弟 1, 2 名
	猟銃	天文 12	14-15	小卒, 縁故	5-6	徒弟制	家内手工業
	空気銃	…	15-16	高小卒, 縁故	4	年季制	手工業的小規模工場
	猟銃用銃床	…	14-15	縁故	4-5	年季制	家内手工業
	ベル	自転車用は M 初輸入 M 40 製造	15-16	小卒, 高小卒, 縁故	5-6	年季制	家内工業
	ガス・水量メーター	ガス M 14, 水量 M 37	16-17	高小卒	4-5	見習	大企業が大部分

産業分類	製造品目	発祥	採用年齢	採用方法	養成年限	養成制度	企業規模
	化学用量器	M 末	15-16	縁故	?	見習	小規模, 手工による
	積算電力計	…	16	高小卒, 広告, 職業紹介所推せん	3	徒弟制によらず	…
	義肢整形器械	M 16	15-16	高小卒, 縁故, 身障者	5-7	年季制	小規模
	蒸気機関	…	15-40	小卒, 高小卒, 縁故, 紹介	4-5	見習	大規模, 家内工業的のところもあり
	蒸気鑵	…	15-16	縁故, 小卒, 高小卒	6-7	徒弟制	中工業(20-30 人)多し
	ガス・石油機関	…	15-40	高小卒, 縁故	4-5	年季制によらぬもの多し	?
	水力原動機	…	15-16	紹介, 高小卒, 高等専門校卒	5-10	…	全国に 5 軒(300 人以上のものもあり)
	脱穀機	T 初	15-18	小卒, 高小卒, 縁故	4-5	見習	中規模(個人経営, 合資会社)
	藁加工用機械	M 30	15-16	小卒, 高小卒, 縁故	5-6	徒弟制によらず	中規模(個人経営多し)
	農業用石油発動機	M 30	15-16	縁故, 職業紹介所, 小卒, 高小卒	5-6	徒弟制	大規模もあるが中規模(5-30 人)多し
	籾摺機	M 23	15-16	小卒, 高小卒, 縁故	5-6	見習	…
	スコップ・ショベル	M 24, 5	15-16	小卒, 高小卒, 縁故	3-5	見習	個人経営(15 人が最大)
	旋盤	…	15-16	高小卒, 縁故	3-8	年季制	殆ど下請工場
	錐揉機械	…	15-16	高小卒, 縁故	3-8	年季制	…
	平削機, 縦削機	1830 年代	15-16	高小卒, 縁故	3-8	年季制	…
	旋刃・工作機械	…	15-16	高小卒, 縁故	3-8	年季制	…
	製材機械	…	15-16	高小卒, 縁故	5-15	…	家内小工業
	木工機械	…	15-16	高小卒, 紹介, 縁故	5-10	年季制	小規模(数人-30 名)
	工作機械用工具	…	15-16	縁故	5-9	年季制	大・小様々(10 数人-2 百数十人)
	印刷機械	M 初	15-16	縁故, 高小卒	6-7	徒弟制	…
	謄写版	M 27, 8	16-17	高小卒, 縁故, 紹介, 学校依頼	6 ヶ月-3 年	徒弟制	小規模
	タイプライター	和文機 M 44 頃	15-17	縁故, 高小卒, 甲種工業卒	3	見習(熟練工は旋盤, 仕上の経験者多し)	中規模
	製本機械	…	15-16	縁故, 紹介, 小卒	5-7	年季徒弟制	個人経営多し
	潜水用具	M 初年	15-16	高小卒	5-8	見習	製造～販売

産業分類	製造品目	発祥	採用年齢	採用方法	養成年限	養成制度	企業規模
	歯車・歯切	M 20	16	小卒,高小卒,縁故	4-7	年季；通勤見習制：住込徒弟制	中規模
	洗濯機	T 5	15-16	高小卒,縁故	5-6	年季制	家内工業的
	石鹼製造機械	M 6	15-16	高小卒,縁故	4-5	…	大・中工場
	消防喞筒	M 初年輸入	15-16	小卒,高小卒,縁故	5-6	徒弟制	小規模
	揚水喞筒	…	15-16	小卒,縁故	3-6	見習	小規模
	消火器	M 30 頃	15-16	小卒,高小卒,縁故	5-6	徒弟制見習	2,3 人-10 人
	精米機械	M 40 頃	21-24	小卒,高小卒,縁故	1	…	小・中規模
	製麵機	M 初	16-17	小卒,高小卒,縁故	3-4	徒弟制	10 人内外
	製粉機械	M 4 輸入	15-16	小卒,縁故	4-5	徒弟制	個人経営
	醸造機械器具	M 末輸入	…	高小卒,甲種工業卒	2-3	…	専門業者は大規模；下請は小規模
	染色機械	日露戦争後	15-16	高小卒,縁故	5-6	徒弟制	…
	ミシン機械	…	15-16	高小卒,職業紹介所	4-5	徒弟制もあり	大工場・手工業双方あり
	エレベーター	…	15-18	甲種工業卒,縁故紹介	…	…	大規模(百数十人)
	起重機	…	14-15	縁故紹介,小卒,甲種工業卒	3-5	見習	大資本
	水道器具	M 15	15-16	縁故紹介,高小卒	4-9	年季制	大企業(20 人内外)
	ガス器具	…	15-55	高小卒,縁故	5	見習(幹部養成のため入学させることあり)	小業者
	ガスストーヴ	…	20-55	小卒,縁故(技術試験)	…	経験職工使用および徒弟制	小規模,個人経営
	暖房器具	…	15-16	高小卒,縁故	5-6	徒弟制	…
	扇風機	M 25,6	16-50	高小卒,縁故,職業紹介所	4	徒弟(小規模工場のみ)	殆ど大規模
	金庫	M 5	16-17	小卒,高小卒,甲種工業卒	1-2	見習	中規模(10-30 人)
	冷蔵庫	30 年前	…	高小卒	5-6	…	小規模(家具兼業)冷凍機は大工場
	アイロン	M 末輸入；T 4 頃製造(ガスアイロン)	16-17	高小卒,縁故,広告	1-4	年季制によらず	兼業

産業分類	製造品目	発祥	採用年齢	採用方法	養成年限	養成制度	企業規模
	バリカン	M 初輸入；M 20 製造	15	小卒，高小卒，縁故	5-6	年季制	…
	家庭用・園芸鉄器	…	15-16	小卒，縁故	?	年季制によらぬもの一般	琺瑯鉄器のみ工場生産(5-30 人)他は家内工業による
	測量器	M 初	16-17	縁故，学校紹介	3-4	年季制	大規模(30-50 人)，小規模(10 人内外)
	磁石	安政 5	15-16	縁故，小卒，高小卒	5-6	徒弟制	小工場(5-15 人)
	寒暖計	文久 2	15-16	高小卒，職業紹介所，縁故	5-6	…	…
	注射器	M 末	14-18	小卒，縁故	2-6	年季制	…
	体温計	M 初	14-15	小卒，広告	5-6	徒弟制	…
	吸入器	T 初	16-17	小卒，職業紹介所	5	年季制	…
	ドロップ・フォージ工具	…	15-16	小卒，高小卒，縁故	4-9	徒弟制	数十名-100 名のものも多し
	鑢	M 初	15-16	高小卒，縁故	4-5	…	大・中・小(家内手工業)あり
IV　精密機械	製図器	嘉永年間に輸入 M 6	15-16	高小卒，縁故	5-6	年季制	家内工業的
	光学器械	…	15, 16-18	高小卒，縁故	5-6	ほとんど日給制；年季制	大規模(望遠鏡・双眼鏡)，小規模(双眼鏡のみ)
	顕微鏡	T 年間	17-18	縁故，高小卒，中卒	5-6	徒弟制	…
	眼鏡縁	M 20	16-17	縁故，高小卒	5-6	年季制	小規模(1-2 人)
	暗函写真器械	M 15-30 工場	14-15	高小卒，縁故	5-6 乃至 9	徒弟制	小規模(3-5 人)
	手提写真器械	M 35 頃	14-15	小卒，高小卒，縁故	5-6	年季	家内工業的；大企業(1,000 人)もあり
	時計組立	T 末	…	小卒	5-7	徒弟制	家内手工業(5 人以内)多し
	懐中時計	M 初輸入，30 製造	15-18	小卒，高小卒，縁故	1-7	日給制	…
	掛・置時計	足利末輸入，徳川製造	15, 16-18	小卒，高小卒，縁故，職業紹介所	5-6	…	中規模(名古屋)・大規模(東京)
	時計側	M 30	13-14	小卒，縁故紹介	3-4	年季制によらず	家内工業多し
	時計付属品	T 初	14-17	高小卒，縁故	4-7	年季制	家内工業

産業分類	製造品目	発祥	採用年齢	採用方法	養成年限	養成制度	企業規模
	時計修繕	徳川初期	11-12	小卒,高小卒,知人,学校紹介	7-8	徒弟制	平均2-3人
V 電気機械	電気時計	T 10	16-17	高小卒,縁故	4-5	徒弟制	大規模は70-80人；10-30人の規模が最も多い
	電動機	直流M 25,交流M 31	16	高小卒	5-10	見習	?
	発電機	M 18頃	16	高小卒,電機・工業学校卒,縁故	2-5	見習	…
	変圧器	M 24頃	16	高小卒,小卒,電機学校卒	4	徒弟制(小メーカー)	…
	家庭用電熱器	T 4, 5頃	16-18	高小卒,縁故	4-10	…	…
	工業用電熱器	T 4, 5	17-18	縁故,高小卒,中等電機校卒,工業校卒	4-5	…	中小規模
	電気熔接機	…	16以上	縁故,職業紹介所,小卒,高小卒,中学卒,専門学校卒	4-5	…	大企業(3-4戸),小企業(20戸)
	電灯器具	…	16-17	小卒,高小卒,中学卒,縁故,職業紹介所	3	見習	大資本に押されがちだが,小規模(10人以内)多し
	蓄電池	…	16	高小卒,中等工業学校卒	2	…	家内工業(5人位)多し
	乾電池	M 18	16	小卒,高小卒,縁故,職業紹介所	2-3ヶ月	見習	ほとんど家内工業,2,3大工場あり
	ネオンサイン	T 11輸入	16-40	高小卒,電気学校,縁故,職業紹介所	3	見習	家内工業；会社組織3,4軒
	電話機	M 14	16-50	高小卒,工業校卒	6ヶ月	…	…
	ラジオ受信機	T 14	16-40	縁故,高小卒,工業学校,電気学校	3	…	大規模(100-300 人)10戸,小規模(3-10人)多数
	真空管	1905以降	15-40	高小卒,縁故	5	…	下請の家内工業(10人位)と大・中規模とあり
	配電盤	…	16	高小卒,縁故	3-6	見習	大・小とりまぜ100戸余
	コンジット・チュウブ	T 5,6までは輸入,S 6,7より製造	15-40	高小卒,縁故	3	…	大規模(3戸),かなり大きい
	電圧計	M 41	15-40	高小卒,縁故,職業紹介所	2-6	見習	家内工業多し
VI 輸送機械	飛行機	…	15-16	高小卒,縁故	4-10	見習	…

産業分類	製造品目	発祥	採用年齢	採用方法	養成年限	養成制度	企業規模
	鋼鉄船	19 世紀中頃	16	高小卒, 職業紹介所	8-13	徒弟制	…
	和船	建国当初	15-16	紹介, 小卒, 高小卒	4-5 以上	年季制	家内工業的
	洋型木船	嘉永 6	15-16	縁故, 高小卒	4-13	…	15, 6-50 人
	汽車・電車	M 5 に鉄道建設	…	縁故, 職業紹介所, 技術者	2-3	…	数百人
	自動車	M 33 輸入, S 9 製造	15-16	高小卒, 職業紹介所, 熟練工	4-10	見習	6 社
	オート三輪	…	15-16	高小卒, 職業紹介所, 学校	4-5 乃至 8	見習	大規模
	自転車車体	18 世紀末, M 37 国産	15-16	小卒, 高小卒, 縁故	4-5	年季制(年季によらぬものもあり)	…
	自転車ハンドル	…	15-16	小卒, 縁故	2-6	年季制	家内工業的多し(大規模でも 20 人位)
	自転車パイプ	…	15-16	高小卒, 縁故, 紹介	5-6	年季制(年季によらぬものもあり)	小規模家内工業的(5-20 人)
	自転車ハブ	…	15-16	高小卒, 縁故	3-5	年季制(年季によらぬものもあり)	小規模経営(10 人内外)
	人力車	M 2	15-16	小卒, 高小卒, 縁故	2-5	年季制	1 人ないし 13 人
	荷車	M 14 頃より普及	13	小卒, 縁故	4-5	年季制	…
	乳母車	…	15-16	高小卒, 縁故	5 乃至 10	年季制	…
	三輪車及自動車(小児用)	第 1 次大戦頃出現	15-16	小卒, 縁故	4-5	年季制	…
VII 化学	アンモニア	T 12 輸入	16 以上	小卒, 高小卒	3	…	大企業
	ソーダ	…	16 以上	小卒, 高小卒, 縁故	3	徒弟によらず	大企業
	硫酸	M 5	21 以上	高小卒, 縁故, 職業紹介所	2-3	見習	大企業
	酸素ガス	T 初め	21 以上	高小卒, 縁故	3	…	4 工場あり
	釉薬	T 7	15-16	高小卒, 縁故	3-5	徒弟制	大規模企業は 1 個所
	カーバイド	…	16 以上	…	3 ケ月-3 年	…	大規模株式会社組織
	ヨード	M 18-19	15-16	小卒, 高小卒, 縁故	1-3	小工場に徒弟制あり	家内工業的, 小工場, 大工場の 3 種あり
	ジアスターゼ	M 40 頃	14-15	高小卒, 縁故	2 日-1 年	…	大企業と小企業(ジアスターゼのみ製造)とあり
	ハッカ	文化 14	20-30	縁故	2-3	…	…

産業分類	製造品目	発祥	採用年齢	採用方法	養成年限	養成制度	企業規模
	オブラート	M 30 頃	14-15	広告, 学校紹介, 職業紹介所	5-6	年季制によらず	中小規模
	マグネシウム	…	20 前後	小卒, 高小卒, 縁故, 職業紹介所	3	…	…
	コールタール・ナフタリン	M 30	16-40	縁故, 小卒, 高小卒	3	…	大工場組織
	血清・ワクチン	M 25	21 以上	縁故, 高小卒	特になし	…	…
	防臭剤・防虫剤	T 年間まで輸入	15-45	小卒以上, 縁故, 紹介	3-5	…	相当大規模
	アルコール	M 末まで輸入	21 以上	小卒, 高小卒, 縁故	3	…	…
	売薬	慶安元年	17-26	広告, 縁故, 紹介, 高小卒	2-3	…	…
	除虫菊	M 18 輸入, M 22	?	縁故, 紹介, 小卒	6 ヶ月-5 年	…	小規模
	染料	…	16-17	小卒, 高小卒, 縁故, 紹介	3	見習；熟練工(工業学校, 高校, 大学卒)	平均 25 人位
	顔料	推古天皇時代, M 維新後	15-30 前後	小卒, 高小卒, 中卒, 工業校卒	1	…	大小 200 内外の工場あり
	絵具	推古天皇時代, M 維新後	15-18	小卒, 縁故	5-6	…	中小規模, 個人経営多し
	クレヨン・水彩絵具	クレヨン T 10, 水彩 M 初輸入	14, 15-40 位	高小卒, 縁故	1 ヶ月	…	5-6 人が普通
	白粉	持統天皇時代	15-16	小卒, 高小卒, 縁故	12-13(女工は 6 ヶ月-1 年)	…	…
	紅	推古天皇時代	14, 15-16, 17	小卒, 縁故	10(女工は, 2-3 ヶ月)	見習(徒弟制度は廃れつつあり)	家内工業的
	クリーム	M 初輸入, M 中期製造	14-17	小卒, 高小卒, 縁故	5-6(女工は 3-4 ヶ月)	見習	小規模のもの多し
	香水	M 5	14-15	小卒, 高小卒, 工業校卒, 縁故	3	見習	家内工業的
	香油	M 中期	14-15	小卒, 高小卒, 縁故	6 ヶ月(女工は 2, 3 日)	…	ごく小規模
	煉油	徳川時代	15-20	小卒, 高小卒, 縁故	5-6	…	小規模家内工業
	ポマード	M 輸入	15-22	小卒, 高小卒	3-4	…	小製造家
	歯磨	日露戦争後	21-30 前後	縁故, 小卒, 高小卒	2	…	代表的なもの 5 軒
	人造香料	欧州大戦中	15-20	小卒, 高小卒, 縁故	5-8	見習	…

産業分類	製造品目	発祥	採用年齢	採用方法	養成年限	養成制度	企業規模
	洗濯石鹼	M 6	14-19	小卒, 高小卒, 縁故	10	…	家内工業的小規模
	化粧石鹼	M 6	15-16	高小卒, 縁故	10(女工は1ヶ月)	見習	大規模(東京では4-5の大工場が市場を独占)
	蠟	延宝年間, 徳川期	15-45	小卒, 高小卒, 縁故	?	…	中小規模
	洋蠟燭	M 以降	15-40	小卒, 縁故	1ヶ月	…	10人内外
	和蠟燭	延宝年間	15-16	小卒, 縁故	1-10	…	…
	ペイント	M 20	17, 18以上	小卒, 縁故	3	…	中企業が多いが, 大工場もある
	エナメル	M 以降	14-15	小卒, 縁故	10-15	…	中規模
	漆	景行天皇時代	15-16	小卒, 高小卒, 縁故	3以上	…	小規模
	渋	…	…	…	…	…	…
	ワニス	徳川前期	15-16	小卒, 縁故	10-11	…	個人経営多し(7-15人)
Ⅷ　その他	脱脂綿・ガーゼ・包帯	…	14-15	小卒, 高小卒, 縁故	1	…	会社組織が多い

（注）M は明治, T は大正, S は昭和. 原資料の記事を要約したので, 企業規模(大中小)の判定も資料の記載に従った.
（資料）職業紹介事業協会(1936〜42)による.

引用文献一覧

（著者名をヘボン式ローマ字で表記したときのＡＢＣ順。ただし、統計類は除く。）

足立文彦・小野桂之介・尾高煌之助　一九八〇、「経済開発過程における国産化計画の意義と役割――アジア諸国自動車産業の事例を中心として」『経済研究』三一巻一号(一九八〇年一月)、五一―七一頁。

秋山広太　一九三四、『平賀義美先生』丁酉倶楽部。

麻生幸二郎(編)　一九三一、『産業界の先駆宇喜多翁』。

Ashby, Eric 1959, *Technology and the Academics*, London: Macmillan & Co. Ltd., N.Y.: St. Martin's Press(島田雄次郎訳『科学革命と大学』中央公論社、一九六七年)。

Becker, Gary S. 1964/1975, *Human Capital, A Theoretical and Empirical Analysis, with Special Reference to Education*, NBER series, N. Y.: Columbia University Press; 2nd edition 1975(佐野陽子訳『人的資本――教育を中心とした理論的経験的分析』東洋経済新報社、一九七六年)。

Bendix, Reinhard 1962, *Max Weber, An Intellectual Portrait*, N. Y.: Doubleday(折原浩訳『マックス・ウェーバー』中央公論社、一九六六年)。

Bergman, Barbara R. and David E. Kaun 1966, *Structural Unemployment in the United States*, prepared for the Economic Development Administration, U. S. Department of Commerce, Washington, D. C.: U.S. Government Printing Office.

Bowles, Samuel and H. Gintis　一九七三、「アメリカ階級構造におけるＩＱ」青木昌彦(編著)『ラディカル・エコノミックス』所収、中央公論社。

中央職業能力開発協会(編)　一九八〇、『日本人の職業生涯と能力開発を考える――懇談会の記録』雇用問題研究会。

大同毛織株式会社資料室(編)　一九六〇、『糸ひとすじ』上下。
(大日本紡績株式会社)　一九四一、『大日本紡績株式会社五十周年紀要』。
(大日本印刷株式会社)　一九五二、『七十五年の歩み：大日本印刷株式会社史』。
大日本水産会　一九三九、『伊谷以知二郎伝』。
Deane, P. and W. A. Cole 1967, *British Economic Growth 1688–1959,* Cambridge: Cambridge University Press.
Denison, Edward E. 1967, *Why Growth Rates Differ: Postwar Experience in Nine Western Countries,* Washington, D. C.: The Brookings Institution.
Dewey, John 1915, *The School and Society,* Rev. Ed., Chicago: University of Chicago Press(宮原誠一訳『学校と社会』岩波文庫、一九五七年)。
Dore, Ronald P. 1976, *The Diploma Disease, Education, Qualification and Development*, London: Goerge Allen and Unwin (松居弘道訳『学歴社会、新しい文明病』岩波書店、一九七八年)。
Friedman, Milton 1962, *Capitalism and Freedom,* Chicago: University of Chicago Press(熊谷尚夫・西山千明・白井孝昌訳『資本主義と自由』マグロウヒル好学社、一九七五年)。
藤井商店 藤井彦四郎伝編纂委員　一九五九、『藤井彦四郎伝』。
(福井精錬加工株式会社)　一九六一、『福井精錬七十年史』。
福井精錬加工株式会社(編)　一九六八、『黒川誠三郎』。
(福助足袋)　一九四二、『福助足袋の六十年(近世足袋文化史)』。
Gerschenkron, Alexander 1952, "Economic Backwardness in Historical Perspective," in Bert Hoselitz, ed., *The Progress of Underdeveloped Countries,* Chicago: University of Chicago Press(reprinted in the author's *Economic Backwardness in Historical Perspective, A Book of Essays*, Cambridge, Ma.: Harvard University Press, 1979, Ch. I).
伍堂卓雄　一九四一、「科学的管理法の実際」日本能率連合会(編)『日本工場管理の諸問題』第一巻、ダイヤモンド社、五一―一三頁。

ゴーハム　→ウィリアム・アール・ゴーハムを見よ。

Grégoire, Roger 1966, *Vocational Education*, Paris: O. E. C. D.(中原晃訳『欧米の職業教育・訓練』日刊労働通信社、一九六九年)。

(郡是製絲株式会社)　一九七〇、『郡是製絲六十年史』。

Hall, Kenneth and Isobel Miller 1975, *Retraining and Tradition, The Skilled Workers in an Era of Change*, London: George Allen and Unwin.

浜田徳太郎(編)　一九五八、『大橋光吉翁伝　附共同印刷株式会社社史』。

原　芳男　一九八一、「職業訓練と生涯教育(一)―(四)」『職業研究』(社団法人雇用問題研究会)三五巻九号(一九八一年九月)、一八―二一頁、三五巻一〇号(一九八一年一〇月)、二二―二五頁、三五巻一一号(一九八一年一一月)、二二―二五頁及び三五巻一二号(一九八一年一二月)、三二―三五頁。

(株式会社播磨造船所)　一九六〇、『播磨造船所50年史』。

早坂　力(編)　一九四三、『池貝喜四郎追想録』機械製作資料社。

――全集刊行委員会　一九六四、『工作機械と文明――早坂力全集』。

平賀義美　一八八七、『日本工業教育論』金港堂叢書、原亮三郎出版。

久住清次郎(編)　一九三一、『沖牙太郎』故沖牙太郎伝記編纂係。

(日立製作所)　一九六〇、『日立製作所史』I。

一橋大学産業経営研究所資料室(編)　一九六九、『本邦企業者史目録』(特殊文献目録3)。

北海道炭礦汽船株式会社　一九五八、『七十年史』。

堀内昭義　一九七三、「大学教育の利益、費用および補助金――日本についての実証的検討」『日本労働協会雑誌』一五巻四号、通巻一六九号(一九七三年四月)、二八―三九頁(英文版 "The Economic Return to Tertiary Education and Educational Subsidies: An Empirical Study on Japan," in Shunsaku Nishikawa, ed., *The Labor Market in Japan, Selected Readings*, Tokyo: University of Tokyo Press, 1980, pp. 84–103)。

星野錫翁感謝会（実業連合館内）（編）　一九三五、『星野錫翁伝』。
星野芳郎　一九六六、『日本の技術革新』勁草書房。
兵藤釗　一九七一、『日本における労資関係の展開』東京大学出版会。
今泉嘉一郎　一九三三、『日本鋼管株式会社創業二十年回顧録』。
（池貝鉄工所）　一九四一、『池貝鉄工所五十年史』。
井口正之（編）　一九一三、『渋沢男爵実業講演』坤、帝国図書出版。
稲毛満春　一九六八、「構造的失業と積極的労働力政策」有沢広巳・内藤勝（編）『労働市場の長期展望』東洋経済新報社、第一〇章。
Inkeles, Alex and P. H. Rossi 1956, "International Comparisons of Occupational Prestige," *American Journal of Sociology*, L, No. 4 (Jan., 1956), pp. 329–39.
井坂秀雄（編）　一九四〇、『山田小太郎先生』学仏会。
石原孝一　一九六二、『日本技術教育史論』三一書房。
（石井鉄工所）　一九五六、『石井鉄工所三十五年史』。
石川経夫　一九九一、『所得と富』モダン・エコノミックス一三、岩波書店。
石川島重工業株式会社　一九六一、『石川島重工業株式会社108年史』。
岩内亮一　一九八九、『日本の工業化と熟練形成』日本評論社。
岩崎虔・岡部五峰　一九二一、『川崎芳太郎』。
伊予鉄道電気株式会社　一九三六、『伊予鉄道電気株式会社五十年史』。
岩崎弥太郎・岩崎弥之助伝記編纂会　一九六七、『岩崎弥太郎伝』下。
井沢久嗟　一九六七、『日立一号への執念——小平浪平の事業と人』創造社。
泉輝孝　一九八四、「多能工養成の歴史と方法——熟練工からテクニシャンへ」企業内教育研究会『メカトロニクス時代の技能者養成』雇用促進事業団職業訓練研究センター、調査研究資料五四、第二部。

――― 一九八九、「日本における技能者養成と訓練政策」尾高煌之助（編）『アジアの熟練、開発と人材育成』アジア経済研究所、第二章。

株木政一氏追懐録編纂刊行会（編） 一九五九、『株木政一氏追懐録』。

株式会社三十四銀行（編） 一九三〇、『小山健三伝』株式会社三十四銀行。

釜石製鉄所 一九五五、『釜石製鉄所七十年史』。

神山 誠 一九六〇、『伊庭貞剛』日月社。

――― 一九六七、『誠実の人古田俊之助伝』林書店。

――― 一九六九、『住友の三柱石』虎見書房。

楫西光速（編） 一九六四、『現代日本産業史 繊維』上、交詢社出版局。

笠井真三伝編纂委員会（編） 一九五四、『笠井真三』小野田セメント株式会社。

片倉健四郎（編） 一九三四、『国谷誠之助伝』国谷誠之助君伝記刊行会。

（片倉製絲紡績株式会社） 一九四一、『片倉製絲紡績株式会社二十年誌』。

川田 順 一九五一、『住友回想記』中央公論社。

川崎重工業株式会社 一九五九、『川崎重工業株式会社史（本史）』。

木村安一（編） 一九三九、『小林作太郎伝』東京芝浦電気株式会社。

絹川太一 一九三六、『伊藤伝七翁』伊藤伝七翁伝記編纂会（東洋紡績株式会社内）。

木代修一（編） 一九三八、『井上省三伝』井上省三記念事業委員会。

（神戸製鋼所） 一九五四、『神鋼五十年史』。

（神戸鋳鉄所） 一九五六、『神戸鋳鉄所四拾年史』。

小林 勇 一九六六、「白井翁」青木勇・山田吉之助（編）『白井赫太郎の思い出』、精興社、三三―四〇頁。

古賀一夫 一九六六、「技能の通し評価法のあらまし」、「技能（普通旋盤作業）の通し評価法について 第1報、寸法公差内のねらいどころと、仕上げ可能な最小公差」、「技能（普通旋盤作業）の通し評価法について 第2報、製作寸法誤差分布の正規性と

寸法精度の技能評価」、職業訓練大学校『調査研究報告書』七号、一—七二頁。

——一九六七a、「技能(普通旋盤作業)の通し評価法について　第3報、技能時間の累積分布の型と時間の技能評価」、職業訓練大学校『職業訓練に関する調査研究報告書』九号、四—一三頁。

——一九六七b、「通し評価法による技能評価の一例、四二年度全国総訓技能競技大会・旋盤作業」、職業訓練大学校『職業訓練に関する調査研究報告書』一〇号、一—五〇頁。

小池和男　一九七七、『職場の労働組合と参加、労資関係の日米比較』東洋経済新報社。

——一九七九、「思い込みと実践のギャップ」『職業安定広報』三月号、巻頭言。

——一九八一a、『日本の熟練』有斐閣。

——一九八一b、『中小企業の熟練——人材形成のしくみ』同文館。

——一九八二、『愛知県における中小企業の熟練形成——中小企業における在職労働者の熟練の形成と公共向上訓練の役割に関する調査報告書』謄写刷。

——一九八六、『現代の人材形成——能力開発をさぐる』ミネルヴァ書房。

——一九九一、『仕事の経済学』東洋経済新報社。

——・渡辺行郎　一九七九、『学歴社会の虚像』東洋経済新報社。

河野幸之助　一九六二a、『高島菊次郎伝』日本時報社。

——一九六二b、『現代人物伝　日立と共に五十年、倉田主税の半生記』日本時報社。

倉満藤吉(編)　一九三六、『桃谷政治郎翁伝』。

倉沢剛　一九八三—八四、『幕末教育史の研究』一—二、吉川弘文館。

桑原忠夫　一九六一、『藤原銀次郎』時事通信社。

桑田透一(編)　一九三九、『国司法助氏論叢』丸善。

Kuznets, Simon 1966, *Modern Economic Growth: Rate, Strucutre and Spread*, New Haven and London: Yale University Press(塩野谷祐一訳『近代経済成長の分析』上下、東洋経済新報社、一九六八年)。

Landes, David S. 1965, "Japan and Europe: Contrasts in Industrializaition," in W. W. Lockwood, ed., *The State and Economic Enterprise in Japan* (Princeton: Princeton University Press), Ch. III.

Lipsey, Richard G. 1965, "Structural and Deficient-Demand Unemployment Reconsidered," in Arthur M. Ross, ed., *Employment and the Labor Market,* Berkeley and Los Angeles: University of California Press.

List, Friedrich 1841, *Das Nationale System der Politischen Ökonomie*(小林昇訳『経済学の国民的体系』岩波書店、一九七〇年)。

Marshall, Alfred 1920, *Principles of Economics, An Introductory Volume,* 8th ed., London: Macmillan(馬場啓之助訳『経済学原理』東洋経済新報社、一九六五年)。

増尾信之(編)　一九五六、『本邦オフセット印刷の開拓者中西虎之助——日本平版印刷発達史』。

松下幸之助　一九五四、『私の行き方考え方——仕事を通して半生を語る』甲鳥書林。

Mills, C. Wright 1959, *Sociological Imagination,* N. Y.: Oxford University Press.

Mincer, Jacob 1962, "On-the-Job Training: Costs, Returns, and Some Implications," *Journal of Political Economy,* LXX, No. 5 Supplement(October 1962), pp. 50–73.

(三菱重工業株式会社)　一九六七a、『三菱日本重工業株式会社史』。

———　一九六七b、『三菱造船株式会社史』。

三浦雄一郎　一九七六、『敗けない男の子にする本』主婦と生活社。

三好信浩　一九七九、『日本工業教育成立史の研究——近代日本の工業化と教育』風間書房。

森　英良　一九八二、『職業訓練の現状と課題』労務行政研究所。

毛利敏彦　一九七九、『明治六年政変』中公新書五六一、中央公論社。

村島渚(編)　一九四〇、『波多野鶴吉翁伝』郡是製絲株式会社。

(室蘭製鉄所)　一九五八、『室蘭製鉄所50年史』。

武藤山治　一九六三、『武藤山治全集』第一、三巻、新樹社。

永井道雄　一九六五、『日本の大学』中公新書六一、中央公論社。

（長崎造船所）一九三〇、『長崎造船所労務史』稿本。

内務省社会局労働部　一九三三、『工場鉱山の福利施設調査第一　教育諸説』。

中邨佐一郎　一九六八、「技能訓練所における工務技能者のレベルアップ教育」『オートメーション』一三巻四号、八三—八八頁。

中野　実　一九三八、「鉱夫ノ養成ト訓練」『産業能率』一一巻九号（一九三八年九月）、八〇五—〇九頁。

中谷　秀　一九五〇、『大隅栄一翁伝』大隅興業株式会社。

成瀬政男　［一九七〇］、『生産教育論』謄写刷、職業訓練大学校。

——　一九七三、「技能についての一考察」『経済研究』二四巻四号（一九七三年一〇月）、三一八—二七頁。

Newman, J. H. 1931, *The Idea of a University*, Cambridge: Cambridge University Press.

NHK放送世論調査所（編）　一九七九、『現代日本人の意識構造』NHKブックス、日本放送出版協会。

二代片倉兼太郎翁伝記編纂委員（編）　一九五一、『二代片倉兼太郎翁伝記』二代片倉兼太郎翁伝記刊行会。

日本科学史学会、一九六四—六六、『日本科学技術史大系』第八—一〇巻（教育）、第一法規出版。

（日本絹撚株式会社）　一九四四、『古稀祝賀記念前原悠一郎翁伝』古稀祝賀記念前原悠一郎翁伝記編纂会。

（日本光学株式会社）　一九四二、『日本光学株式会社二十五年史』。

（日本鋼管株式会社）　一九六二、『日本鋼管株式会社五十年史』。

日本労務管理史料編纂会　一九六二、一九六四、『日本労務管理年誌　第一編』上下　日本労務管理年誌刊行会。

日本産業訓練協会　一九七一、『産業訓練百年史——日本の経済成長と産業訓練』産業訓練白書15周年記念、同協会。

日本社会学会調査委員会　一九五八、『日本社会の階層的構造』有斐閣。

日本熔接協会造船部会熔接施工委員会　一九七〇、「造船における教育訓練の現状——教育訓練アンケートとりまとめ結果」『熔接技術』一九七〇年一一月号、一二一—三三頁。

西日本重工業株式会社長崎造船所庶務課　一九五一、『三菱長崎造船所続篇』。

丹羽四郎（編）　一九六〇、『御法川直三郎翁とその事蹟』御法川直三郎翁伝記刊行会。

野田一夫　一九六八、『松下幸之助——その人と事業』実業之日本社。

野中雅士　一九三〇、『鐘紡の解剖』日本書院。

農商務省工局工務課　一九〇三、『職工事情』第二巻(土屋喬雄校閲、生活社版、一九四八年)。

尾高煌之助(編)　一九七八、『旧三菱重工の労働統計――明治一七年～昭和三八年』謄写刷、一橋大学経済研究所統計係。

――　一九八〇、「労働市場」熊谷尚夫・篠原三代平(監修)『経済学大辞典』第Ⅱ巻、東洋経済新報社、三八―四八頁。

――(編)　一九八九、『アジアの熟練、開発と人材育成』アジア経済研究所。

――　一九九一、「企業特殊的技能の実相」『経済研究』四二巻四号(一九九一年一〇月)、二八九―九五頁。

――　一九九三、『職人の世界・工場の世界』リブロポート。
O. E. C. D. 1966, *Policy Conference on Economic Growth and Investment in Education,* Paris(産業計画会議訳『経済発展と教育投資』教育往来社、一九六三年)。
荻野萬太郎　一九三六、『適斎回顧録』。
小倉正恒　一九五五、『小倉正恒談叢』好古庵。
(大橋光吉)　一九五八、『大橋光吉翁伝　附共同印刷株式会社史』。
大川一司　一九六八、「日本経済の生産・分配、一九〇五―一九六三年――残余の分析」『経済研究』一九巻二号(一九六八年四月)、一三三―五一頁。
―― and Henry Rosovsky 1968, "Post War Japanese Growth in Historical Perspective: A Second Look," in L. Klein and K. Ohkawa, eds., *Economic Growth: The Japanese Experience since the Meiji Era,* Homewood: Richard Irwin, Ch. 1(邦訳「戦後日本の経済成長・その歴史的パースペクティブ、再編」篠原三代平・藤野正三郎(編)『日本の経済成長、成長コンファレンスの報告と討論』日本経済新聞社、一九六七年、第一章)。
Ohlin, Bertil 1967, *Interregional and International Trade,* revised edition, Cambridge, Ma.: Harvard University Press(木村保重訳『貿易理論　域際および国際貿易』晃洋書房、一九八〇年)。
岡田鉦介　一九四二、『職場の偉人小林作太郎伝』新紀元社。
[岡本秀昭]　一九六〇、『日本の経営　その展開と特質Ⅰ　組織と人間』ＰＭＣテキスト、日本マネジメントスクール。

――――　一九九〇、『経営と労働者』日本労働研究機構。

［――――］　一九九〇、『岡本秀昭先生の思い出』「岡本秀昭先生の思い出」集出版委員会。

大久保利謙　一九四二、『日本の大学』創元社。

奥田健二　一九八五、『人と経営、日本経営管理史研究』マネジメント社。

大倉高等商業学校（古館市太郎）（編）　一九四〇、『鶴彦翁回顧録　生誕百年祭記念』。

奥山十平・新井一郎（編）　一九一六、『荒井泰治伝』多聞閣。

大　阪　府（編）　一九〇二、『大阪府誌』第二編工業史。

大阪府工業懇話会　一九三七、『熟練工養成ニ関スル意見書』同会（『産業能率』一一巻一号（一九三八年一月）、三〇―三二頁に要旨を所収）。

大阪市役所（編）　一九三三、『明治大正大阪市史』第二巻、復刻版一九六六年。

Oshima, Harry T. 1965, "Meiji Fiscal Policy and Agricultural Progress," in W. W. Lockwood, ed., *The State and Economic Enterprise in Japan*, Princeton: Princeton University Press, Ch. VIII（大来佐武郎監訳『日本経済近代化の百年――国家と企業を中心に』日本経済新聞社、一九六六年、第四章）。

大塚栄造　一九三一、『郡是の川合信水先生』岩波書店。

Priyawatanawit, Somchai　一九八〇、『日本の工業化における人的資源の育成――産業教育を中心に』一橋大学大学院経済学研究科修士論文。

Riesman, David and Christopher Jencks 1968, *The Academic Revolution*, N. Y.: Doubleday（国弘正雄訳『大学革命、変革の未来像』サイマル出版会、一九六九年）。

労働省職業訓練局　一九六九a、『技術革新と職業構造』謄写刷。

――――　一九六九b、『欧米の職業訓練』謄写刷。

――――　一九七〇、『生産技術の進歩に伴なう技能労働の質的変化にかかる長期展望の調査結果』および同『附属資料』謄写刷。

――――　一九八〇、『職業能力の開発向上に関する調査結果報告』謄写刷。

佐合藤三郎　一九六四、「労務管理者群像――長沢一夫（一八）」『人と人』三九巻一号（通巻一一〇号）（一九六四年六月）、一七―二一頁。
三枝博音・飯田賢一（編）　一九五七、『日本近代製鉄技術発達史』東洋経済新報社。
坂本藤良　一九六四、『日本経営教育史序説』ダイヤモンド社。
坂田幹太郎（編）　一九三一、『谷口房蔵翁伝』谷口翁伝記編纂委員会。
沢田謙・萩本清蔵　一九四七、『富士紡績株式会社五十年史』。
沢村伍郎（執筆）　一九六八、『黒川誠三郎』（福井市）。
Schultz, Theodore W. 1961, "Investment in Human Capital," *American Economic Review*, LI, No. 1 (March 1961), pp. 1–17.
清家　正　一九三七、「機械工養成ノ根本策」『産業能率』一〇巻八号（一九三七年八月）、五五八―六六頁。
茂野吉之進　一九三七、『木村長兵衛伝』木村幸次郎。
清水義弘　一九六三、「企業教育投資の効果」産業計画会議『教育投資の経済効果』産計資料第二八五号（一九六三年一〇月）、謄写刷、第二部。
［塩田泰介］　一九三八、『塩田泰介氏自叙伝』内山正居筆記、謄写刷。
白柳秀湖　一九三九、『中上川彦次郎先生伝』中朝会。
宿利重一　一九三二、『荘田平五郎』対胸社。
（秀英舎）　一九〇七、『株式会社秀英舎沿革誌』。
――　一九二七、『株式会社秀英舎創業五十年誌』。
職業研究所　一九七〇、『変化する技術と職業（機械工業――その1、その2）』職研資料シリーズⅠ―2、Ⅰ―7。
職業訓練計画調査研究会　一九七〇、『職業訓練計画調査研究会報告書――職業訓練推進の基本方向』謄写刷。
職業訓練研究センター（編）　一九八三、『メカトロニクス時代の人材開発――「技術革新・中高齢化と人材の有効活用に関する調査」結果報告書』大蔵省印刷局。
職業紹介事業協会　一九三六―四二、『日本職業体系Ⅳ―Ⅷ　工業編』同会。

Siegel, Sydney 1956, *Nonparametric Statistics for the Behavioral Sciences*, N. Y.: McGraw-Hill.

Smith, Adam 1776/1950, *An Inquiry into the Nature and Causes of the Wealth of Nations*, 6th edition, edited by Edwin Cannan, London (大内兵衛・松川七郎訳『諸国民の富』Ⅰ、Ⅱ、岩波書店、一九六九年)。

Spence, Mark 1974, *Market Signaling*, Cambridge, Ma.: Harvard University Press.

住友金属工業株式会社　一九五七、『住友金属工業六十年史』。

隅谷三喜男(編著)　一九七〇、『日本職業訓練発展史《上》――先進技術土着化の過程』、日本労働協会。

――(編著)　一九七一、『日本職業訓練発展史《下》――日本的養成制度の形成』、日本労働協会。

――・古賀比呂志(編著)　一九七八、『日本職業訓練発展史《戦後編》――労働力陶冶の課題と展開』日本労働協会。

鈴木馬左也翁伝記編纂会(編)　一九六一、『鈴木馬左也』株式会社住友本社。

鈴　木　威(編)　一九四三、『前山久吉翁百話』。

高島誠一(編)　一九三八、『男爵団琢磨伝』上下、故団男爵伝記編纂委員会。

竹越与三郎(編)　一九三六、『大川平三郎君伝』大川平三郎君伝記編纂会(大川合名会社)。

田中豊次郎(編)　一九二一、『近代之偉人故五代友厚伝』友厚会。

鳥羽欽一郎　一九七〇、『財界人の教育観』財界人思想全集七、ダイヤモンド社。

富永　健一(編)　一九七九、『日本の階層構造』東京大学出版会。

――・安藤文四郎　一九七七、「階層的地位形成過程の分析」『現代社会学』七巻四号(通算第八号)、三―五八頁。

(東洋紡績株式会社)　一九五三、『東洋紡績七十年史』。

豊田俊雄(編著)　一九八二、『わが国離陸期の実業教育』東京大学出版会。

――(編著)　一九八四、『わが国産業化と実業教育』東京大学出版会。

豊原又男　一九〇四、『佐久間貞一小伝』。

豊原恒男　一九八四、『改訂新版職業適性、才能と適性を測る』ブルーバックスB五五八、講談社。

上野裕也・八木達雄・照井清司　一九七一、『2部門成長モデル潜在成長力の測定』経済企画庁経済研究シリーズ二三、経済企画庁経済研究所。
内山　直　一九三八、『瓦斯電を語る』。
Umetani, Shunichiro 1980, *Vocational Training in Japan*, Hamburg: Institute fur Asienkunde.
U. S. Congress, Joint Economic Committee, Subcommittee on Economic Statistics 1961, *Higher Unemployment Rates, 1957–60; Structural, Transformation or Inadequate Demand*, Washington, D. C.: U. S. Government Printing Office.
和田　傳　一九七二—七四、『門と倉』全四冊、家の光協会。
渡部経彦　一九七〇、『数量経済分析——成長をめぐる諸問題』創文社。
——・荏開津典生　一九六八、「労働力の質と経済成長」『季刊理論経済学』一九巻一号(一九六八年三月)、三八—五二頁。
(渡辺祐策)　一九三六、『素行渡辺祐策翁』二巻。
Weber, Max 1919, *Wissenschaft als Beruf*(尾高邦雄訳『職業としての学問』岩波文庫、一九八〇年改訳)。
ウィリアム・アール・ゴーハム(William R. Gorham)氏記念事業委員会(編)　一九五一、『ウィリアム・R・ゴーハム伝』。
山田　晃　一九六三、『回顧七十年』(大阪金属[ダイキン]の回顧録)、ダイヤモンド社。
横須賀海軍工廠　[一九三七]、『横須賀海軍工廠技術官及職工教育沿革誌』(復刻版、芳文閣、一九九〇年)。

な 行

た 行

さ 行

か 行

索　引

あ 行

■岩波オンデマンドブックス■

一橋大学経済研究叢書 42 企業内教育の時代

1993年 3月23日 第1刷発行
1994年 4月5日 第2刷発行
2016年 8月16日 オンデマンド版発行

著 者 尾高煌之助《おだかこうのすけ》

発行者 岡本 厚

発行所 株式会社 岩波書店
〒101-8002 東京都千代田区一ツ橋 2-5-5
電話案内 03-5210-4000
http://www.iwanami.co.jp/

印刷/製本・法令印刷

ISBN 978-4-00-730468-2 Printed in Japan